세상을 향한 거룩한 영향력을 잃어버린 한국 교회를 새롭게 개혁하는 일은 우리의 절박한 과제다. 경영학자들이 쓴 이 책에는 한국 교회의 건강성 회복에 대한 진지한 고민이 담겨 있다. 저자들은 교회 조직에 대한 성경적 핵심 원리를 도출해 내고 그것이 실제로 어떻게 적용되는지를 여러 교회 사례를 통해 쉽고 구체적으로 제시한다. 특별히 이 책은 한국 교회가 처한 상황을 고려하며 깊이 염려하는 마음으로 쓰였기에, 한국 교회를 건강하게 회복하는 데 실질적으로 기여할 수 있으리라 믿는다.

― 고 옥한흠(사랑의교회 원로 목사)

오늘날 한국 교회에서는 '은혜롭게 한다'는 말이 '적당히 덮어 두고 넘어간다'는 말과 같은 뜻으로 사용되고 있는 것 같다. 이런 풍조가 만연한 까닭은 정확하고 계획적인 것을 인간적이고 신앙이 없는 것처럼 치부하기 때문이다. 그래서 우리는 '경영', '조직'과 같은 말에도 부정적이다. 목회자가 은혜를 추구하며 경영 이론과 조직 이론을 무시하고 목회를 하면서 교회를 혼란에 빠뜨리는 경우를 수없이 보아 온 나는, 그런 점에서 교회 조직을 다룬 이 책이 출간된 것을 개인적으로 무척 기쁘게 생각한다. 목회자들이 이 책을 정독하고 공부한다면 우리 한국 교회가 훨씬 더 '은혜로워'지리라 확신하며, 한국 교회의 그리스도인들 특히 목회자들에게 강력히 추천한다.

― 김동호(높은뜻 연합선교회 담임 목사)

교회가 병들었다고 비판하는 소리가 갈수록 커지고 있다. 이 때 교회는 스스로 진단해 볼 필요가 있다. 과연 교회는 어떤 질병에 걸려 있고 어떻게 치료할 수 있겠는가? 이 책은 조직관리를 전공한 경영학자 3인이 건강한 교회를 세우기 위한 핵심 원리, 사역과 조직모형, 교회 진단과 처방, 그리고 교회의 변화 관리를 구체적으로 제시하고 있다. 튼튼한 이론적 토대 위에서 여러 교회의 실제 사례들을 연구하고 담임 목사 및 신학자들과 토의하고 깊은 고민 끝에 집필한 책이므로 교역자와 학생 그리고 건강한 교회를 꿈꾸는 모든 그리스도인에게 적극 추천한다.

- 이장로(고려대학교 경영대 교수)

교회를 사랑하는 그리스도인 경영학자 세 사람이 한국 교회를 위해 귀한 은사를 발휘하였다. 교회와 조직에 대한 성실한 분석과 방법론이 담긴 이 책을 읽노라면, 한국 교회가 하나님 앞에서 더욱 건강하게 세워져 갈 것이라는 기대가 생긴다. 우리 안에 반성과 회개를 일으키고 건강한 교회 조직을 세우도록 도전하는 세 저자에게 감사의 마음을 전한다.

- 이승구(합동신학대학원대학교 조직신학 교수)

건강한 교회,
이렇게 세운다

배종석 · 양혁승 · 류지성 지음

IVP

IVP(InterVarsity Press)는
캠퍼스와 세상 속의 하나님 나라 운동을 지향하는
IVF(InterVarsity Christian Fellowship)의 출판부로
생각하는 그리스도인을 위한 문서 운동을 실천합니다.

Building a Healthy Church: A management perspective
Written by Johngseok Bae, Hyuckseung Yang, Ji Seong Ryu
ⓒ 2008 by Johngseok Bae, Hyuckseung Yang, Ji Seong Ryu
352-18 Seokyo Dong, Mapo gu, Seoul 121-838, Korea

건강한 교회,
이렇게 세운다

차례

*일러두기: 이 책에 나오는 사례 교회의 경우 2005년에서 2007년에 걸쳐 진행된 인터뷰와 직접 관찰한 내용을 토대로 작성한 것이므로 일부 내용은 현재의 상황과 다를 수 있음을 밝힙니다.

감사의 글   8
들어가는 글   10

제1부 건강한 교회의 기본
    1. 건강함을 추구하는 아홉 교회 이야기   18
    2. 건강한 교회를 만드는 조직   46
    3. 핵심 원리   54

제2부 비전과 전략, 사역모형
    4. 비전   70
    5. 전략   86
    6. 사역모형   96

제3부 조직모형
    7. 리더십   120
    8. 조직 구조   146
    9. 운영 시스템1: 직무/은사 관리 및 평가/보상 시스템   178
    10. 운영 시스템2: 재정/회계 및 정보 시스템   206
    11. 교회 문화   232

제4부 목적 성취
    12. 진단과 처방   262
    13. 변화 관리   278

나오는 글   302
부록   306
주   317

감사의 글

이 책이 나오기까지 많은 분들의 도움을 받았다. 기독경영연구원(기경원)의 물질적이고 정신적인 후원에 감사드린다. 늘 기경원의 발전을 위해 애쓰시는 유영구 이사장님, 기경원을 위해 헌신하시고 이 책을 쓸 때 격려와 도움을 주신 한정화 원장님을 비롯한 모든 운영위원들과 하정민 간사님께 감사드린다. 저자들이 섬기는 각 교회의 담임 목사님과 사역자들의 후원과 지원에 늘 감사드린다. 서울중앙교회의 곽창대 목사님(현재 대전한밭교회 시무)과 사역자들은 가제본한 초고를 가지고 세미나를 한 후 유익한 피드백을 주었다. 샘물교회의 박은조 목사님과 거룩한 빛 광성교회 정성진 목사님은 교회가 지속적으로 개혁되고 변화되도록 개방된 마음으로 저자들의 참여를 허락해 주었다. 인터뷰에 기꺼이 동참해 주신 다른 사례 교회들의 목회자들과 장로님 그리고 사역자들께도 깊은 감사를 드린다.

그리고 특별히 신학을 가르치시는 분들의 도움도 매우 유익하였다. 고려신학대학원의 원장이셨던 한진환 목사님과 연세대학교 신학대학원의 김상근 교수님의 지적은 글의 방향을 정하는 데 큰 도움이 되었다. 기경원 포럼 발표 때 토론으로 날카로운 지적을 해주셨던 연세대학교의 윤방섭 교수님과

천상만 목사님께도 감사드린다. 특별히 저자들의 원고를 출판하도록 허락하고 이 책의 방향에 대한 결정적인 지적을 통해 책의 질을 높이도록 도와주신 한국 IVP 신현기 전 총무님과 김명희 간사님께 감사드린다. 또한 처음부터 책의 모습을 구체적으로 형성하는 과정까지 늘 좋은 조언 역할을 해주셨던 옥명호 편집장님과 책의 완성도를 높이기 위해 마무리를 잘 해주신 정효진 간사님께 감사드린다.

우리 저자들은 이 책을 저술하면서 만나고 토론하는 과정에서 서로와 한국 교회에 대한 깊은 이해를 더해갈 수 있었다. 결과로서의 책도 중요하지만 그 과정에서 우리의 만남 자체도 참으로 소중한 것이었다. 이 기간 동안 언제나 함께한 가족들의 성원과 이해에 늘 고마운 마음을 간직하고 있다. "교회는 성도의 어머니다"라는 칼뱅의 말을 다시 되새겨 보며, 섬길 수 있는 교회를 주심에 감사드린다.

2008년 2월

배종석, 양혁승, 류지성

들어가는 글

우리 세 사람은 조직 및 인사 관리 영역을 공부한 학자들로서, 각자 섬기는 교회에서 기획 분야를 맡아 교회의 비전과 조직체계를 개선하는 작업을 거의 같은 시기에 진행한 경험이 있다. 우리가 배운 학문적 지식을 교회 경영에 접목시켜 실행해 볼 기회를 가진 것이다. 각자의 교회에서 진행한 비전 수립과 조직 관리 등에 대해 의견을 교환하던 우리는 교회에 대한 공통된 문제의식을 느끼고 있음을 발견하게 되었다. 바로 한국 교회가 본래적 사명과 건강성을 상실했으며, 그 가운데 많은 문제들이 조직 관리와 관련되어 있다는 점이었다. 함께 이야기하는 가운데 우리는 한국 교회의 중요한 문제점들을 다음과 같이 정리할 수 있었다.

첫째, 한국 교회가 예수 그리스도의 머리 되심을 인정하고 있느냐의 문제다. 우리는 예수 그리스도가 교회의 머리 되심을 인정하지만 그 고백은 입술의 고백 수준을 벗어나지 못한다. 교회의 의사 결정 과정에 담임 목회자나 몇몇 리더들의 의사는 가히 절대적인 반면, 예수 그리스도가 성령 하나님을 통해 드러내 보여 주시는 뜻을 잘 분별하고자 하는 노력은 부족하다. 이를 가능케 하는 영적 신경 조직이 발달되어 있지 못한 탓이다. 물론 영성이 깊은 리더들을 통해 예수 그리스도가 자신의 뜻을 드러내시기도 하지만, 예수 그리스도의 몸으로 표현되는 교회 공동체의 지체들 안에서 그 뜻이 확인되고 공유되는 과정은 부실하다. 그 결과 교회의 머리 되신 예수 그리스도의 뜻보다는 어느 순간부터 그럴싸하게 포장된 인간적 포부나 계획들이 교회 의사 결정 과정의 중심에 서게 되고, 인간적 주장들이 서로 충돌하는 현상을 종종 보게 된다.

둘째, 한국 교회는 물량주의와 성장 지상주의에 병들어 있다. 교회마다 하나님이 주신 사명과 역할이 다르고, 하나님이 교회를 평가하는 기준이 결코 규모의 크고 작음이 아님에도 한국 교회는 외형 키우기 경쟁에서 한 걸음도 벗어나지 못하고 있다. 목회자들 사이에서도 교회의 규모에 따라 발언의 무게와 서열이 정해지고, 물량 면에서 얼마나 큰 일을 했는가로 서로를 평가한다. 물량주의와 성장 지상주의의 그늘에서 하나님의 주권적 역사와 교회의 본질적 사명은 철저히 무시되고 있으며, 하나님의 사역은 투입되는 물량이 많을수록 더욱 효과적으로 이루어질 수 있다는 믿음 아닌 믿음이 이 땅을 뒤덮고 있다.

셋째, 목회자와 당회 중심의 교회 운영이 갖는 폐해다. 목회자와 성도는 교회 내에서 맡은 역할이 다를 뿐 모두 함께 하나님의 뜻을 분별할 수 있도록 성장해 가야 한다. 하지만 담임 목회자가 말씀을 선포하고 가르치는 일 외에도 교회 운영의 거의 전 영역에서 절대적인 발언권을 행사하고, 성도들은 목회자의 뜻을 따르는 수동적 위치에 머물러 있는 것이 현실이다. 담임 목사를 포함한 장로들로 구성된 당회가 중심이 되어 교회의 정책적 방향을 결정하고 중요한 영적 문제를 다루는 것은 마땅한 역할이라고 볼 수 있다. 그러나 의사 결정이 당회에만 집중되어 있어 성도들의 참여와 적극적인 역할이 사장되는 경우가 많고, 성도들이 교회 공동체의 책임 있는 지체로서 영적 분별력을 가지고 제 역할을 다하지 못하여 교회의 내적 건강성이 매우 취약한 경우도 많다. 더군다나 목회자 개인이나 당회의 잘못된 판단에 의해 주님의 몸 된 교회가 상처입고 요동치는 수많은 사례들도 찾아볼 수 있다.

넷째, 직분 제도가 세속화되고 있다. 교회의 직분 제도는 남의 발을 씻겨 주는 마음으로 교회 공동체를 섬길 자를 세우는 것이고, 섬김은 큰 자가 작은 자를 섬기는 원리에 따라 이루어진다. 집사, 안수집사, 권사, 장로 등의 직분을 받는다는 것은 교회 공동체를 섬기기 위해 낮은 자리로 내려가는 것을 의미하기에 그만큼 영적으로 성숙한 자가 맡아야 마땅하다. 그러나 우리는 직분을 지위 혹은 직급으로 여기고, 개인적 위신과 체면 차원의 문제로 치부한다. 선거 운동은 물론이요 선출 방식도 세속적 방식을 따르며, 직분자로 선출되면 강한 발언권을 행사하려고 애쓴다. 또한 직분자 임직식은 하나님 앞에서 엄숙히 결단하는 자리가 되어야 함에도 임직자가 주인이 되어 자신을 과시하려는 경우를 종종 보게 된다. 이는 직분이 섬김의 자리가 아닌 군림의 자리로 변질되었다는 방증이다.

다섯째, 즉흥적이고 주먹구구식 교회 운영이다. 프로그램들은 다양하게 운영되는데, 공통의 비전과 원리와 체계에 따라 유기적으로 연계되기보다 제각기 정신 없이 돌아간다. 각 프로그램을 맡은 자들은 해당 프로그램에만 초점을 맞추거나, 경우에 따라서는 담임 목회자에게 인정받는 것을 일차적 목표로 삼아 열심히 뛴다. 그 결과 교회의 본질적 사명과 목적이 효과적으로 이루어지지 못할 뿐만 아니라, 부서간 이기주의가 만연하게 되고, 교회 자원이 불필요하게 중복 낭비된다. 목적 의식을 상실한 프로그램들이 제각기 자기 논리를 따라 활발하게 전개되고 있는 한편, 교회 전체의 비전과 사명은 사라지고 없다.

여섯째, 한국 교회는 지나치게 내부 지향적이고 개교회주의적이다. 한 교회에 속한 구성원들이 한몸의 지체로서 연합되어 있듯이 모든 지역 교회 또한 주님 안에서 우주적 교회(universal church)의 지체로서 연합되어 있어야 하지만 현실은 그렇지 못하다. 특정 지역에 있는 개별 교회들이 하나님 나라의 확장이라는 공통의 목표 아래 그 지역의 복음화를 위해 서로 협력하기보다는 개별 교회의 규모 확장을 위해 서로 물밑 경쟁을 벌이고 있다.

마지막으로, 생활과 분리된 예배당 중심의 신앙 생활이다. 하나님 말씀 안에서 성도들이 모이기를 힘쓰는 것은 바람직한 현상이다. 말씀을 듣고 묵상하며 나누는 과정을 통해 영적 도전과 격려를 받아 생활 현장 속에서 말씀대로 살아갈 수 있는 힘을 얻을 수 있기 때문이다. 그러한 점에서 교회는 성도들이 말씀을 따라 살아가는 원리를 배우고 적용하는 훈련의 장이며, 생활 현장은 우리가 말씀대로 살아감으로써 그리스도의 향기를 드러내는 소명의 장이다. 그러나 한국 교회는 생활 현장은 뒷전에 두고 교회 일에 헌신할 것을 요구하며, 그것을 믿음과 헌신의 척도로 삼는다. 교회 일은 하나님의 일이며 일상 생활은 세속적인 일이라는 잘못된 이원론적 사고가 팽배해 있어서 말씀의 원리가 생활 현장에서 실천되지 못할 뿐만 아니라, 심지어 세속적 원리가 교회에 적용되고 있는데도 알아차리지 못한다.

종교개혁의 후예임에도 바로 그 종교개혁의 대상이었던 사람들의 행태에 빠져 다시 개혁의 표적이 된 아이러니 속에서, 한국 교회는 지속적으로 개혁해야 하는 절박한 과제를 안고 있다. 특히 우리는 이 중 많은 문제들이 조직 관리와 관련되어 있다는 데 크게 동의했는데, 정작 이를 해결할 대안을 정리한 자료는 부족하다는 사실을 깨닫게 되었다. 교회 조직에 대한 이러한 고민과 대화를 계기로, 우리는 한국 교회 현실에 적합한 교회 조직 관리에 대한 처방을 마련해 보고자 했다.

우리는 이 책을 통해 공동체로서의 교회, 조직체로서의 교회를 건강하게 세워 가는 데 필요한 원리와 실제를 제공하고자 한다. 먼저, 교회의 성장이 아니라 교회의 건강성 회복을 지향한다. 대형 교회를 세우기보다 규모가 작더라도 건강한 교회를 세워 가려면 어떻게 해야 하는지에 초점을 맞추려는 것이다. 그리고 교회의 건강성을 조직 관리의 관점에서 다루고자 한다. 교회는 공동체라는 특성상 조직이라는 옷을 입을 수밖에 없다. 따라서 조직으로서의 교회가 직면할 수 있는 위험 요소들과 현재 한국 교회가 안고 있는 문제점들을 냉정하게 인식하고 교회의 건강성 회복 및 유지 원리와 조직 관리 방안을 제시하는 것은 매우 중요한 일이다. 마지막으로, 실천적 측면을 강조한다. 그간 훌륭한 교회 모델을 제시하는 탁월한 책들이 많이 출간되었지만, 대부분 우리 실정과 다른 외국 교회의 사례이거나, 성공적인 결과들을 감동적으로 보여 줄 뿐 방법론을 충분히 제공해 주지는 못했다. 반면 우리는 교회의 건강성을 영역별로 점검하는 실제적 분석틀을 제공하고, 교회 조직을 세워 가는 큰 그림을 그려 내고 실제로 교회를 움직이게 하는 구성 요소와 그 방향에 대한 감각을 익히는 데 도움을 주고자 한다.

이 책은 여러 교회의 사례들을 소개하고 있다. 바람직한 조직 관리의 이론적 틀을 먼저 연역적으로 설정하였지만 그것이 한국 교회 현실에 부합하는 것인지, 무엇보다 세상에서 사용되는 경영학 이론을 성경적 원리를 바탕으로 해야 할 교회에 적용하는 것이 바람직한지를 검증해야만 했는데, 감사하게도 이 사례 교회들은 필자들의 이런 우려를 씻어 주었다. 이 교회들은 한국에서 가장 모범적이라기보다는 특정 영역에서 말씀대로 교회를 회복해 보려고 나름대로 고민하며 노력하는 교회라고 말할 수 있을 것이다. 이 교회들은 그 규모에 관계없이 한국 교회의 모순과 문제점을 통렬히 인식하고 그런 문제점들을 개혁하기 위해 특정 영역에서 다양한 실험과 시도들을 하여 새로운 모델을 추구하고 있다. 또한 이들은 저마다 우리가 제시하는 '건강한 교회의 핵심 원리'를 골고루 설명할 수 있는 다양한 특징을 지니고 있었다. 따라서 여기 제시되는 각 교회의 사례야말로 이 책에서 중요한 역할을 감당한다고 말할 수 있겠다. 각 교회의 비전, 사역, 조직 관리 등의 실제 사례는 이 책의 이론적 틀을 구체적으로 설명해 주고 때로는 보완해 준다. 그리고 더 나아가 교회에 대한 문제 의식을 지닌 목회자와 평신도 리더들에게 아이디어를 제공하고 그러한 시도에 동참하도록 도울 수 있을 것이다.

물론 우리는 이 책으로 한국 교회의 모든 문제를 해결할 수 있다고 생각지는 않는다. 단지 교회 조직과 관련된 여러 문제에 대해 최소한 문제 제기를 하고 해결의 실마리를 찾고자 할 따름이다. 우리는 하나님의 교회를 세워 가는 데 세상의 이론과 조직적 접근이 필요치 않다고 생각하는 '조직 무용론'을 경계하지만, 한편으로 모든 교회 문제를 조직으로 풀 수 있다고 생각하는 '조직 만능론'도 거부한다. 우리는 주님의 교회를 세울 때 하나님이 말씀과 은혜를 통해 역사하심을 전적으로 믿는 동시에, 우리의 이성과 지식으로 '조직으로서의 교회'가 안고 있는 여러 문제들을 해결할 수 있다고 믿는다. 그래서 우리는 단순한 경영학적 조직 관리 접근법을 넘어, 교회의 본질과 특수성을 반영한 조직 관리의 원리와 가치를 설정하고 그것을 잘 살려낼 수 있는 관리 방안을 제시할 것이다. 그래서 하나님이 교회를 향해 뜻하신 바들을 건강한 조직을 통해 최대한으로 실현할 수 있는 성경적 원리와 방법론을 찾아가고자 한다.

1부 건강한 교회의 기본

1장 건강함을 추구하는 아홉 교회 이야기
2장 건강한 교회를 만드는 조직
3장 핵심 원리

1장
건강함을 추구하는
아홉 교회 이야기

오늘날 한국 교회를 염려하는 소리가 교회 안팎에서 끊임없이 들려오고 있지만, 주변을 돌아보면 교회의 머리 되신 예수 그리스도께서 기뻐하실 만한 교회 공동체를 만들기 위해 애쓰는 모습을 많이 찾아볼 수 있다. 그 중 아홉 교회의 모습을 들여다보자. 50명의 성도가 모이는 교회부터 수천 명이 넘는 교회까지 규모는 다양하지만 하나같이 그리스도의 몸인 교회로서 건강한 모습을 지향하고 있는 교회들이다.

평신도와 성직자를 구분하지 않는 강동교회

강동교회(www.kangdongchurch.net)의 또 다른 말은 '평신도 교회'다. 1997년 3월에 최승호 장로를 비롯하여 장년 7명이 모여서 교회를 시작하였다. 현재 50여 명의 청장년이 있고 어린이를 합하면 70여 명 되는 작은 교회다. 강동교회 홈페이지에는 이런 소개문이 있다.

- 강동교회는 평신도와 성직자의 구분이 없는 교회입니다. 다만 교회의 질서와 봉사를 위해 성경의 원리(딤전 3:2-13)를 따라 형제들 중에서 장로와 집사를 선출하여 세웠습니다.
- 목회자만이 아닌 모든 그리스도인들이 다 주의 종이며 각자 받은 은사를 따라 교회의 한 부분으로 봉사하며 협력합니다.
- 사람은 언제나 오류를 범할 수 있는 존재이기에 한 사람이 독단적 권위를 갖는 것을 반대하며, 두 명 이상의 장로가 모두 동등한 권위를 가지며, 오직 성경만이 교회의 절대 권위로 인정합니다.
- 헌금은 신약적 원리(고후 9:7)에 따라 '자원함'으로 하며, 교회 봉사로

아무도 봉급 받는 자는 없고, 모든 헌금은 최소한의 경비를 제외하고는 선교비와 구제비로 사용됩니다.
- 교회는 건물이 아니라 사람들입니다. 교회가 부동산을 소유하거나, 교회당 건축하는 것을 지양합니다.
- 모든 교파주의를 배격하며(고전 1:12-13), 말씀의 원칙을 따라 행하는 교회와는 열린 교제를 나눌 것입니다.

강동교회가 믿고 있는 신조를 보면 성경, 구원, 예수 그리스도, 사죄, 재림 등에 대한 신앙 고백은 여느 교회와 차이가 없어 보이지만, 특히 주목을 끌 만한 두 가지 측면이 있다. 하나는 "모든 그리스도인들은 하나님 앞에서 평등하며, 모두가 왕 같은 제사장, 하나님 나라의 백성, 하나님의 자녀이며 또한 모두가 주 예수님의 종이고, 형제 자매임을 믿습니다"라는 말이고, 다른 하나는 "교회는 건물이 아닌 그리스도인들이며, 교회의 머리는 그리스도이시며 거듭난 신자들이 지체가 되어 한 몸을 이루는 것임을 믿습니다"라는 말이다.

평신도 교회를 표방하는 강동교회의 최고 지도자는 바로 예수 그리스도다. 평신도와 성직자의 구분이 존재하지 않기에 신학을 공부한 직업적 목사가 없고, 모두가 같은 신분의 그리스도인으로서 각자 하나님께 받은 은사대로 충성을 다한다. 현재 교회를 이끌어 가는 장로들이 세 명 있는데, 모두 교회 형제들이 선출한 사람들이다. 오늘날 교회의 부패는 한 사람의 독재적 행정에 기인하는 바가 크다고 생각하기 때문에 예수 그리스도를 머리로 두고 그분의 지시를 받는 회중들의 모임으로서 교회를 지향하고 있는 것이다. 이와 함께 그리스도인 모두가 주 예수님의 종이므로 섬김의 삶을 살아야 한다고 생각한다. 나아가 제자 양육이 실제적으로 현장에 적용되는데, 신학교를 다니지 않아도 제대로 양육을 받아 성장한다면 교회 개척, 사람 양육 등을 감당할 수 있다고 여긴다.

이런 신조 때문에 기존 교회와 다른 측면들이 있다. 우선, 세례를 누가 주느냐 하는 문제인데, 목사만 줄 수 있는 것이 아니라 누구의 이름으로 세례를 주는지가 더 중요하므로 평신도가 시행해도 괜찮다고 본다. 성찬 집례 역시 성직자 유무에 관계없이 형제들이 예배로 모일 때마다 주님을 '기념하라'는 주님의 명령을 이행해야 한다고 여긴다. 평신도 교회에 목사라고 불리는 사람은 없지만 목사(목자)의 역할을 하는 사람은 있으며, 각 팀에서 팀 멤버들을 돌아보는 사람을 목사(목자)로 인식하고 있다. 신학교 교육을 받지 않고 정식 목사 안수도 받지 않은 형제 자매가 설교를 하고 예배를 인도하는 것 역시 가능하다고 말한다.

면면을 살필수록 기존 교회와 사뭇 달라 보이는 강동교회가 한국 교회에 던지는 메시지는 적지 않다. 그런데 그조차 여전히 조직이라는 옷을 입고 있기 때문에 추구하는 방향이나 의도와는 달리 논쟁거리가 생길 수 있다. 일반 직장을 가진 평신도가 함께 공동체를 세우는 과정에서 제기되는 첫 번째 논쟁은 평신도 지도자를 제대로 키워낼 수 있느냐 하는 문제다. 신학교에서 배출하는 목회자에게 문제가 있을 수 있듯이 평신도 교회가 추구하는 방식 역시 일면 한계가 있기에 극복해야 할 과제임에 틀림없다. 또 다른 논쟁은 평신도가 섬기는 교회가 안고 있는 시간적 제약을 어떻게 극복할 것인가 하는 문제다. 이것은 공동체 구성원 모두가 참여하여 서로 짐을 나누어 짐으로써 해결할 수 있을 것이다. 우리가 강동교회에 주목하는 이유는 이처럼 교회가 나름대로 성경적 원리를 찾아서 진실로 그것에 충실하려는 시도가 교회 공동체를 세우는 과정에 배어 있기 때문이다.

'상식이 통하는 교회'를 지향하는 거룩한 빛 광성교회

거룩한 빛 광성교회(www.kwangsung.org) 예배당에 들어서면 '상식이 통하는 교회'라는 문구가 눈을 사로잡는다. 상식이 통하는 교회를 지향한다는 것이 특별한 점은 아니지만, 새롭게 등록하고자 하는 성도들이 마음의 경계심을 푸는 데 결정적인 역할을 하는 것만은 분명하다. 그리고 상식이 통하는 교회를 지향한다는 것은 한국 교회의 현실에서 곧 변화를 지향한다는 의미이기도 하다. 담임 목사와 교회 공동체가 기존 관행과 형식에 얽매이지 않고 상식이 통하는 교회를 세우는 데 기여하는 것이면 무엇이든 적극적으로 수용하기 위해 노력한다는 증거다.

교회 규약에서도 이러한 변화의 몸짓이 느껴진다. 담임 목사 정년제(65세) 실시, 원로 목사제 폐지, 6년 주기의 담임 목사 신임 투표제 도입, 시무장로 6년 임기제 및 65세 정년제 도입, 원로 장로제 폐지, 열린 당회(청년연합회, 남선교 연합회, 여전도회 연합회, 안수집사회, 권사회, 운영협의회 회장에게 1년 동안 당회원 자격 부여) 및 열린 제직회(교인 모두에게 제직회에 참여하여 발언할 수 있는 권리 부여) 도입 등이 그것이다. 이런 규약을 처음 채택할 당시에는 교회 내에서 강한 반대도 있었지만 지금은 상식으로 받아들여지고 있다.

조직론적 관점에서 볼 때 거룩한 빛 광성교회가 가지고 있는 장점 중 하나는 성도들이 재능과 은사를 발휘할 기회를 충분히 열어 놓고 있다는 점이다. 누구든지 자신의 재능과 은사를 활용하여 특정한 모임을 만들고 교회 내에서 일을 하고자 하면 활동 공간을 적극 제공해 준다. 어떠한 원칙과 기준을 적용하고 어느 시스템으로 지원할 것인지 추가적인 정비 사항들이 있지만,

그 동안 성도들이 참여할 수 있는 장을 넓게 열어 준 것은 조직에 큰 활력을 불어넣고 주인의식을 갖게 하는 원동력이 되었다.

또 하나의 장점은 개방성과 융통성이다. 장로교단(통합)에 속한 교회이면서도 타 교단 출신 선교사를 선교 현장에 파송하고 후원한다든지, 성도들의 외부 영성 훈련 프로그램(예수전도단의 독수리 훈련, 예닮 동산 등) 참여를 장려할 뿐만 아니라, 외부에서 개발된 프로그램(일대일 양육, 알파 코스, 아버지 학교 등)을 적극적으로 수용하는 등 매우 개방적인 입장을 취해 왔다. 담임인 정성진 목사는 복음의 핵심에 해당하는 사안이 아닌 한 기존의 틀에서 과감하게 벗어날 필요성이 있음을 강조하며, 본인의 생각과 다른 내용이라도 그것이 교회의 건강성을 높이는 데 기여할 수 있는 의견이라면 적극적으로 수용하는 태도를 견지해 왔다.

물론 거룩한 빛 광성교회가 건강한 교회로 더욱더 견고히 서기 위해서는 몇 가지 해결해야 할 과제가 있다. '평신도들이 주인이 되는 교회'를 지향하고 있지만 그와 관련된 메커니즘이 아직까지 효과적으로 작동되고 있다고는 보기 어렵다. 중요한 의사 결정 과정에서 해당 사안에 대해 교회 공동체 내에서 공감대를 형성하는 데 평신도 중심의 채널들이 제 역할을 수행하지 못하고 있다. 평신도들의 참여가 교회 운영에 관한 중요 의사 결정 과정이라는 실질적 참여보다는 당회 결의 사항을 추인하는 열린 제직회의 발언 기회나 자신들에게 맡겨진 일상적 사역 수행의 범주에서 크게 벗어나지 못하고 있는 상태이다.

'평신도들이 주인이 되는 교회'의 실현은 평신도 리더십의 성장과 깊이 맞물려 있다. 평신도 리더들이 교회의 주요한 의사 결정 과정에 참여하여 주도적으로 역할을 수행할 수 있으려면 그만큼 영성이나 리더십에서 성숙해야 한다. 그러나 교회의 규모에 비해 영적으로 성숙한 평신도 리더들이 상당히 부족한 상태이며, 그들을 육성할 효과적인 훈련 체계도 아직은 미비하다. 그 동안 교회는 담임 목사의 리더십과 그의 목회 철학 실천에 의해 현 단계까지 성장해 왔다고 해도 과언이 아니다. 담임 목사가 없는 상황에서도 교회가 흔들림 없이 지속적으로 발전해 갈 수 있을지 염려스러운 것은 바로 거룩한 빛 광성교회가 안고 있는 취약성을 반영한다고 볼 수 있다.

또 하나의 과제는 그 동안 교인들이 참여할 수 있는 장을 넓히는 과정에서 파생한 부산물이라 할 수 있는, 교회의 분위기가 활동 중심이고 프로그램 중심이라는 점이다. 이러한 점이 외면적으로 교회를 활성화하는 데 기여해 온 것은 사실이나, 차분하게 하나님의 뜻을 분별하면서 사역을 결정하고 수행한다든지, 교인들 사이에 영적 훈련과 신앙의 성숙을 향한 성찰의 깊이를 더해 가려는 풍토 조성을 어렵게 만들기도 했다.

한 교회가 건강하다는 것은 현재의 상태가 건강한 상태인가도 중요하지만, 지속적으로 건강성을 유지 발전시킬 수 있는 내재적 동력을 가지고 있는지가 더욱 중요하다. 그런 점에서 열린 마음과 열린 구조를 가지고 건강한 교회 구축을 위해 수시로 점검하면서 미비점을 개선하려는 노력을 지속하고 있기 때문에 거룩한 빛 광성교회가 하나님께 온전히 쓰임받는 교회로 견고하게 세워져 가리라 기대할 수 있을 것이다.

성경적이고 현대적인 도심 공동체를 꿈꾸는 나들목교회

나들목교회(www.nadulmok.org)의 꿈은 성경에서 그리고 있는, 예수님이 계획하시고 사도 바울이 꿈꾼 '성경적인 교회'를 도심지에 세우는 것이다.

사랑의교회에서 2001년 5월에 개척해 나와 대학로 근처에 자리를 잡았다가 예배 전용 건물을 가지지 않기로 한 방침을 따라 지금은 대광고등학교 내에서 예배를 드리고 있다. 나들목교회는 전원 교회를 꿈꾸기보다 도심에 남아 진정으로 성경적인 공동체를 추구하는 교회이며, 개방적 문화를 통해 다양한 시도를 행하는 실험적인 교회라고 볼 수 있다. 또한 지난 몇 년 간의 여러 참신한 실험들을 통해 진정한 도심 공동체를 세워 가고 있다.

나들목이 꿈꾸는 모습은 아래의 글에 잘 드러나 있다.

우리는 교인들을 만족시키는 것에 모든 에너지를 쏟아붓는 대신에, '찾는이'를 찾아 섬기기로 했습니다. 개인주의 문화로 그득한 사회 속에서 '진실한 공동체'를 세워 나가자고 다짐했습니다. 이원론적인 영성으로 세속화하고 세상에서 격리되지 말고, '균형있는 성장'을 추구하였습니다. 받은 복을 자신을 위해서만 사용할 수 없고 그것이 안을 변화시켜 밖을 변혁하는, '안팎의 변혁'을 꿈꾸었습니다(김형국 목사의 칼럼 "꿈꾸는 하늘 나그네" 중에서).

이 비전은 그 흐름이 보편적인 교회의 존재 이유와 잘 연결된다. 우선 비그리스도인('찾는이')을 찾아 그들을 자연스럽게 예배로 인도함으로써 교회 공동체를 형성하고 이들이 훈련받아 균형 있게 성장하여 교회와 세상을 변혁하는 주체가 되는 것이다.

우선 "찾는이 중심"에서는 가장 큰 특징으로 문화를 통한 자연스런 접촉점을 찾는 것을 들 수 있다. 즉 다양한 문화 활동을 통해 비그리스도인들이 자연스럽게 예배에 임할 수 있도록 도와주고 있다. 예를 들면 영상물, 음악,

연극 등 기존 문화에 대한 개방성이 있으며, 이러한 문화적 활동의 활발한 활용을 통해 자연스럽게 찾는이들에게 접촉하고 있다. 예배 중에 영화의 장면을 틀어 준다든가 뮤지컬 가수의 공연 등을 하다가 자연스럽게 복음의 메시지가 나오는 등의 형태를 취하는 것이다. 이런 것들이 젊은 청년들에게 다가가는 좋은 매체가 되는 것이다. 이런 방향성 때문에, 매주 드리는 찾는이 예배에서 기존 신자들의 깊이 있는 예배가 어려울 수 있다는 지적도 제기되고 있다. 비록 아직 적극적으로 문화 선교의 형식을 취하지는 않지만 이런 방향은 나들목교회의 문화 선교와 연관이 있다. 나들목교회는 문화적 대안을 제시하는 교회가 되고자 한다. 이런 추구는, 예술과 문화가 주님이 우리에게 주신, 즐거움을 얻고 누릴 수 있는 고귀하고 아름다운 선물로 인식하는 데서 출발한다. 또한 나들목교회는 더 나아가 향후 왜곡된 예술과 문화의 영역을 회복하고 승화시켜 나가는 데 앞장서고자 한다.

또한 나들목교회는 "진실한 공동체"를 세우기 위해 가정교회를 추구하는 것을 비전으로 삼고 있다. 나들목교회는 개별 가정교회들이 모인 연합체라고 할 수 있다. 8-12명 정도의 사람들이 모여서 교회를 개척한다는 개념이다. 그 교회가 많은 자율성을 가지고 서로를 사랑하며, 돌보며 삶을 사는 것이다. 가정교회의 목자는 상당한 자율성을 가지고 운영하고 있는데, 성만찬까지도 가능할 정도다. 이 작은 공동체들이 유기적으로 연합하여 전체 공동체를 형성하는 것이다. 중심에 있는 교회는 이 가정교회들이 하지 못하는 것(예를 들어, 찾는이를 위한 예배, 깊은 성경 강해와 찬양을 통한 예배, 주일학교 교육, 리더 훈련이나 제자 훈련 중 일부, 여러 가지 네트워크가 필요한 사역 등)을 수행함으로써 각 가정교회들이 성장할 수 있도록 도와준다. 원심력(각 가정교회)과 구심력(중심의 교회)이 건강한 균형을 이룬 교회의 모습이라고 할 수 있겠다. 가정교회는 해체되어 가는 현대 사회 속에서 진정한 공동체를 세워 나가고자 하는 움직임의 표현이다.

다음으로 "안팎의 변혁"을 살펴보자. 먼저 교회 안의 변혁은 조직적 특성에서 비교적 잘 드러난다. 교회 안의 변혁을 위한 시도로는 운영위원회 제도와 전문사역자 제도를 들 수 있다. 나들목교회는 독립교회로 장로와 당회가 없고 운영위원회가 교회의 중요한 의사 결정을 하고 있다. 운영위원회의 위원은 현재 목사 2명을 포함하여 다섯 명으로 구성되어 있다. 운영위원이 되려면 지도자 훈련을 마친 자 중에서 목자의 투표로 결정된다.

의사 결정 구조는 의외로 집권화되어 있다. 예를 들어 예산의 경우 사역자(목회자와 유급 직원)들이 기획을 하고 운영위원회에서 결정한다. 투명하게 정보를 공유하기는 하지만 의사 결정은 운영위원회와 목자들 중심으로 이루어지고 있다. 운영위원회가 입법 기관처럼 중요한 방향성을 결정하면 실행은 전문사역자들이 주로 맡아 수행하고 있다. 전문사역자들이란 목회자를 포함해서 특별한 전문성을 가진 유급 직원을 의미하는데, 기획 업무, 관리 지원(자산 및 재정의 집행), 커뮤니케이션과 음악, 방송실 등의 영역을 담당하고 있다.

또한 교회 외부의 변혁의 사명으로 다섯 가지 영역이 있는데, 해외 선교, 국내 선교, 사회 선교, 통일 선교 및 문화 선교다.

나들목교회는 몇 가지 측면에서 대립적으로 보이는 것들을 동시에 추구하고 있다. 첫째로 가정교회와 같이 아주 자발적이고 자율적인 모임을 강조하면서도 연합교회로서의 구심력을 잃지 않으려고 노력하고 있다. 또한 모든 평신도들이 균형잡힌 성장을 통해 주님의 진정한 제자로 자라기를 바라지만 또한 사역을 하는 방식은 유급 사역자(목회사역자와 전문사역자)들에 크게 의존하고 있다. 그리고 윌로우크릭 교회처럼 대중성을 가지면서도 세이비어 교회처럼 소수 정예 구성원의 운동성을 추구하고 있다.

건강한 리더십을 만들어 가는 다운교회

다운교회(www.downchurch.com)는 1994년 9월에 당산동의 조그만 사무실에서 아이들을 포함한 20여 명의 교인들이 모여 첫 예배를 드렸다. 네비게이토 선교회를 섬기던 이경준 목사가 평신도 중심의 성경공부 모임을 하다가 지역 교회를 설립한 것이다. 교회 이름은 '하나님과 사람 앞에 낮아지는' 의미로 다운교회(Down Community Church)로 정했다. 또한 교인들은 '제자다운 제자'가 되고 교인들이 모인 공동체는 '교회다운 교회'가 되자는 뜻도 포함하고 있다. 다운교회는 제자다운 제자, 즉 하나님이 창조하신 인간의 죄 짓기 전 모습(창세기 1:27-28)을 회복하자는 뜻에서 건강한 자아상, 건전한 가정관, 건실한 직업관을 가진 사람을 길러 내는 것을 기본 사명으로 여긴다.

공동체 회복에 초점을 두고 있는 다운교회는 주일의 개념을 안식과 회복에 둔다. 삶의 현장에서 월요일부터 토요일까지 열심히 영적인 전투를 하고, 주일에는 교회에서 영적인 전투에 대한 간증을 나누고 안식하는 교회가 되어야 한다는 것이다. 이를 위해 하나님 중심의 예배, 말씀에 의한 제자 훈련, 성도들을 섬기는 정신을 특히 강조한다. 이경준 목사는 설교를 항상 미리 준비하여 당일 주보에 설교 요약문을 함께 싣는다. 예배 시간에 들은 말씀을 금방 잊어버릴 수 있기 때문에 주중에라도 말씀을 기억하도록 돕기 위해서다. 말씀 훈련은 주일 예배 이후 전 교인이 그룹으로 나누어 성경공부를 하는데,

단계별 성경공부인 SCL(Studies for Christian Living)을 비롯해 각종 주제별로 모임을 갖는다. 예를 들면, 큐티반, 독서반 등인데, 하나님 나라 사역에 필요한 주제라면 무엇이든지 가능하다. 성도를 섬기는 정신은 일상적인 교회 생활로부터 시작한다. 매주 식사는 성경공부 조별로 돌아가면서 준비하며 설거지는 남자들의 몫이다.

이경준 목사는 개방적이고 민주적인 교회 운영을 지향하고 있기 때문에 교회 사역도 성도들의 자발적인 참여에 의해 이루어지고 있다. 교회 조직은 팀제로 운영되고 공식적인 제직회는 없으며 구역장 모임이 이를 대신하고 있다. 전통적인 교회의 안수집사 제도도 없다. 평신도-집사-안수집사-장로 등의 직책이 수직적인 계급이 되는 바람직하지 못한 모습을 미리 차단하기 위해서다. 그래서 7주 과정의 새가족 반을 거치고, 6단계의 성경공부를 수료하면 집사 직분을 맡긴다. 이들 중에서 구역을 섬길 수 있는 사람을 선별하여 구역장을 맡기는데, 이들이 바로 안수집사와 같은 역할을 하게 된다. 현재 구역장은 42명이다. 2006년에는 처음으로 장로를 선출하였는데, 구역장 경험이 있는 40세 이상 성도들 중에 장로가 될 사람을 구역장들이 추천하면 전 교인이 가부 투표를 실시하여 과반수 이상의 찬성을 얻는 사람을 장로로 세웠다. 이 방식은 외적인 조건이 아니라 교회에서 제대로 일할 사람을 선출할 수 있다는 장점이 있다. 아직 공식화되지는 않았지만 담임 목사는 10년에 한 번씩 신임을 묻고, 장로는 5년 임기로 한 차례 연임할 수 있도록 제도를 정비할 예정이다.

리더 양육은 이경준 목사가 각별히 신경을 쓰는 부분으로, 교회를 함께 섬길 핵심 리더는 일대일의 깊은 교제와 양육을 통해 길러져야 한다고 생각한다. 전도를 받아 교회에 출석하는 사람 중 신실하게 성장하는 사람을 중심으로 제자 양육을 하며, 이들 중에서 교회의 지도자가 될 사람은 특별히 일주일에 한 번씩은 개인적으로 만나 교제하고 양육하는 시스템을 갖추고 있다.

다운교회는 어떤 신앙의 경력을 가졌든지 교회에 등록하면 반드시 7주 과정의 새가족반을 거치도록 하고 있다. 이 과정에서 신앙 생활을 하기에 적합한지 판단하여 교회를 결정하라는 것이다. 개방적이고 민주적으로 교회를 운영하되 참된 신앙 공동체를 이루기 위해서는 마음을 함께하는 동질성이 필요하다고 보기 때문이다. 실제 다른 교회에서 수평 이동해 왔던 성도 중 절반 정도가 이 과정에서 떠난다고 한다.

다운교회는 자발성과 교회의 건전성을 강조한다. 목회자에 의존하는 신앙을 탈피해서 스스로 건강한 신앙 생활을 할 수 있어야 한다는 점에서 큐티를 생활화하고 있다. 십일조, 감사 헌금 등은 모두 무명으로 하며, 심지어는 2006년 교회를 이전할 때 건축 헌금도 무명으로 하였다. 그런데도 교회를 운영하기에 충분한 재정이 충원되고 있다고 한다. 교회 재정의 운영과 집행도 건전성을 유지하기 위해 복식 부기로 관리하며, 예결산은 기업 회계 기준에 준할 만큼 철저하게 정리하여 모든 성도에게 공개한다.

존재 목적이 이끌어 가는 분당 샘물교회

서울 영동교회에서 17년 간 담임 목사로 섬기던 박은조 목사와 성도 200여 명이 분립 개척이라는 교회의 전통에 따라 1998년 10월에 분당에 세운 샘물교회(www.smcc.or.kr)는 10년이 채 되지 않았지만 건강한 교회, 지역과 이웃을 섬기는 교회, 열린 제도, 끊임없는 변화를 시도하는 교회 등으로 알려져 있다.

샘물교회는 그 동안 세 단계의 변화를 경험하였다. 건강한 교회를 표방하던 초기에는 '가정, 이웃, 말씀을 소중하게 여기는 교회'가 되기 위한 사역에 집중하였다. 교회 운영과 사역은 항상 열린 교회를 지향하여 오픈 리더십, 목사 장로 임기제, 성도 대표인 운영위원들의 당회 참여를 실시하였다. 교회 운영과 사역 부분에 평신도와 부교역자들의 아이디어를 적극 반영하여 놀랄 만한 효과를 본 경우가 많았다. 청년 성도가 가족과 함께하는 예배를 제안한 것이 발전하여 가족예배, 전통예배, 열린예배, 찬양예배 등 다양한 예배를 드리게 되었고, 고교 교사의 기독 동아리 사역의 꿈을 지원한 것이 지금은 전국의 청소년을 대상으로 하는 비틴즈(b-teens)라는 선교단체로 성장하였다. 북한의 굶주린 동포를 조금이라도 돕자는 취지로 방배동 구역 모임에서 시작한 빵 보내기는 북한에 빵 공장을 세우는 사역으로 확대되었다. 이 외에도 장애인을 위한 사랑의 학교, 지역 봉사 활동, 도서관 사업 등이 끊임없이 개발되었고, 직접 파송하거나 지원하는 선교사만도 40명을 넘어섰다.

앞만 보고 달려오던 샘물교회가 체계적인 시스템과 조직을 갖춘 것은 박은조 목사의 2기 사역이 시작되던 창립 7주년에 접어들 무렵이다. 성인 성도가 천 명을 훨씬 넘어서면서, 과연 외형적 성장에 걸맞은 내면을 갖추었는지 성찰이 시작되었다. 다음은 이 때 제기된 주요 이슈들이다.

- 교회가 프로그램 중심으로 흘러가고 많은 사람들은 일에만 매여 있다.
- 성도 수가 많아지면서 대부분의 사역이 교역자, 또는 소수의 핵심 리더에 의해서만 이루어지고 있고 평신도의 자율적인 참여가 부족하다.
- 성도의 숫자가 많아지면서 교회라는 공동체성의 문제가 드러나고 있다. 서로를 잘 알지도 못하고 깊은 교제도 잘 안 된다.

- 많은 훈련 프로그램이 있지만 체계적이지 못하다. 성도의 성장 목표를 성도 개인이나 교회가 뚜렷하게 정립하지 못하고 있다. 특히 리더 육성이 부족하다.
- 사역 프로그램, 교회 조직의 연계성이 부족하다. 각자가 열심히 사역에 참여하고 섬기는데, 사역 간에 의사소통이 부족하여 중복되거나 힘이 분산되는 일이 잦다.

이 문제들을 해결하기 위해 비전을 재정립하고 사역과 조직을 새롭게 할 필요를 느끼게 되었고, 6개월의 준비 끝에 2005년을 기점으로 '비전 2010'을 선포하였다. 샘물교회의 존재 이유를 '모든 사람을 건강한 그리스도의 제자로 삼는다'로 정하고, 교회의 본질적 사역인 예배, 훈련, 교제, 섬김, 복음전파를 보다 체계적으로 실천하기로 하였다. 이를 위해 평신도가 중심이 되는 5개의 위원회 조직을 구성하여 운영하고 당회는 교회의 주요 정책 사항만 다루는 교회 운영 시스템을 구축하였다. 그리고 정해진 예산 범위에서는 평신도 팀장에게 결재권을 부여하고, 재정의 투명성을 위해 복식부기를 도입하였다.

교회의 사역과 조직, 운영 방식을 체계화하면서 시작한 2기 사역은 2006년을 지나면서 다시 한 번 전환기를 맞게 된다. 출석하는 성인 성도가 이천 명을 넘긴 어느 날, 박은조 목사는 설교 시간에 이런 고백을 하였다. "샘물교회는 더 이상 교회라고 보기 힘듭니다. 교회의 본질 중 하나인 교제가 실제적으로 거의 일어나지 않기 때문입니다. 저는 솔직히 여러분을 잘 모릅니다. 우리 성도 간에도, 심지어 바로 옆에 앉아 있는 사람들끼리도 잘 모릅니다. 교회가 핵심 목적인 영혼 구원에도 너무 소홀합니다. 우리 교회는 기존 교인의 수평 이동으로 성장해 왔습니다. 이것은 참된 교회의 모습이 아닙니다."

샘물교회는 이런 문제점을 해결하고, 더 나아가 초대교회와 같이 성도 간의 교제와 섬김, 전도가 살아나는 공동체를 만들어 보고자 가정교회를 시작하였다. 거의 1년을 준비한 끝에 2007년부터 구역 조직을 목장 조직으로 전환하고, 교역자들이 책임지던 목회 사역의 많은 부분을 목장을 책임지는 목자에게 위임하였다. 기존 신자는 더 이상 받지 않는다는 원칙을 정하여 전도의 배수진을 쳤다. 가족 전도를 위해 부부가 함께 모일 수 있도록 가정 단위로 목장을 구성한 결과 믿지 않는 배우자를 초청하는 모임이 나타나기 시작하였고, 구역 참석 비율이 주일 예배 출석 교인의 40퍼센트에서 70퍼센트로 높아졌다. 샘물교회는 가정교회 전환을 통해 건강한 작은 교회(목장)들이 모여 큰 교회를 이룬다는 꿈을 꾸고 있으며, 이를 완성하기 위해 지금도 노력 중이다.

전통을 비전으로 거듭나게 하는 서울중앙교회

2000년 6월, 설립된 지 50년이 가까운 서울중앙교회(www.jungang.org)에 부임한 곽창대 목사의 첫 설교는 '세상의 소금과 빛으로의 교회'였다. 주택가가 사라진 종로에 자리잡은 교회를 강남 등 아파트가 많은 곳으로 옮겨야 한다는 논의가 여러 차례 있었다. 그러나 건강한 교회가 되기 위해서는 반드시 지역 사회에 거룩한 영향을 끼쳐야 한다는 담임 목사의 말에 성도들은 공감하였고, 지금까지 같은 장소에서 교회를 지켜 왔다는 자부심을 비로소 회복되는 듯하였다.

곽창대 목사는 자신에 대한 평가를 10년 후에 해 달라며, 향후 교회가 바

뛰어 갈 모습에 대한 열망을 담아 '비전 2010, 5대 비전'을 제시하였다. 2003년 교회 설립 50주년에 앞서 교회가 새로워져야 한다는 공감대와 기대감이 형성되어 있었던 상황에서 담임 목사의 제안과 성도의 토론을 통해 도출된 비전은 성도들을 참으로 흥분하게 하는 것이었다. 다음은 '비전 2010'의 주요 내용이다(이 비전은 새로운 목회자가 부임한 후에도 계속되고 있다).

- 지역 사회를 섬기는 교회
- 내일의 일꾼을 양성하는 교회
- 공동체 훈련을 강화하는 교회
- 조국의 통일을 대비하는 교회
- 선교에 동참하는 교회

비전 2010을 실행하기 위해 젊은 집사들로 구성된 비전기획팀이 조직되었고, 이들은 교회 성도들에게 다양한 교회 상황에 대한 설문 조사와 인터뷰, 목회자 그룹과 장로, 젊은 집사들이 함께하는 워크숍 등을 진행하였다. 이렇게 다양한 계층이 참여하여 교회 발전을 위해 진지한 고민을 한 것은 교회 50년 역사상 찾아보기 힘든 사례였다.

비전 2010을 추진하며 교회는 50여 명의 노숙자와 함께 예배드리고 점심을 나누는 한편, 어려운 이웃을 위한 쪽방 사역, 매월 2, 4주 일요일 오후에 의료와 법률 상담 봉사를 하는 종로3가 지하철 선교 등을 실천하였다. 이 밖에 지역 사회를 위한 다양한 사역이 생겨나면서 교회는 많은 변화를 경험하였다.

영아부를 비롯한 교육 기관들이 새롭게 생겨나 정비된 것도 변화된 모습

중 하나다. 특히 대학 진학이나 직장 관계로 서울에 자리잡은 청년들이 늘어나면서 대학부와 미혼 청년부 출석 인원이 250여 명에 이르렀다. 비전 2010 중 '내일의 일꾼을 양성하는 교회'가 완성되어 가고 있는 것이다.

비전 2010이 순조롭게 진행된 것만은 아니었다. 2005년에는 비전 2010의 절반을 마무리하며, 오랫동안 유지되던 구역 모임 체제를 벗고 몇 가정이 중심이 되는 목장 모임으로 전환하였다. 그러나 서울의 중심에 교회가 있고 성도들은 멀리 흩어져 살고 있어서 구역 예배조차 어려운 상황에서 가정이 함께 모이는 목장 모임은 쉽지 않았다. 지역적 한계를 뛰어넘을 묘책을 찾는 중에 그 대안으로 주일 오후에 전 교인이 목장 모임을 하기에 이르렀다.

비전이라는 말만 들어도 지겹다는 사람이 생겨나고, 계획만 무성할 뿐 사업이 진척되지 않는 현상이 곳곳에서 발생하였다. 예산 편성이나 교회 행사에 중고등부, 대학부, 청년부, 성가대 등이 각각의 목소리를 내며 협력하지 못하는 모습도 나타났다. 목회자들이 무엇인가를 시도하려고 하면 제직회 위원회와 의논도 없이 진행한다는 불만이 터져 나왔다. 젊은 집사들로 구성된 비전기획팀의 지속적인 변화 시도에 피로감을 느끼는 성도들도 있었다. 이런 흐름을 감지하면서부터 개혁에 앞장섰던 사람들은 아이디어와 열정이 줄어들고 힘들어하기 시작하였다. 신도시에 개척하여 급성장하는 교회와 달리 서울 중심에 자리잡은 중견 교회가 더디고 강한 보수적 성향을 탈피하고 한국 교회의 모델이 되기 위해서는 넘어야 할 산이 많았다.

교회는 이런 문제들을 해결하고자 2006년에 사역전문인 제도를 도입하였다. 교회의 각 위원회에서 전문적으로 사역을 도울 평신도 사역자를 선발하여, 2년 간 특정 사역 훈련을 받으면 3년 간 해당 위원회에서 간사나 기획팀장으로 섬기도록 한 것이다. 그리고 다시 한 번 비전을 공유하고 더욱 힘찬

도약을 하고자 5주 과정의 '서울중앙교회 비전론'이라는 소그룹 모임을 만들었다. 이렇게 서울중앙교회는 삼위 하나님이 약속하신 영광스러운 교회가 되고자 오늘도 영적 긴장감을 늦추지 않고 있다.

오랜 전통에서 가정교회로 깨어난 성안교회

1971년에 설립되어 현재 성인 450여 명이 출석하는 성안교회(www.sunganchurch.org)는 2002년에 시작한 가정교회가 모범적으로 정착하는 등 35년이 넘는 전통을 깨고 새로운 모습으로 변신에 성공했다는 점에서 주목할 만하다.

담임인 계강일 목사는 교회가 오랜 기간 정체하고 있는 데 문제점을 느끼고 진지한 기도와 고민에 빠졌다. 교회가 단지 수적으로 성장하는 데 목적을 두지 않고 어떻게 하면 초대교회와 같이 교회 본질을 되찾아 영적으로 성숙하고 활력이 넘치며 영혼 구원에 힘을 쏟을 수 있을지 연구한 끝에 가정교회가 대안이 될 수 있다는 결론을 내렸다.

가정교회로의 대전환을 담임 목사 혼자서 할 수는 없는 일이었기에 우선 제직과 장로들의 공감대 형성을 변화의 첫 단계로 삼았다. 2001년 초 제직훈련 때 가정교회 관련 비디오를 상영하여 가정교회를 구체적으로 소개하였고, 장로들과는 「구역 조직을 가정교회로 바꾸라」라는 책을 함께 읽었다. 이런 과정을 통해 긍정적인 여론이 조성되었고, 마침내 당회는 가정교회로 전환을 결정하게 되었다. 다음 단계는 자발적인 헌신자 모집과 훈련이었다. 비록 소수이긴 하지만 68명의 헌신자가 생겼다. 이들을 중심으로 13주에 걸친 두 단계의 훈련 과정, 가정교회 세미나, 1일 자체 수련회, 193일 릴레이 기도를 하면서 가정교회로의 전환 준비 작업을 마쳤다.

2년에 걸친 준비를 마친 2002년 10월, 가정교회는 감격적인 첫 모임을 가지게 되었다. 동시에 가정교회에 충실하고자 주일 저녁 예배, 금요 심야기도회, 성가대, 남녀 선교회를 없애기로 결정하였다. 가정교회는 초대교회와 같이 교제와 섬김으로 가족과 이웃을 전도하고, 목장 자체에서 작은 교회를 이룬다는 목적을 가지고 있었기 때문에 교회의 전통적인 제도 몇 가지를 과감히 없앤 것이다.

성안교회가 가정교회로 전환하는 과정에 진통이 없었던 것은 아니다. 성가대와 선교회를 없애면서 일부 성도들은 마음에 상처를 입었고, 모든 사역이 목장 중심으로 이루어지는 상황에 부담을 느낀 성도들이 교회를 떠나기도 했다. 더구나 기존 신자의 등록을 허용하지 않고 비그리스도인 전도를 가장 중요한 목적 가운데 하나로 삼았기 때문에 교인 수가 오히려 감소하는 아픔을 겪기도 하였다.

그러나 가정교회가 정착되면서 놀라운 변화들이 일어나기 시작하였고, 깊은 나눔의 교제와 섬김을 통해 성도 개인과 가정이 회복되는 은혜를 경험하게 되었다. 이런 소식을 서로 나누면서 목장이 활성화되었는데, 초기에 66퍼센트 수준이던 목장 출석률이 2006년 말에는 출석 교인의 81퍼센트에 이르게 되었다. 믿지 않는 가족을 목장에서 전도하여 교회로 인도하는 경우도 점차 늘기 시작하였다. 2005년 이후 예수를 영접하고 세례를 받은 숫자가 매년 50여 명에 달하였다. 각 목장을 구성하는 가정이 다섯 가정을 넘기면 분가를 하는데, 2002년 36개로 시작한 목장이 지금은 두 배 가까운 64개 목장으로 확산되었다. 무엇보다 기존 신자의 수평 이동이 아닌 순수하게 비그리스도인을 전도하여 교회의 성도가 늘었다는 점에서 놀라운 은혜를 경험할 수 있었다.

여전히 교회 조직은 전통적인 부서를 가지고 있지만, 가정교회로 전환하면서 부서의 역할은 점차 사라지고 있다. 예를 들어 예배국의 안내, 교제국의 친교와 새신자 영접과 구제, 운영국의 식당과 차량관리, 봉사 사역 등은 실제적으로 목장을 묶은 초원 단위에서 이루어지고 있다. 선교 사역도 각 목장에서 책임지고 있다. 가정교회로 전환된 이후 대부분의 성도들이 교회 사역에 헌신하고 있다. 이제 가정교회가 거의 정착 단계에 이르렀다고 판단한 성안교회는 가정교회를 실제적으로 지원하는 역할만 남기고 전통적 부서 조직은 없앨 계획이다.

가정교회로 전환되면서 성도들의 신앙 훈련이 체계화된 것도 큰 변화다. 담임 목사가 직접 담당하는 월 1회의 예수 영접 모임을 이수하면 곧바로 세례를 준다. 그 다음 단계로 각각 13주 과정인 생명의 삶, 새로운 삶, 경건의 삶 등의 훈련을 거친다. 마지막 단계는 8주 과정의 확신의 삶인데, 이는 담임 목사와 사모가 각각 훈련생들을 일대일로 양육하는 프로그램이다. 이 모든 과정을 수료한 성도는 목자가 되며, 목자는 또 다른 성도를 일대일로 양육할 수 있다. 성도들이 체계적인 양육 과정을 거치면서 자연스럽게 리더를 길러내는 것이다.

개혁적인 내부 규약이 살아 움직이는 언덕교회

언덕교회(www.unduk.or.kr)는 "누구나 바라고 기댈 수 있는 언덕과 같은 교회"가 되기를 바라면서 2003년 4월에 이승구 목사를 설교자로 초빙하여 창립 예배를 드렸고, 같은 해 10월에 박득훈 목사를 전임 목사로 초빙하여 함께 사역하였다. 언덕교회의 창립 취지는 명료하다. "언덕교회는 수 많은 교회 중 또 하나의 교회가 되고자 하지 않습니다. 언덕교회는 한국 교회의 병든 모습을 애석하게 생각하면서, 평신도가 깨어 건강하게 일구어 나가는 교회의 본이 되고자 출발합니다. 우리 교회만이 아니라 이 땅의 모든 교회가 이러한 목적에 동참할 수 있도록 연합하는 노력을 할 것입니다."

언덕교회를 설명하는 단어들에는 민주화, 평신도, 교회 개혁, 교회 규약 등이 포함되어 있다.

첫째, 민주적인 교회 운영을 위한 첫 걸음은 정보의 공유라는 신념으로 회의록과 재정 보고서를 홈페이지에 게시하고, 교회 운영과 관련된 운영위원회 및 직원회의 결정 사항 또한 누구든지 볼 수 있게 공개한다. 규약 제36조(재정의 공개) 1항에 "교회의 재정은 최대한 공개되어야 한다. 이를 위하여 재정부는 매월 정기 운영위원회의에 회계 보고서를 제출하고 이를 교회의 홈페이지에 등재하여야 한다"고 명시하고 있다.

의사 결정 권한도 공유하는데, 그 중 하나는 운영위원회다. 이 회의에는 교역자회 대표, 장로회 대표, 집사회장, 각 부서의 부장 및 구역장 대표가 포함된다. 운영위원장은 장로회 대표 중에서 운영위원회가 선출하되, 시무중인 장로의 수가 세 명 이하일 때에는 집사회장과 부서장을 운영위원장 후보에 포함한다. 교회의 최고 의사 결정 기관인 교인총회의 의장은 목사와 장로 중에서 의장을 선출하되, 교인총회 의장과 운영위원장은 겸임할 수 없다.

둘째, 평신도와 목회자를 구분하지 않고 평신도를 교회 사역에 적극적으로 동참시킨다. 모든 교인은 그리스도 앞에서 동일한 종이고, 다만 사역에 있어서 그 역할이 다르며 그것을 존중할 뿐이라고 고백한다. 따라서 모든 성도는 함께 협력하면서 하나님의 사역에 능동적으로 참여할 수 있다. 이런 고백은 예배 사역에서도 마찬가지이며, 이 또한 교회 규약 제3장에 명시함으로써 실천할 수 있는 장치를 마련해 놓았다. "예배의 집례에 있어 평신도의 참여를 최대한 보장한다." "설교 행위는 평신도에게 개방되며, 교회는 평신도의 설교 기회를 적절히 보장하여야 한다." "흩어지는 예배를 드리지 않는 다섯 번째 주일의 설교는 평신도가 담당한다."

셋째, 교회 개혁과 관련하여 직분자의 임기제와 재정 원칙을 두고 있다. 목사, 장로, 집사는 모두 임기가 3년이고, 연임 여부는 총회 참석자 3분의 2 이상 찬성으로 결정된다. 안식년의 경우 목사는 시무 기간 1년에 대해 1개월의 안식월을 부여하고, 장로는 3년 시무 후 1년의 안식년을 가진다. 재정 원칙 역시 규약에 명시되어 있다. "한 해의 예산 편성에 있어서 최소한의 교회 운영비(급여·시설 및 비품 관리·교육비 포함)를 제외한 나머지는 선교사업 3분의 1, 사회복지사업 3분의 1, 발전 기금 적립 3분의 1을 기준으로 편성한다. 단, 선교사업, 사회복지사업, 발전 기금 적립의 합계액이 경상예산 총액의 30퍼센트 이상이 되도록 한다. 결산 후 잉여 재원은 발전 기금으로 적립한다"(규약 제35조).

넷째, 교회 규약을 구체적으로 정해 실천하고 있다. 규약이 강한 교회는 대개 규정과 절차를 중시하고 여러 회의가 많으며, 교회가 법조문에 따라 아무 문제 없이 운영되는 것에 관심을 기울인 탓에 생동감이 떨어지는 경우가 많다. 반대로, 비전이 강한 교회는 주로 목회자가 제시한 비전에 따라 교회가 움직이기 때문에 규약이나 절차가 덜 중시되고, 규약은 사문화되어 필요 없게 될 가능성이 크다. 생동감이 넘치는 반면 절차를 무시한 독단으로 갈 소지가 있으며, 이를 막을 방편이 없는 경우가 허다하다.

언덕교회는 이 둘을 조화시키기 위해 노력하고 있다. 규약이 교회 정치 중심으로만 구성되어 있지 않고 교회의 비전과 발전 전략 및 건강성을 위한 조항까지를 포함하고 있는데, 제1장 총칙과 제3조 목적과 비전, 제4조 실천 지침, 그리고 제12장 발전 과제 등이 그것이다.

한 가지 주목할 것은, 규약이 곧 교회의 개혁이요 비전의 실천은 아니라는 점이다. 규약을 잘 만드는 것도 중요하지만 그것을 담아 내는 교회 조직이 바뀌어야 하고 구체적으로 실천하는 기능이 살아 움직여야 비로소 살아 있는 규약이 되는 것이다. 교회가 넘어질 수 있는 부분을 규약으로 막아 주면서 비전을 더 잘 실천하도록 돕고, 비전 실행 과정에서 그 규약의 내용을 더 생동감 있게 살아 움직이도록 해야 한다는 점에서 언덕교회는 실천 과제를 안고 있는 셈이다. 따라서 언덕교회는 앞으로 계속 주목할 만한 가치가 있는 교회다.

그리스도의 비전이 이끌어 가는 와싱톤한인교회

와싱톤한인교회(www.kumcgw.org)는 한국이 전쟁의 포화에 휩싸여 있던 1951년 10월에 워싱턴 지역의 몇몇 교포들이 시내에 있는 파운더리 유나이티드 교회(Foundary United Methodist Church)에서 첫 예배를 드린 것이 시작이었다. 현재는 버지니아 주 맥클린에 있으며, 어린이를 포함해 1,200여 명의 성도가 모이고 있다. 성도들은 1983년부터 12년 간 섬겼던 조영진 담임 목사의 리더십이 지금의 와싱톤한인교회를 만들었다고 평가한다.

1984년, 30년 숙원이던 자체 예배당이 마련되던 해에 조영진 목사는 성도들의 마음에 새로운 푯대가 될 비전을 불어넣을 필요성을 절감했다. 그래서 케네스 칼라한(Kenneth Callahan) 초청 세미나를 열어 '그리스도의 비전이 이끌어 가는 교회'를 꿈꾸게 하였고, 네 차례에 걸친 5년 장기 계획으로 교회를 변화시켜 간다.

1985년 3월에 조직된 장기계획위원회가 9개월 간의 산고를 거쳐 교인총회에 제출한 첫 번째 5년 장기계획(1986-1990년)에는 '2세대를 가슴에 품는 포용적인 교회'가 지향 목표로 채택되었다. 특별히 2세 자녀들에게 설 땅을 마련해 주는 데 선교의 우선순위를 두었다. 그 계획에 근거하여 2세 전담 목회자를 세웠고, 영어 예배를 드리기 시작하였다.

제2차 5년 장기계획은 '내적으로 성숙해 가는 교회'를 주제로 선정하였다. 이를 위해 TBC 성서연구 프로그램과 제자 성서연구 과정을 시작하여 성도들의 믿음의 뿌리를 견고히 세우는 기초로 삼았고, 교회 내 의사소통 개선과 교회 내 그룹 간 긴밀한 관계 형성, 평신도의 적극적인 참여 확대, 교육 커리큘럼 개발과 리더십 개발, 필요한 공간 확보 등의 실행 계획을 세우고 추진하였다. 특별히 1995-1996년에는 "오직 기도와 간구로 모든 일을"이라는 표어 아래 기도생활을 강조하면서 교인들의 영성을 다져 나갔다.

제3차 5년 장기계획의 표어는 '일어나 빛을 발하라'였다. 그 중심은 '평신도의 깨어 일어남을 통한 사역의 활성화'와 '내일을 드리는 교회'에 있었다. 제1차 종교개혁이 성경을 성도들의 손에 쥐어 준 것이라면 제2차 종교개혁은 사역을 성도들의 손에 쥐어 주는 것이라는 인식 하에 평신도를 깨우기 시작했고, 평신도 사역의 활성화를 위해 평신도사역개발원을 설치하였다. 그리고 속회 갱신을 추진하고 이를 위해 새로운 속회 지도자 훈련을 시작하였다. 속회는 지역 중심의 배정이 아니라, 교우들이 속회를 스스로 선택하도록 하였으며, 속장의 역할을 평신도 목회자로 새롭게 정립하였다. 평신도 사역은 하향식에서, 부르심에 응답하는 헌신자들로부터 사역이 시작되고 발전되어 나가는 상향식으로 행정 체계를 전환하였다. 새로운 행정 체계 하에서는, 하나님의 인도하심을 따라 새로운 사역을 시작하고자 하는 교인이 세 명 이상의 헌신자를 발굴하고 사역의 내용과 목적을 명시한 사역 신청서를 평신도사역개발원에 제출하면, 평신도사역개발원은 해당 사역이 주님께 영광이 되는지 검토하여 관련된 사역 영역에 접목시켜 줌으로써 해당 사역을 시작할 수 있도록 지원하였다.

제3차 계획에 대한 체계적 평가 과정을 거쳐 수립된 네 번째 5년 장기계획(2004-2008년)은 '복음으로 사람과 세상을 변혁시키는 교회'를 주제로 설정하였다. 거룩함을 향해 자라감, 균형 있는 선교를 통해 세상을 변혁시킴, 내일을 드림, 시설 문제의 해결책 모색 등을 4대 목표로 정하고, 각각의 목표를 실현하기 위한 실행 계획을 수립하여 추진하고 있다. 예컨대, 거룩함을 향해 자라가는 목표를 위해서는 내적 치유사역 개발, 속회의 지속적인 갱신과 강화, 성인 신앙교육 과정 점검 및 보완 등의 실행 계획을 실천하고, 믿음을 전승시켜 미래를 드리는 목표를 위해서는 젊은 세대에 다가가는 선교, 차세대 사역 헌신자의 발굴과 양성, 효율적인 노인 사역(Silver ministry) 개발(고연령 세대가 신앙 전승에 이바지할 수 있는 교육과 사역 개발) 등의 실행 계획을 실천하고 있다.

와싱톤한인교회 장기 계획의 특징을 보면, 첫째 사람의 관점에서 교회가 할 일을 계획한 것이 아니라 교회의 머리 되신 그리스도의 뜻과 비전을 분별하는 데서 출발했다. 둘째, 평신도들에 대한 재인식을 바탕으로 이루어졌으며, 전임 목회자가 독점하던 사역들을 평신도들에게 나눈다는 정신이 근간을 이루고 있다. 특히 조영진 목사는 평신도들과 주님의 뜻을 분별하는 과정을 함께 밟아 가면서 평신도들이 주도적으로 장기계획을 수립하고 실행해 갈 수 있도록 하였다. 셋째, 계획을 실행한 후 체계적 평가를 거쳤다. 와싱톤한인교회는 매년 그리고 장기계획이 끝날 때마다 그 비전과 목표가 어떻게 구현되었는지 평가하고, 그 평가를 바탕으로 더 효과적인 방안을 모색해 가는 과정을 체계적으로 밟아 왔다. 마지막으로, 와싱톤한인교회가 '그리스도의 비전이 이끌어 가는 교회'를 표어로 장기계획을 세워 주님의 뜻을 추구해 갈 수 있었던 중심에는 조영진 목사의 주님을 향한 헌신과 리더십이 있다. 새로운 변화는 항상 현재 상태에서 탈피를 전제하기 때문에 변화에는 반대와 저항이 있게 마련이다. 이와 대해 조영진 목사는 "변화의 폭은 신뢰하는 폭과 비례한다"는 신념으로 신뢰에 기초한 리더십을 발휘하였다. 목회자 중심의 교권주의를 내려놓고, 평신도들을 사역의 동역자로 삼아 하나님의 뜻을 함께 분별하고 그 뜻을 이루기 위해 발을 맞춰 나갔다. 이러한 리더십은 평신도 리더십의 성장으로 열매를 맺었고, 평신도가 교회의 기둥 역할을 맡는 단계에까지 이르게 하였다.

와싱톤한인교회의 장기계획들은 주님이 계획하신 뜻과 사역이 이루어져 가는 데 중요한 통로 역할을 하였고, 평신도 리더십을 중심으로 건강하고 견고하게 세워져 가는 과정에서 중추적 역할을 수행하였다. 2005년 6월에는 김영봉 목사가 담임 목사로 파송받아 부임하였다. 교회가 그 동안 그리스도의 비전을 푯대 삼아 견고하게 세워져 왔기에 리더십의 변화에도 불구하고 주님의 몸된 교회는 전혀 동요함 없이 주어진 사명을 향해 나아가고 있다.

아홉 교회가 주는 의미

그렇다면 이 아홉 교회가 이 책에서 가지는 의미는 무엇일까? 먼저, 교회는 우주적 또는 본질적으로 동일한 원리로 운영됨과 동시에 개체 교회의 특수성을 고려해야 한다는 점이다. 성공한다는 교회의 특성을 마치 모든 교회가 적용해야 할 원리처럼 받아들이는 경우가 종종 있는데, 특성과 원리는 구별되어야 한다. 앞에서 소개된 교회들은 신앙 공동체로서 예수 그리스도를 머리로 모시며 성경적 원리를 기반으로 하는 점은 분명히 동일하다. 그러나 동시에 각 교회의 사역 및 조직 운영은 역사, 성도 및 지역적 특징이 반영되어 차별화된 특성을 가지고 있다. 독자들은 이러한 사례를 통해 교회 조직 관리에 공통적으로 적용해야 할 원리는 무엇이고, 개체 교회의 특수성을 고려해야 할 점은 무엇인지, 또한 각자가 속한 교회에서 어떤 점을 적용해 볼 수 있는지에 대해 시사점을 얻을 수 있을 것이다.

그리고 사례 교회를 통해 한국 교회의 사회문화적, 역사적 배경을 전제로 한 사역 및 조직 특성을 엿볼 수 있다는 점이다. 그 동안 미국 교회에 대한 모범적인 사례들이 소개되었지만 한국 교회를 심층적으로 분석한 경우는 미흡했던 것이 사실이다. 교회는 각기 다른 특성과 발전 모델을 가질 수 있다. 한국 교회는 미국이나 서구 교회와는 분명히 다르다. 유교적 전통, 기복적 신앙의 흔적이 많이 남아 있다. 어떤 나라보다도 변화가 심하고 세대 간 가치관 차이가 뚜렷하게 나타나며 성도들의 신앙 형태도 매우 다양하다. 이런 점에서 한국 교회에는 한국적 특성에 적합한 사역이나 조직 모델이 필요하다. 물론 여기에서 소개한 사례 교회들은 성공 모델이 아니다. 그러나 한국적 특성이 어떻게 교회의 사역과 조직관리에 배어 있는지, 이들의 문제가 무엇인지, 극복하는 방법이 무엇인지 등에 대해 참고할 수 있을 것이다.

2장
건강한 교회를 만드는 조직

모든 교회는 하나님이 부여하신 본질적 사명과 비전을 이루어 낼 책임이 있다. 그러나 이 사실을 대부분의 교회와 그리스도인들이 인정하고 있음에도 불구하고 우리 주변에서 주님의 사명을 효과적으로 이루어 가고 있다고 생각되는 '건강한 교회'는 매우 드문 것 같다.

그렇다면 한 교회가 '건강하다'고 말할 수 있으려면 무엇을 고려해야 할까? 바로 교회 조직의 두 가지 차원이다. '교회 조직'은 이중적 의미를 담고 있는데 하나는 **공동체로서의 교회**이고 다른 하나는 **조직체로서의 교회**다. **공동체로서의 교회는 조직이라는 옷을 입지 않을 수 없다**. 따라서 이 두 가지 차원은 긴밀히 연결되어 있어 분리하여 생각하기가 어렵다. 조직체로서의 교회가 세속화되면 공동체로서의 교회는 반드시 손상을 입게 된다. 예를 들어 의사 결정 과정이나 리더를 세우는 과정에서의 타락은 공동체 형성에 치명적으로 악영향을 미치게 된다. 반대로, 공동체로서의 교회가 건강하게 살아 있다면 그 정신이 조직체의 모습으로 건강하게 살아 움직이며 현실로 나타날 것이다. 따라서 교회의 건강성을 점검하거나 건강한 교회를 세우기 위해서는 반드시 조직의 건강성을 유념해야 한다.

그런데 조직의 경영은 신앙만으로는 잘 이루어지지 않는다. 일정한 역량이 필요한 것이다. 아무리 경건한 목회자라고 해도 자연스럽게 교회 경영을 할 수 있는 것은 아니다. 불신앙도 큰 문제이지만 무지도 문제다. 우리가 조직을 강조하는 것은 부지불식간에 교회가 조직관리적 차원의 문제로 인해 진통을 겪기도 하고 교회의 본질이 훼손되기도 하기 때문이다. 조직은 공동체의 본질을 효과적으로 활성화시키는 역할을 하기도 하지만, 어느 순간에 구성원들을 지배하고 통제하는 위치로 전락하기도 한다.

한국 교회가 채택하고 있는 전형적인 조직 운영 틀은 원래 추구하고자 하는 본질적 목적을 상실하거나 양적 성장과 같은 세속적 목적에 이용당한 채 여러 가지 문제점을 양산해 내고 있다. 목회자 세습과 같은 의사 결정이 교회 내 공식적 의결 기구에서 이루어지고 있다. 이는 목회자 중심의 권위주의적 의사 결정 구조가 뿌리내린 결과이며, 그러한 체계 속에서 영성과 분별력을 성숙시키지 못한 평신도들의 목회자에 대한 맹목적 복종과 미신적 신앙이 만들어 낸 결과라 할 수 있다. 따라서 한국 교회의 제반 현상과 그 원인들을 조직관리적 차원에서 점검해 보고 그러한 현상을 극복할 수 있는 대안을 모색하는 것이야말로 교회의 건강성을 회복하는 데 매우 중요한 일이다.

교회 조직의 '분석틀'

교회의 조직을 점검하고 평가하기 위해서는 모든 조직의 시스템이 원리(principle)와 제도(practice)로 이루어져 있다는 점을 알 필요가 있다. 원리는 지침과 방향성을 제공해 주는 추상적 개념이며, 제도는 밖으로 드러난 구체적 프로그램, 기법, 방법이다. 예를 들면 부천의 예인교회에서는 교인 총회의 3분의 2 찬성으로 선출된 운영위원 7명과 담임 목사로 구성된 운영위원회를 통해 중요한 의사 결정을 내린다. 이 운영위원회에는 청년 한 명과 여성 신자 두 명이 참여하고 담임 목사의 발언권은 있지만 의결권은 없다." 나들목교회의 경우 장로와 당회가 없고 운영위원회가 교회의 중요한 의사 결정을 하고 있다. 운영위원회의 위원은 현재 목사 2명을 포함하여 다섯 명으로 구성되어 있다. 운영위원은 지도자훈련을 마친 자 중에서 가정교회의 목자들이 투표를 하여 결정한다. 이 운영위원회라는 **제도**의 근저에는, 평신도와 목회자가 '한 백성'이라는 사상을 따른 성도들의 참여 **원리**가 깔려 있는 것이다. 즉 어떤 원리를 선택하느냐에 따라 제도의 도입 방향이 결정된다.

따라서 가장 우선적인 차원은 건강한 교회를 세우는 핵심 원리를 정립하는 것이다. 이 핵심 원리가 교회의 건강성을 제공하는 방향을 제시한다. 그리고 더 나아가서 이런 추상적인 원리를 구체적인 제도로 실현해야 한다. 즉 핵심 원리들이 제대로 작동하려면 구체적인 비전이 있어야 하고, 교회의 내부 환경과 외부 환경에 적합하게 올바른 전략적 방향을 선택해야 한다. 또한 예배, 교제, 선교와 봉사, 교육이라는 교회의 본질적인 사역이 일어나야 한다. 나아가 이러한 사역을 구체적으로 실행하기 위해서는 올바른 리더십이 세워지고, 각자의 역할을 위한 조직이 있어야 할 뿐만 아니라 이들을 운영하는 시스템과 문화가 뒷받침되어야 한다. 우리는 이런 각 요소들을 교회의 조직을

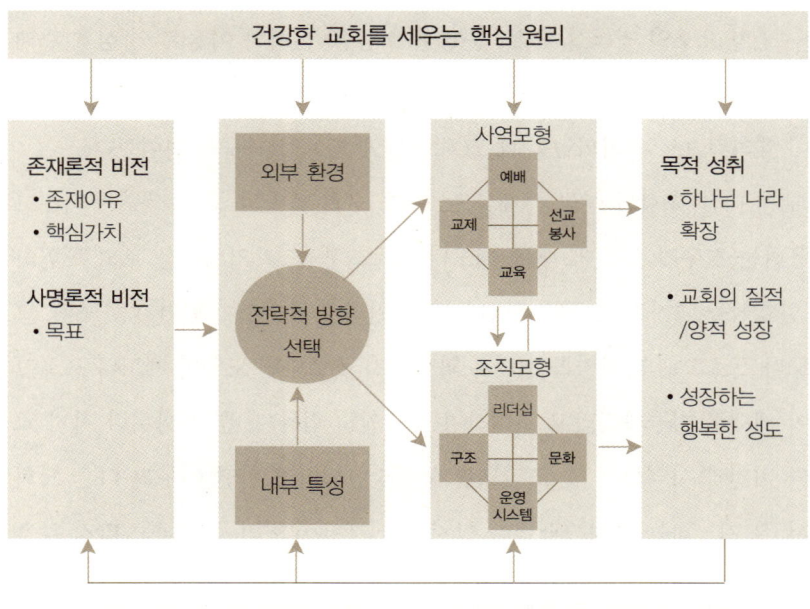

〈그림 2.1〉 교회 조직의 분석틀

평가하는 '분석틀'로 사용할 수 있다. 우리가 이 책에서 제시하는 '분석틀'의 6가지 구성 요소를 정리하면 다음과 같다. 1) 핵심 원리, 2) 비전, 3) 전략, 4) 사역모형, 5) 조직모형, 6) 목적 성취

핵심 원리는 교회의 건강성을 유지하기 위해 교회 조직의 관리 차원에서 지켜야 할 성경에서 도출한 기본적인 가치나 원칙을 의미하며, 비전의 설정과 사역모형 및 조직모형의 설정과 도입의 지침이 된다. **비전**은 교회 공동체가 마음을 모아 함께 나아갈 방향을 제시하는 존재이유와 힘을 모아 수행할 사명을 의미한다. **전략**은 비전을 효과적으로 달성하기 위해 주어진 환경 조건에서 가진 자원을 가장 적합하게 개발하고 활용해 가는 선택 과정이다. **사역모형**이란 교회가 본질적으로 감당해야 할 사역인 예배, 교제, 교육, 선교 및 봉사와 이들간의 상호 관계를 나타내는 것이다. **조직모형**은 교회 조직의 필수 구성 요소인 리더십, 구조, 운영 시스템 및 문화와 이들 간의 상호 관계를 나타내는 것이다. 마지막으로 **목적 성취**는 건강하게 사역이 수행되고 조직이 효과적으로 관리되었을 때 교회가 얻게 되는 결과물을 의미한다.

보통 다른 교회의 성공 사례를 보고 그 교회 조직의 좋은 점을 무턱대고 적용하는 경우가 있는데, 어떤 제도나 프로그램을 그 외형만을 보고 도입하면 실효성을 내기가 지극히 어렵다. 우선 원리의 일치성이 있어야 하는데, 그 제도나 프로그램의 원리를 제대로 파악하지 못했다면 도입한 제도나 프로그램이 제대로 기능하리라고 기대하기는 당연히 힘들다. 뿐만 아니라 자기 교회의 비전과 사역모형 및 조직모형과의 정합성이 없다면 아무리 다른 교회에서 잘 기능하는 프로그램이라 할지라도 자기 교회의 실정에는 맞지 않을 수 있다.

우리는 이 분석틀을 가지고 교회가 가질 수 있는 이슈들을 종합적으로 이

해함으로써 문제의 본질과 그 인과 관계를 명확히 할 수 있다. 즉 교회에 대한 전체적 그림을 볼 수 있는 안목을 지니고 문제를 유기적으로 인식하여 건설적인 대안을 찾을 수 있다. 그리고 교회 조직을 구성하는 여러 요인 중 특히 변화가 요구되는 지점이 어디인지를 발견하고, 그 변화가 궁극적으로 가져올 효과를 기대할 수 있게 된다. 또한 이 분석틀은 향후 발생할지도 모르는 문제점을 예측하도록 돕기도 한다. 마지막으로, 이 분석틀은 목회자의 여러 역할(목양, 가르침, 리더십 등) 중에서 비전과 조직을 세워 나가는 리더십의 중요성을 제시하는데, 조직으로서의 교회에 대한 이해와 이를 구축하는 방안을 가지고자 하는 목회자들은 이 분석틀을 통해 도움을 얻을 수 있을 것이다.

우리가 제시하는 분석틀의 중요한 특징은, <그림 2.1>에서 제시되었듯 각 구성 요소가 별개로 움직이지 않고 서로 유기적 연계성을 가지고 있다는 점이다. 우리 몸의 개별 지체가 유기적으로 모여 하나의 생명 있는 몸을 이루듯, 이런 조직의 요소들도 하나의 부분으로 교회 조직이라는 몸의 유기체를 이루어 가는 것이다. 이런 연계성, 즉 한 구성 요소의 필요와 요구, 목표, 구조 등이 다른 구성 요소의 그것과 일치하는 정도를 '정합성'이라고 하는데, 이런 정합성의 정도가 높을수록 좋은 효과가 나타난다고 볼 수 있다. 첫째, 부정적인 시너지가 줄어든다. 만약 어떤 교회가 패기 있고 젊은 사역자들을 초빙하였고 조직 구조도 유기적이고 자율적으로 일을 추진할 수 있는 모습을 갖추고 있는데 교회 문화가 매우 전통적이고 변화를 싫어하며 보수적이라면, 젊은 사역자들이 비전을 이루어 가는 데 상당한 걸림돌이 될 가능성이 있다. 또 다른 효과는, 부서 이기주의가 줄어들며 전체 조직의 최적 상태를 희생하면서 부분 최적화를 추구하는 상황을 막을 수 있다. 그리고 마지막으로, 긍정적인 시너지를 높여 같은 목적을 향해 역량과 헌신을 결집할 수 있게 되고, 서로 협력하고 조정해야 할 필요가 있을 경우 기꺼이 동참할 수 있는 의식이 생기게 된다.

이 분석틀을 활용하는 데 유의해야 할 점도 있는데, 우선 이 분석틀과 이 책의 내용을 기계적으로 활용해서는 안 된다는 점이다. 생명력이 없고 성령에 의존하지 않는 논의는 교회의 건강을 해치는 방향으로 오용될 여지가 얼마든지 있다. 그리고 이 분석틀의 요소 중 건강한 교회를 세우는 '핵심 원리'를 충분히 이해하는 것이 매우 중요하다는 점이다. 교회마다 교단이나 역사와 문화가 다르기 때문에 구체적 제도가 다르게 나타날지라도 그 가운데 핵심 원리의 정신을 잘 살려내는 것은 필수불가결하다. 마지막으로, 이런 이론과 조직관리도 지속적으로 회복되어야 할 대상임을 인식해야 한다는 점이다. 조직체는 언제나 자기 생명력을 가지고 자기 논리를 가지려는 속성이 있다. 그러므로 우리는 교회 조직이 정사와 권세로 작용하여 사람을 구속하고 조직에 헌신하도록 요구하는 것으로 변질되지 않도록 유의해야 할 것이다. 우리의 목적은 교회 조직이 정사와 권세의 도구로 전락하는 것을 막는 데 있는 것이지, 또 다른 정사와 권세가 되게 하려는 데 있지 않다.[2)] 이런 점에서 교회 개혁의 과정도 언제나 영적인 긴장을 가질 수밖에 없음을 우리는 늘 인식해야 한다.

다음 장부터는 분석틀을 더 실제적으로 이해하고, 각 요소를 실제 조직 구성과 점검에 어떻게 적용하고 여러 교회들이 이를 어떻게 창조적으로 구현하고 있는지를 살펴보자.

토론 질문

1. 교회 조직의 두 가지 의미는 무엇이며, 이런 구분이 본서의 역할을 이해하는 데 어떤 도움을 주는가? "교회는 조직이라는 옷을 입지 않을 수 없다"라는 본서의 주장에 동의하는가?

2. 이 책이 제공하는 교회 조직의 분석틀을 전혀 모른 채 교회를 세우는 것과 이 분석틀을 이용하는 것에는 어떤 차이가 있겠는가? 그 이유는 무엇인가?

3. 교회 조직의 분석틀이 제공하는 유익은 무엇인가? 그 한계나 유의점은 무엇인가?

4. 교회 조직 분석틀을 전체적으로 볼 때, 당신이 속한 교회는 어떤 부분을 다시 점검해 보아야 한다고 여겨지는가? 교회 구성원들과 함께 그 내용을 나누고 정리해 보라.

3장
핵심 원리

교회의 건강성을 유지하기 위해 교회 조직의 관리 차원에서 지켜야 할,
성경에서 도출한 기본적인 가치나 원칙

우리는 교회 갱신을 이야기할 때 모범적인 교회의 상을 마음속에 그린다. "하나님이 의도하신 바로 그런 교회"는 우리가 꿈꾸는 교회를 말할 때 흔히 쓰는 말이다. 그리고 "초대교회로 돌아가자"라는 말도 흔히 사용한다. 이런 말들은 우리에게 자극과 도전을 주어 교회를 새롭게 그리고 건강하게 세워 나가는 데 동력을 제공하기도 하지만, 그런 교회가 어떤 교회이고 우리가 지금 무엇을 해야 하는지에 대한 구체적인 질문을 던지면 바로 답을 주지는 않는다. 저마다 다른 독특한 구조와 사역 양식을 가지고 모범적 교회로서 귀감이 되고 있는 새들백 교회나 윌로우크릭 교회, 세이비어 교회도 각각 하나의 모델(a model)은 될 수 있어도 유일한 이상적 모델(the model)은 아니다. 중요한 것은, 모든 교회가 이 교회와 같이 되는 것이 아니라 각 교회의 모습을 면밀히 조사한 후에 그 공통된 원리를 찾아내어 개별 교회에 적용할 만한 적합한 모델을 찾아내는 것이다.

모든 교회에 리더십과 조직 구조, 운영 시스템 등이 있지만 그 내용은 각각 다르다. 그러나 이런 조직 구조에 건강성을 부여해 주는 본질적 요소는 동일한데, 그것이 바로 **핵심 원리**다. 핵심 원리는 비전과 교회 조직 전반에 본질적으로 영향을 주며, 각 요소가 바른 방향으로 가게 하는 지침 역할을 한다는 측면에서 출발점이 된다. 건강한 교회의 핵심 원리가 조직 구조를 통해 제대로 주의 깊게 실현될 때 비로소 하나님이 교회에 부여하신 생명력이 풍성하게 살아난다.

그렇다면 이런 핵심 원리는 무엇을 근거로 세울 수 있는가? 우리가 꿈꾸는 교회, 삼위 하나님이 인정하시는 건강한 교회의 원리는 오직 성경에 있음을 우리는 인정해야 한다. 우리는 하나님이 원하시는 교회를 이루어 가기 위하여 그분의 계시의 말씀이신 성경을 근원적인 지침으로 삼아야 한다. 또한 우리는 신학자들이 정립한 교회론과 더 나아가 공동체 이론 및 조직 이론의 도움을 얻을 수 있다. 이러한 이론을 가지고 한국 교회의 현실을 진단하는 과정을 거친 후에 우리는 다음과 같은 7가지 핵심 원리를 도출하였다. 1) 성령 하나님에 대한 민감함, 2) 핵심 목적의 성취, 3) 권위와 자율의 균형, 4) 상호적 섬김과 공동체성, 5) 유기적 연계성과 공유, 6) 보편적 교회, 7) 영적 성장과 '세상 속의 그리스도인.'

1. 성령 하나님에 대한 민감함

이 원리는 두 가지 중요한 내용을 담고 있다. 첫째는 하나님 주권 사상이다. 이는 너무 당연한 내용이지만 정작 삶에서 잘 드러나지 않는 경우가 많다. 인간이 주권을 행사하는 일이 교회에서 조직적으로 교묘하게 위장되어 엄연히 존재한다. 오늘날 하나님의 주권은 말씀과 성령을 통해 행사되기 때문에 교회는 성령에 대한 민감성을 유지해야 한다. 둘째로 이 원리는 예수 그리스도가 교회의 머리 되심을 강조한다. 승천하신 예수님은 우리를 위해 성령을 보내셨고, 성령은 시공간을 초월해서 오늘날도 교회를 보존하시고 교회가 진리 위에 서도록 도우신다.

> 교회는 그의 몸이니 만물 안에서 만물을 충만하게 하시는 이의 충만이니라 (엡 1:23).

> 그러나 내가 너희에게 실상을 말하노니, 내가 떠나가는 것이 너희에게 유익이라. 내가 떠나가지 아니하면 보혜사가 너희에게로 오시지 아니할 것

이요, 가면 내가 그를 너희에게로 보내리니(요 16:7).

교회의 리더십과 문화, 운영 시스템 등이 형식적으로는 일반 조직과 별 차이가 없지만 교회 조직에서는 하나님의 간섭과 섭리가 있고, 때로는 특정 시기에 성령 하나님의 요구에 민감하게 반응해야 할 때도 있다.

주를 섬겨 금식할 때에 성령이 이르시되, 내가 불러 시키는 일을 위하여 바나바와 사울을 따로 세우라 하시니(행 13:2).

성령은 이렇게 선교의 사역을 시작하게 하셨고, 어떤 때는 아시아에서 말씀을 전하지 못하게 하고 유럽으로 전략적 방향을 전환시키기도 하셨다(행 16:6).

한국 교회에는 이 원리와 관련하여 두 가지 극단적인 현상이 공존하고 있다. 한 가지 극단은 예수 그리스도의 주되심을 인정하지 않고 성령의 인도도 구하지 않으며 대단히 인본주의적으로 관리하는 것이다. 이는 죽은 정통(dead orthodoxy)의 모습을 드러내는 것을 포함한다.[1] 이런 조직에는 하나님이 교회 안에 역사할 여지가 없고 교회를 통해 하나님을 뜻을 이루는 데 한계가 있을 수밖에 없다. 다른 극단은, 성령 하나님께 민감해야 한다는 명분과 은혜로 교회를 운영한다는 명목 하에 모든 원리와 규칙을 어기고 무질서하게 운영하는 것이다. 즉 말로는 성령을 강조하고 있지만 실질적으로는 건강하지 못한 신비주의를 추구하거나 비인격적 형태를 띠어서 결과적으로는 성령과 배치되는 경우다.[2] 이 불균형적인 현상은 성령에 민감한 것과 전혀 관계가 없다.

"귀 있는 자는 성령이 교회들에게 하시는 말씀을 들을지어다"(계 2:7).

2. 핵심 목적의 성취

건강한 교회의 두 번째 원리는 핵심 목적의 성취다. 핵심 목적이란 교회의 존재이유를 말한다. 하나님은 이 땅에 교회를 세우실 때 분명한 목적을 가지고 계셨으며, 교회는 그 뜻을 분명하게 알고 그 목적을 성취하기 위해 존재한다. 교회가 모든 자원을 동원해 합리적이고도 효율적으로 조직을 운영하는 이유는 어떤 특정한 목적을 수행하기 위해서다. 그리고 그 목적은 바로, 하나님을 예배하고, 성도 간에 거룩한 교제를 나누고, 영적으로 성숙해지며, 봉사하고 선교하는 것이다.

그들이 사도의 가르침을 받아 서로 교제하고 떡을 떼며 오로지 기도하기를 힘쓰니라. 사람마다 두려워하는데 사도들로 말미암아 기사와 표적이 많이 나타나니, 믿는 사람이 다 함께 있어 모든 물건을 서로 통용하고 또 재산과 소유를 팔아 각 사람의 필요를 따라 나눠 주며, 날마다 마음을 같이하여 성전에 모이기를 힘쓰고, 집에서 떡을 떼며 기쁨과 순전한 마음으로 음식을 먹고 하나님을 찬미하며, 또 온 백성에게 칭송을 받으니 주께서 구원 받는 사람을 날마다 더하게 하시니라(행 2:42-47).

초대교회가 교회다운 모습을 보이고 핵심 목적에 집중할 때 구원받는 사람을 더하게 하셨다. 그러나 예루살렘에 있는 교회가 예수님이 승천하실 때 명령하신 것을 지키지 않고 선교의 사명에 집중하지 않았을 때, 큰 핍박이 일어나서 사도를 제외한 모든 신자들이 유대와 사마리아 모든 땅으로 흩어지고 말았다(행 8:1). 불행하게도 한국 교회는 맹목적 성장지상주의로 인해 성도의 숫자가 목적이 되어, 교회의 존재이유를 망각한 채 주변적인 목적에 매진하는 모습을 흔히 보게 된다.

우리는 오늘날 많은 교회가 프로그램이 주도하는 교회가 되어 가고 있다는 인상을 받는다. 무척 깔끔하게 프로그램을 기획하고 진행하며 마무리하기 때문에 준비한 자와 참여한 자 모두가 좋은 감정을 가질 수는 있다. 그런데 정작 무엇을 위한 프로그램인지 질문할 때 그 본질적 목적이 상실되어 있음을 발견하게 되는 경우가 허다하다. 교회의 모든 활동과 프로그램이 의미 있는 토대 위에 놓이기 원한다면, 그것이 핵심 목적에 얼마나 부합하는지 질문해 보아야 할 것이다.

3. 권위와 자율의 균형

교회 내에서의 성직자-평신도 구분은 교회 역사 속에서 오랜 세월 동안 지속되어 온 관행이다.[3] 이것은 사역의 주체와 사역의 대상인 객체가 구분되어 있음을 전제로 한다. 그러나 이런 구분이 교회 내의 '두 백성'을 전제로 하거나, 하나님 앞에서의 차별적 지위를 기반으로 한 분리적 접근을 시도하는 것이라면 우리는 동의할 수 없다. 오히려 '한 백성' 신학이 필요한데, 그 내용은 폴 스티븐스(Paul Stevens)의 설명에서 잘 드러난다.

하나님의 온 백성에 관한 신학은 성직자 중심 신학도, 반(反) 성직적인 신학도 아니다. 우리가 정립해야 하는 것은 새로운 의미의 성직주의, 곧 기능상의 차이를 제외하고는 차별이 없는 한 백성, 기존의 성직주의를 초월하는 **한 백성의 신학**이다.[4]

전 교회가 예수 그리스도로 말미암아 성령의 내재하심과 그 능력으로 하나님을 섬기며 영광을 돌리는 제사장과 선지자와 왕의 공동체가 되었다. 이런 공동체에 속한 사람들은 모두가 하나님의 한 백성이라는 측면에서 평신도이고, 또한 모든 사람이 하나님의 기업으로 부름받아 그를 섬기기 위해 임명받았다는 측면에서 성직자인 셈이다.[5]

너희도 산 돌같이 신령한 집으로 세워지고, 예수 그리스도로 말미암아 하나님이 기쁘게 받으실 신령한 제사를 드릴 거룩한 제사장이 될지니라(벧전 2:5).

그러나 너희는 택하신 족속이요 왕 같은 제사장들이요 거룩한 나라요 그의 소유가 된 백성이니, 이는 너희를 어두운 데서 불러 내어 그의 기이한 빛에 들어가게 하신 이의 아름다운 덕을 선포하게 하려 하심이라(벧전 2:9).

우리는 모두 왕 같은 제사장으로 부름받은 사역자라는 관점은 최소한 세 가지 방향에서 그 의미가 살아나야 한다.[6] 첫째 하나님을 향한 방향으로, 만인제사장 관점에서 볼 때 모든 성도는 은혜의 보좌 앞에 직접 나아갈 수 있게 되었다. 둘째 교회와 성도들을 향한 방향으로, 성도들은 서로 섬기며 서로에게 제사장이 되며 함께 제사장직을 구성한다. 따라서 교인들은 목회자에게 의존하기보다 주체적인 신앙을 가지며, 은사를 따라 교회를 세워 가는 데 동역해야 한다. 마지막으로 세상을 향한 방향으로, 신자는 세상의 제사장으로 부름받았다. 우리는 모두 영적 주도권을 가지고 세상을 치유하고 회복하며, 복음으로 섬기는 역할을 해야 한다.

평신도 교회를 표방하는 강동교회에는 목사 안수를 받은 사역자가 없다. 평신도와 성직자의 구분이 존재하지 않으며, 직업적 목사가 없고 모두가 같은 신분의 그리스도인으로서 각자 하나님께 받은 은사대로 충성을 다하고 있다. 또한 그리스도인이라면 모두 주 예수님의 종이므로 섬김의 삶을 살아야 함을 강조한다. 신학교를 다니지 않아도 제대로 양육을 받아 성장한다면 교회 개척과 양육 및 독자적 사역을 감당할 수 있다.[7]

그러나 이것이 교회 내에 권위가 없다는 의미는 아니다. 하나님은 사도, 선지자, 전도자, 목사와 교사 등 기능이 다른 리더십을 허락하셨다. 장로나 목사가 일반 성도들보다 더 지위가 높다고 볼 수는 없지만 그 직분과 기능이 리더십을 요구하고 있으며, 이것은 필히 권위를 동반한다. 힘이 동반된 권위라기보다는 하나님이 부여하신 영적 권위가 있는 것이다. 이는 교회가 사람이 모여 있는 조직을 이루기 때문에 업무 상의 역할이 구분되어 있음을 전제로 한다. 따라서 우리는 교회에서 리더십을 인정하고 존중하고 복종할 필요가 있다.

그럼에도 불구하고 리더 위에 하나님이 계시고, 모든 신자들도 주체적으로 교회에 참여해야 함을 충분히 인식하는 것이 중요하다. 바울 사도는 상전들도 의와 공평을 종들에게 베풀라고 권면한 뒤, 그 이유가 상전에게는 하늘에 계신 상전이 있기 때문이라고 일깨운다(골4:1). 교회를 세우기 위해 한 분이신 주님이 여러 직임을 주셨고(고전12:5), 목사와 교사로 세우셨다(엡

4:11). 성경은 섬김의 리더십을 강조하고 있으며 리더가 성도를 섬기고 교회는 이웃을 섬겨야 할 것이다. 권위(authority)와 자율(autonomy)의 균형이라는 원리는 성도 모두가 참여해야 하고, 또한 모두가 주체적으로 하나님 앞에서 서야 함을 드러내 준다.

4. 상호적 섬김과 공동체성

이 원리는 성도들이 함께 세워져야 하며, 개개인은 완전한 인격체이면서도 함께 상호 의존적으로 존재하며, 필요할 때는 다른 성도들을 위해 기꺼이 희생하는 관계임을 강조한다. 교회 조직이 지향하는 것은, 건강한 하나님의 백성 공동체를 형성하고 그것을 방해하는 요소를 제거하는 것이다. 진정한 공동체는 한 인격체가 완전히 인정받고 존중받으며 각자 서로를 위해 기꺼이 섬기고 희생할 때 형성되는 것이다.[8] 공동체성이 드러나기 위해 반드시 갖추어야 하는 요소는 호혜적 섬김이다.[9] "형제를 사랑하여 서로 우애하고 존경하기를 서로 먼저 하며"(롬 12:10). 이는 단순한 상호 의존성과는 차원이 다르다. 호혜적 섬김은 생명력을 기반으로 한 하나됨 의식이 없이는 불가능하다. 폴 스티븐스는 교회의 공동체성을 다음과 같이 강조한다.

> 공동체만이 백성의 지도자와 나머지 사람들과의 관계를 묘사하는 유일한 성경적 방식이다. 이것은 각 지체가 풍성한 사회적 연합을 도모하는 다양한 기능 가운데 다른 지체에게 기여하는 관계인데, 이는 마치 삼위일체 하나님 안에서 발견되는 바 다양성을 통한 사랑의 하나됨과 유사하며 바로 그 이미지에 따라 교회(하나님의 백성)가 창조되었기 때문이다.[10]

우리는 진정한 공동체성과 차이가 있는 왜곡된 두 가지 현상을 유의해야 한다. 첫째, 공동체를 강조한다고 해서 개인의 인격이 무시되고 전체만 중요시하는 오류가 있을 수 있다. 이는 전체만이 중요하다는 인식하에 개인의 역할은 단지 전체의 목적을 이루는 도구에 불과하다는 태도다. 둘째, 개인화 현상이 강화되어 누구도 사생활을 드러내지 않고 성도의 권면이나 교제에 참여하지 않으며 그저 함께 예배드리고 피상적 교제를 하는 것으로 만족하는 현상이다. 어떻게 보면 익명성이 보장되고 너무 깊이 서로에게 관여하지 않는 것이 신사적으로 보이지만, 교회의 본질과는 거리가 있는 모습이다.

따라서 진정한 공동체는 서로 섬기는 자세로 기꺼이 남을 위해 헌신하면서도 개인적인 인격을 존중하는 공동체다. 이 원리는 또한 모두가 지체 됨을 강조하고, 교회 내의 어떤 신자도 홀로 있어서는 안 된다는 의미다. 우리 각자는 거룩하고 흠이 없는 영광스러운 교회로 세워져야 하고(엡 5:27), 성령 안에서 하나님의 거하실 처소가 되기 위하여 예수 안에서 함께 지어져 가야 하는 것이다. "너희도 성령 안에서 하나님이 거하실 처소가 되기 위하여 그리스도 예수 안에서 함께 지어져 가느니라"(엡 2:22).

5. 유기적 연계성과 공유의 원리

이 원리는 교회 사역의 영역과 조직의 영역에 포함되는 개별 요소들이 건강하게 기능하고 있어야 한다는 것과, 이 기능들이 상호 유기적으로 연계되어야 함을 의미한다. 여기서 중요한 것은 교회의 핵심 사역으로 언급되는 예배, 교제, 교육, 봉사 및 선교의 영역들과 이 사역을 제대로 수행하는 데 필요한 조직적인 요소들(리더십, 구조, 운영 시스템 및 문화)이 건강하게 기능하는 것이다. 그리고 이런 기능들이 유기적으로 조화를 이루고 정합성을 이루기 위해 노력해야 한다. 즉 개별적인 기능들이 각각 건강하게 서 있으면서 하나의 유기적인 몸을 이루어 가는 것이 중요한 것이다.

모든 부서가 독립적으로 움직이지 않고 서로 연결되어 있는 것과 함께 또 한 가지 중요한 것은, 각 기능과 부서가 필요에 따라서 공유하는 일이다. 이로서 한 그리스도를 모시는 몸된 교회가 세워져 가는 것이다.

불행히도 한국 교회는 부서 이기주의가 많은 편이다. 우리는 교회가 예산 편성을 할 때 교회의 중요한 방향성을 생각하지 않고, 협력하여 일하는 것에도 인색한 모습을 흔히 본다. 그리고 능력 있는 직분자의 이미지는 교회 전체를 건강하고 올바르게 세우는 것이 아니라 자신이 맡은 개별 부서의 예산을 확보하고 지원하는 것에 더 비중을 두는 것일 때가 많다. "그에게서 온 몸이 각 마디를 통하여 도움을 받음으로 연결되고 결합되어 각 지체의 분량대로 역사하여 그 몸을 자라게 하며, 사랑 안에서 스스로 세우느니라"(엡 4:16).

6. 보편적 교회

사도신경의 '거룩한 공회'라는 표현에 따라 개신교회는 '거룩한 보편 교회'를 추구한다. 이는 전체성이라는 의미를 지니고 있으며, 공간과 시간 그리고 숫자상의 보편성을 의미하는 것이 아니라 교회로서의 정체성에 근거한다.[11] 또한 이것은 은혜와 진리가 충만하신 예수 그리스도께서 성육신하셨고, 만물과 교회의 머리로서 그리스도의 충만함에 근거하고 있다.[12] 따라서 분파주의나 차별주의는 교회의 보편성 원리와 양립하기 어렵다.

한 교회가 건강하게 성장하는 것은 지극히 중요하나, 보편적 교회의 관점에서 우주적 교회의 일원으로서 다른 교회와의 관계 속에서도 담당해야 할 역할과 사명이 있다. 다른 교회를 돕고 세우고 건강한 연합 활동을 하며, 우주적 교회의 구성원으로서 함께 세상을 변화시키기 위해 노력하며 구별된 모습을 띠는 것은 참으로 건강한 교회의 모습이 아닐 수 없다.

많은 교회가 개교회 중심으로 내부 지향적 성향을 가지고 있다. 개교회 중심으로 활동을 하다 보니 한 교회가 많은 자원을 필요로 하게 되고 대형화되어야 할 이유도 분명해진다. 많은 대형 교회는 조직체의 자체 운영에 함몰되어 근시안적 시각을 갖게 됨에 따라 영적 시야를 넓히지 못하고 있다.[13] 이런 태도는 공동으로 연합하여 지역 사회를 섬기고 문화적 영역에서 변혁의 사명을 감당하는 것을 제약하는 결과를 낳았다. 이런 개별적 대응은 교회를 연약한 모습으로 비춰지게 만든다. 보편적 교회 원리는 교회를 조직할 때 다른 교회와 연합하고 협력할 수 있는 여지를 가지도록 요구한다. 개교회주의에 빠지지 않고, 개별 교회의 자기 충족적인 조직화를 지양하고, 필요에 따라 이웃 교회와 연합하여 사역을 분담할 수 있는 것을 의미한다.

온누리교회 일만사역본부의 은사배치사역팀은 2000년에 처음으로 열린 서울중앙교회 은사 배치 세미나를 진행하였다. 이 때 교역자, 장로, 권사, 안수집사 등 교회 지도자 70여 명이 참석하여 교육을 받았다. 이 세미나가 의미 있었던 것은 서울중앙교회의 입장에서 보면 처음으로 은사 관련 세미나를 가지게 되었다는 점이고, 온누리교회 관점에서 보면 은사배치팀이 온누리교회에 탄생된 지 5년여 만에 공식적으로는 처음으로 협력 사역을 진행했다는 점이다.

또 하나의 사례가 있다. 후암동의 여덟 교회(후암, 중앙루터, 후암백합, 후암제일, 남산중앙, 산정현, 숭덕, 영주)는 1997년부터 매달 한 차례 교동협의회(교회와 후암동장의 연합 모임)를 열고 사랑의 쌀 나누기, 헌혈, 틈새 계층 지원, 미화원 식사 후원 등의 활동을 함께 하고 있다.[14] 종로에 위치한 서울중앙교회, 연동교회, 승동교회는 교단이 다르지만 청년 대학생들이 가끔씩 함께 모여 의견을 교환하고 함께 사역할 방향을 찾기 위해 대화하며 함께 운동하는 시도를 한 적이 있다.

7. 영적 성장과 '세상 속의 그리스도인'

성도의 봉사는 하나님을 섬기고 그분의 뜻에 순종하는 것이 목적이 되어야 하며, 이를 통해 개인은 지속적으로 성장해야 한다. 그런데 오늘날 신자들은 지나치게 교회 조직체를 위한 끝없는 봉사에 소진되고 지쳐 버리는 현상이 나타나곤 한다. 개별 교회가 헌신이라는 이름으로 성도들을 교회 행사에 지나치게 동원하는 모습도 흔히 볼 수 있다. 그 헌신의 실상은 하나님 나라와 교회가 건강하게 세워지는 것과는 거리가 있으며, 오히려 교회 조직에 속박되게 하여 성도들을 갈등에 빠뜨린다.

조직체로서의 교회가 정사와 권세로 군림하게 되면 교회의 핵심 목적과 거리가 멀어지고, 조직 자체의 유지를 위해 성도들에게 끝없는 시간과 정력과 충성을 요구한다.[15] 하나님과 성도를 섬기는 것이 아니라 조직체를 섬기는 상황으로 전락하고 마는 것이다. 여기서 기억해야 할 중요한 핵심 원리는, 교회 조직은 조직 그 자체를 위해 있는 것이 아니라 각 성도가 영적으로 성장하고 '세상 속의 그리스도인'[16]이 되도록 지지하기 위한 것이라는 점이다.

모든 그리스도인은 예수 그리스도의 수준까지 성장해야 할 의무가 있다. 그리고 교회가 존재하는 많은 이유 중 하나는 바로 성도들의 신앙 성장이다.

"우리가 다 하나님의 아들을 믿는 것과 아는 일에 하나가 되어 온전한 사람을 이루어 그리스도의 장성한 분량이 충만한 데까지 이르리니"(엡 4:13).

많은 교회들이 제자 훈련 프로그램을 만드는 것도 이 목적을 이루기 위해서다. 그리스도인이 성숙하지 못하면 우선 앞서 설명한 권위와 자율의 균형을 이룰 수 없다. 나아가 상호 섬김의 공동체를 이루지 못하고 직분 제도가 세속화되며 군림하는 리더가 양산될 가능성이 있다. 또한 직분을 맡겨도 책임 있게 감당할 수 없게 된다.

또한 모든 그리스도인은 각자 세상 속에서 제사장으로 살아갈 책임을 지니고 있다. 이 원리가 무시되면 그리스도인의 활동 영역이 예배당에 제한되며, 그것은 곧 하나님을 예배당 안에 가두는 일과 같은 것이다. 그렇게 되면 이원론적 삶으로 전락하여 세상 속에서 변혁을 일으키는 것이 불가능해진다.

윌리엄 딜(William E. Diehl)이 제안한 것처럼, 교회는 조직체의 운영을 위한 충성을 요구하여 성도들을 일요일에 붙들어 놓기보다는, 월요일부터 시작되는 세상에서의 제사장 역할을 위해 그리스도인들을 훌륭히 준비시켜야 한다. 또한 '모이는 교회' 의식에서 벗어나 '흩어지는 교회' 의식으로 전환하는 "예배당 중심의 기독교를 탈피"하는 작업이 필요하다.[17] 철저하게 영성을 위한 안으로의 여정(inward journey)과 사역을 위한 밖으로의 여정(outward journey)의 균형을 위해 노력하고 있는 세이비어 교회[18]처럼, 우리 역시 놓쳐서는 안 될 핵심 원리를 교회 조직 가운데 실현하기 위해 끊임없이 노력해야 할 것이다.

토론 질문

1. 이 장에서 제시한 7가지 핵심 원리가 교회의 건강성을 잘 나타내는 것이라고 생각되는가?

2. 이 원리들 중 한국 교회에서 비교적 잘 적용되는 것과 잘 적용되지 않는 것이 있는가?

3. 우리 교회에서는 어떤 원리가 잘 지켜지지 않고 있는가? 그 원리가 지켜지지 않아서 나타나는 결과는 무엇인가? 그 원리를 회복하려면 무슨 변화가 있어야 한다고 생각하는가?

2부
비전과 전략, 사역모형

4장 비전
5장 전략
6장 사역모형

4장
비전

공동체가 함께 나아갈 방향을 제시하는 존재이유와 사명

릭 워렌(Rick Warren)은 그의 책에서 "교회는 항상 무엇인가에 의해 움직이는데, 그것은 전통, 인물, 재정, 프로그램, 건물일 수 있다"고 말했다.[1] 오늘날 한국 교회를 움직이는 것이 무엇이냐고 질문한다고 해도 그 답이 결코 이와 다르지는 않을 것이다. 많은 경우 카리스마를 가진 담임 목사에 의해 좋은 프로그램을 만들어 언젠가는 대형 교회, 멋진 건물을 지어 내야만 한다는 강박관념에 사로잡혀 있는 현실이기 때문이다. 우리에게는 이와 같은 목표보다 더 거시적이고 건설적인, 교회의 머리 되신 그리스도의 뜻을 따를 수 있도록 인도해 줄 길잡이 별이 필요하다.

길잡이 별은 목적지를 향해 가다가 이따금씩 길을 잃고 방황할 때 언제든지 올바른 길을 찾을 수 있도록 빛을 비추어 주는 역할을 한다. 초대교회는 예수님의 마지막 명령인 "복음을 땅 끝까지"를 길잡이 별로 삼았고, 고난을 당해 혼란스러워지거나 잘못된 길로 들어섰을 때 늘 이 길잡이 별을 통해 그리스도의 뜻을 찾아갔다.

바로 이러한 핵심이 되는 목적, 먼 길을 가는 항로에서 어둠을 밝히고 길을 인도하는 길잡이 별과 같은 요소를 **존재이유**라고 한다. 그리고 이 존재이유를 이루어 감에 있어서 원칙을 제공하고 행동의 지침이 될 만한 신조를 **핵심가치**라고 한다. 이와 함께 산맥과 같이 높고 오르기 힘들지만 온 구성원이 함께 노력하면 기꺼이 이룰 수 있는 대범하고 **도전적인 목표**가 있다. 이 세 가지 요소를 통틀어 우리는 비전이라고 부른다.[2] 존재이유와 핵심가치는 마땅히 되어야 할 존재(being)와 관련된 **존재론적 비전**이며, 도전적인 목표는 구체적으로 달성해야 할 사역(doing)과 관련된 **사명론적 비전**이다.

존재론적 비전

존재이유

모든 교회가 가장 먼저 해야 할 질문은 "왜 우리가 존재하는가?"이다. 교회가 어떤 **목적**을 위해 존재하는지를 알기 전까지는 사역의 의미나 동기를 발견할 수 없기 때문이다. 그 무엇도 목적을 앞설 수는 없다. 개척교회를 시작한다면 가장 먼저 해야 할 일이 교회를 개척하는 이유를 명확히 하는 것이다. 교회를 처음 시작할 때 바른 기초를 놓는 것이 가장 중요하기 때문이다. 침체에 빠진 교회를 생기 왕성한 교회로 바꾸려면 왜 교회로 모이는지 그 목적을 다시금 발견하는 것이 가장 빠른 길이다. 교인들의 마음속에 왜 교회가 존재하며 교회가 해야 할 일이 무엇인지를 밝혀 줌으로써 건강한 교회를 꿈꾸게 하고 이를 위해 헌신하게 할 수 있기 때문이다.

존재이유를 찾기 위해서는 '왜'라는 질문으로부터 출발해야 한다. 이에 대해 릭 워렌은 특히 "왜 교회가 존재하는가, 교회로서 우리는 무엇이 되어야 하는가, 교회로서 우리는 무엇을 해야 하는가?"라는 질문을 하라고 제안한다. 그리고 이런 질문에 대한 답은 우선 성경에서 찾아야 하며, 그런 다음 현재 교회가 처한 상황을 고려하여 각자의 답을 찾아야 한다. 릭 워렌의 설명을 좀더 살펴보자.

첫째, 그리스도의 지상 사역을 살펴보는 것이다. 주님이 이 땅에 계실 때 무슨 일을 행하셨는가? 또 지금 이곳에 계시다면 무슨 일을 하실까? 특히 우리 교회에 계시다면 무슨 일을 하실까? 이와 같은 질문을 하고 그 답을 찾아보아야 한다. 주님은 지상에 계실 때 하셨던 일들을 지금도 계속하시기 원하시기 때문이다.

둘째, 교회의 이미지와 이름들을 살펴보는 것이다. 신약 성경은 교회에 관한 많은 비유(몸, 신부, 가족, 양떼, 공동체, 군대 등)를 사용하고 있다. 이러한 각각의 이미지는 교회가 어떤 모습을 지녀야 하는지, 무슨 일을 해야 하는지에 대해 심오한 의미를 가르쳐 준다. 또한 신약에 나오는 교회의 본보기를 살펴보는 것도 중요하다. 성경에는 초대교회가 무엇을 했는지에 대한 기록들이 많이 나온다. 예루살렘 교회, 빌립보 교회, 데살로니가 교회, 안디옥 교회 등은 그들이 처한 형편과 처지에 따라 다양한 모습을 가지고 있다.

셋째, 그리스도의 명령을 살펴보아야 한다. 주님은 우리가 무엇을 하기 원하시는지를 정확히 이해해야 하는데, 이는 지상 명령(the Great Commission)이라고 불리는 예수님의 마지막 명령에 잘 나타나 있다(마 28:18-20).

교회가 그리스도의 소유임을 고백한다면 주님이 이미 성경 속에서 제시하신 교회의 목적, 존재이유에 주목해야 한다. 교회는 목적을 새롭게 창조할 필요가 없으며, 다만 성경 속에서 예수 그리스도가 제시한 것을 성령의 인도하심에 따라 발견하고 해석할 수 있을 뿐이다. 이것이 바로 교회가 기업이나 세상의 여러 단체들과 다른 점이다. 세상의 조직은 목적을 스스로 설정한다. 발견한다기보다는 자기들이 이루고 싶은 꿈을 따라 스스로 만든다. 그래서 사람이 어떤 생각과 꿈을 가지고 있느냐에 따라 목적은 언제든지 달라질 수 있다. 그러나 교회는 다르다. 교회는 성령이 주도하시고 사람이 반응하는 조직이며, 교회는 '성령 하나님에 대한 민감함'의 원리를 통해 세상과 구별됨을 보여 주어야 한다.

또한 교회는 나름의 목적을 가질 수 있다. 각자가 처한 시대적, 지역적 상황, 개별 교회의 특성에 따라 성령의 인도하심이 다를 수 있기 때문이다. 교회 지도자들과 성도들은 먼저 성경에서 교회의 존재이유에 대한 가장 기본적인 원리를 발견한 다음, 그 원리가 그들이 처한 상황에 적합하게 적용될 수 있도록 성령의 인도를 따라 적합한 목적을 발견해야 한다. 서울중앙교회는 비전기획팀과 목회자, 핵심 리더들이 모여 "우리는 하나님이 약속하신 영광스러운 교회가 되고, 하나님 나라를 체험하고 소망하는 가운데 주의 일꾼으로 자라가며, 이 땅에서 하나님의 주권을 선포하여 그 이름을 높인다"라는 존재이유를 정리하여 지금까지 교회의 길잡이 별로 사용하고 있다.

> **그리스도의 비전이 이끌어 가는 와싱톤한인교회**
>
> 조영진 목사는 30년 동안의 숙원인 성전 건축을 달성한 성도들의 마음 가운데 새로운 푯대가 될 비전을 불어넣어야 할 필요성을 절감한다. 이러한 고민 속에 있는 조영진 목사는 '그리스도의 비전이 이끌어 가는 교회'를 꿈꾸게 되고, 그 꿈을 1984년 교회 수양회에서 성도들과 함께 나누었다. 여기서 가장 핵심은 '교회의 주인 되시는 그리스도의 비전'이다. 그리고 그 출발점은 '우리가 앞으로 무엇을 할 수 있는가? 혹은 할 것인가?'가 아니고, '주님은 앞으로 우리가 어떤 교회가 되기를 원하시는가? 어떤 일들을 하기 원하시는가?'였다(조영진, 교회 설립 50주년 기념 비전 컨퍼런스 주제 발제문).

핵심가치

핵심가치는 교회가 본질적으로 소중하게 여기며 지속적으로 추구하는 믿음, 신조다. 우선 핵심가치는 구성원들의 판단과 의사 결정의 기준이 된다. 윌로우크릭 커뮤니티 교회는 "기름부음 받은 가르침이 개인과 교회의 삶을 변혁시키는 데 중추적 역할을 한다고 믿는다"라는 신조가 있다.³⁾ 이 신조는 교회의 모든 사역에 영향을 준다. 예를 들면, 소위 패스트푸드 설교라고 불리는 것에 대한 유혹을 과감하게 물리친다. 사람들이 '필요하다고 느껴지는', 혹은 '도움이 될 만한' 메시지에만 집착하지 않는다는 말이다. 대신 균형 잡히고 성경적인 방식으로 성숙하게 하나님의 지혜의 말씀을 가르치도록 주의를 기울인다. 또한 지나치게 번지르르한 프로그램 진행과 모든 일을 말쑥하게 해내는 것에 대한 유혹도 경계한다. 프로그램이 말씀 선포의 보조 수단을 넘어서는 것을 경계한다는 의미다.

둘째, 핵심가치는 사역의 나침반 역할을 하여 비전과 목표에 집중하고 몰입하게 한다. 핵심가치는 무엇이 중요한지, 우선 순위가 무엇인지를 알려 준다. 오늘날 많은 교회들이 지나치게 많은 목표와 프로그램에 치중하고 있다. 제자 훈련, 내적 치유, 가정 세미나, 전도 훈련, 사회 봉사, 선교사 파송, 맞춤형 전도 집회 등 수없이 많다. 어떤 사역이 성공적이라고 소문이 나면 그것을 교회에 도입한다. 그런데 그 사역들이 열매 맺기도 전에 또 다른 프로그램이 나타나면 이전 것은 버리고 새 것을 도입한다. 어떻게 하면 이와 같은 모습에서 탈피할 수 있을까? 해답은 교회가 무엇을 가장 소중한 가치와 신조로 삼고 있는지를 명확히 하는 것이다. 핵심가치는 이런 면에서 교회가 무엇을 버리고 무엇을 취할 것인지에 대해 분명한 기준을 제공한다.

그렇다면 핵심가치는 어떻게 만들 것인가? 무엇보다 성경에서 가장 중요하게 제시하는 가치들이 무엇인지를 살펴야 한다. 교회의 존재 목적과 마찬가지로 핵심가치 역시 새롭게 창조하는 것이 아니라, 개별 교회가 처한 상황에 따라 판단과 의사 결정, 행동 기준이 되는 원리들을 성경 속에서 발견할 수 있다. 우리는 먼저 다음 질문에서 시작해야 한다.

- 우리가 가장 소중하게 여겨야 할 믿음과 신조는 무엇인가?
- 모든 판단과 의사 결정, 행동에서 최소한 기준으로 삼아야 할 것은 무엇인가?
- 만일 위험이 닥칠 때 모두가 함께 지켜야 할 최소한의 기준은 무엇인가?
- 환경과 시대가 변하더라도 고수해 가야 할 소중한 믿음은 무엇인가?

이런 질문에 답을 하기 위해서는 먼저 핵심가치가 될 만한 키워드를 정리한다. 다음은 정리한 키워드에 대해 구성원들의 의견을 듣는다. 설문 조사, 리더 그룹 내 토의를 활용할 수 있다. 이 때 중요한 키워드를 열 개 내외로 선정할 수 있으며, 각 키워드의 의미를 정리하여 유사한 것끼리 묶을 수도 있다. 마지막으로 핵심 리더들이 모여 핵심가치를 최종적으로 결정하고 문장 또는 단어로 정리한다.

다음은 몇몇 교회들의 핵심가치를 비교한 것인데, 교회의 특성에 따라 내용 또는 표현 방식이 각기 다름을 알 수 있지만 각 교회가 무엇을 소중하게 여기는지를 명확하게 나타내고 있다는 점은 동일하다.

사례 중 A 교회 핵심가치의 의미를 좀더 설명하면 다음과 같다.

- 말씀과 성경으로 사는 교회 : 교회의 가장 소중한 사역 원칙은 말씀이며, 사역의 주체는 성령이다. 말씀은 성도의 삶의 원동력이자 기준이므로

A 교회	B 교회	C 교회
· 말씀과 성경으로 사는 교회 · 가정을 회복하는 교회 · 민족과 세계를 품는 교회 · 다음 세대를 준비하는 교회 · 모든 성도가 사역하는 교회	· 신앙의 정통과 교회의 거룩 · 사랑과 존경의 아름다운 공동체 · 지속적인 성장과 인재 양성 · 영원한 젊음과 부단한 개혁 · 봉사와 선교를 통한 이웃 사랑	· 성경 중심의 교회 · 선교 중심의 교회 · 지역 사회 중심의 교회

〈표 4.1〉 핵심가치의 예시

말씀을 배우고 공급받는 일에 힘쓴다. 삶을 통해 말씀을 실천하는 일을 소중하게 여긴다. 교회의 모든 의사 결정과 사역, 실천은 기도를 통해 성령의 인도와 능력을 공급받는 것을 소중하게 여긴다.

• 가정을 회복하는 교회, 민족과 세계를 품는 교회, 다음 세대를 준비하는 교회: 교회의 가장 소중한 사역 대상은 가정, 이웃, 다음 세대다. 모든 가정을 건강한 가정으로 회복하는 것을 소중하게 여긴다. 이웃들을 섬기고 사랑하는 것을 소중하게 여긴다. 지역 사회, 북한, 세계를 가슴에 품고 복음을 전하고 섬기는 사역에 힘쓴다. 다음 세대를 책임질 건강한 지도자를 준비하고 세우는 일을 소중하게 여긴다. 다음 세대를 기독교적 세계관으로 훈련하는 일에 힘쓴다.

• 모든 성도가 사역하는 교회: 교회의 가장 소중한 사역 통로는 모든 성도다. 각 지체가 직분과 은사를 따라 자발적이고 역동적으로 섬기며 헌신적으로 사역하는 것을 소중하게 여긴다.

사명론적 비전

사명론적 비전은 사역(doing)과 관련된 것으로서 교회가 달성해야 할 **목표**를 의미한다. 목표는 크고 대담해야 한다. 실현 불가능하지는 않지만 구성원이 최선을 다할 때만 성취 가능한 것이어야 한다. 목표는 또한 명확하고 구체적이어야 한다. 예수님이 제자들에게 주신 "예루살렘과 사마리아와 땅 끝까지 복음을 전파하라"는 사명은, 매우 크고 대담한 것이었고 희생을 요구하는 것이었으며 명확하고 구체적이었다. 사도 바울은 이 사명을 따라 로마까지 복음을 전파하는 것을 생의 목표로 삼았고 실제로 그것을 성취했다. 존재론적 비전이 길잡이 역할을 한다면 목표는 정복해야 할 고지가 어디인지, 종착점이 어디인지를 구체적으로 알려 주는 역할을 한다. 존재론적 비전은 매우 오랜 기간 변하지 않지만, 사명론적 비전 즉 목표는 일단 달성하고 나면 또다시 길잡이 별이 안내하는 곳을 따라 변화된다.

다운교회는 제자다운 제자 즉 하나님이 창조하신 인간의 죄짓기 전의 모습(창 1:27-28)을 회복하자는 뜻에서, 건강한 자아상, 건전한 가정관, 건실한 직업관을 가진 사람을 길러 내는 것을 기본 사명으로 삼는다. 이를 위해 다운교회는 "공동체에 들어오는 사람들의 자아상이 더욱 건강해지도록 도와야 한다. 공동체에 들어오는 사람들의 가정관이 더욱 건전해지도록 도와야 한다. 공동체에 들어오는 사람들의 직업관이 건실해지도록 도와야 한다"는 3대 목표를 설정하고 있다.

목표는 다섯 가지 특징을 가져야 하는데 영어 단어인 SMART로 나타난다. 첫째, 목표는 구체적(specific)이어야 한다. 구체적인 결과를 중심으로 명확하게 기술되어야 한다. 둘째, 측정 가능해야(measurable) 한다. 일정한 기간이 지나면 평가를 해서 그것의 달성 여부를 측정할 수 있어야 한다. 셋째, 달성 가능해야(attainable) 한다. 목표와 그것을 위해 세우는 계획 모두가 실제적으로 성취 가능한 것이어야 한다. 넷째, 관련성이 있어야(relevant) 한다. 즉 존재론적 비전인 존재이유와 핵심가치에 부합되는 것이어야 한다. 다섯째, 정해진 기간이 있어야(time-bound) 한다. 무한대의 기간을 둔 목표는 곤란하다. 일반적으로는 5년 또는 10년 이내에 성취할 수 있는 목표를 세워야 한다.

사례 교회 중 한 교회는 5대 목표를 가지고 있다. 나아가 5대 목표에 대한 구체적인 의미를 서술할 뿐 아니라 과정적 성과 지표, 결과적 성과 지표까지도 정해 놓고 있어 목표가 단지 구호로 끝나는 것이 아니라 구체적으로 실천할 사역으로 연결되도록 하고 있다(82면 참조).

목표를 설정할 때는 가능하면 성도들이 함께 의사소통하며 참여하는 것이 바람직하다. 목표는 담임 목사나 핵심 리더 혼자서 달성할 수 있는 것이 아니기 때문이다. 목표에 대한 이해와 공감의 폭이 넓을수록 목표를 달성하기 위한 힘 또한 커진다. 이런 점에서 사례 교회들의 목표 설정 과정은 좋은 참고가 된다. 이들은 한결같이 목회자 그룹을 비롯한 다양한 계층의 의견을 수렴하고 공유하는 과정을 거칠 뿐 아니라 심도 깊은 워크숍을 통해 성도들이 주체적인 위치에서 교회 사역에 참여하도록 그 바탕을 준비했다.

* * *

존재이유, 핵심가치, 목표는 어떤 상호 관련성이 있을까? 아래 그림에 표현된 것처럼, 우선 길잡이 역할을 하는 핵심 목적인 존재이유가 앞장선다. 그리고 이를 달성하기 위한 구체적인 목표 즉 사명론적인 비전이 다음에 온다. 마지막으로 목표를 위해 교회가 어떤 사역을 해야 하는지, 또한 그 사역을 위해 조직을 어떻게 운영하는지를 결정한다. 이 과정에서 중요한 역할을 하는 것이 바로 핵심가치다. 즉 무엇이 더 중요하고 우선순위를 가질 것인지는 바로 교회 구성원들이 함께 믿는 바 신조에 따라 움직인다.

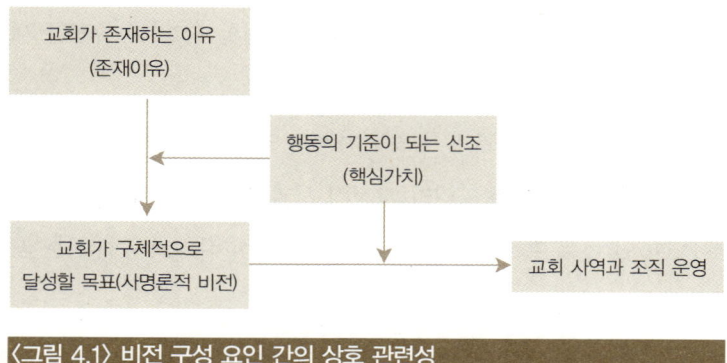

〈그림 4.1〉 비전 구성 요인 간의 상호 관련성

이런 점에서 교회가 반드시 생각해야 할 두 가지 유의점이 있다. 하나는 비전 구성 요인 간의 일관성이 있어야 한다는 것이다. 교회가 존재하는 이유, 달성할 목표, 핵심가치, 사역과 조직 운영이 제각각 분리되어서는 안 된다. 교회가 존재하는 이유와 관계없는 목표와 사역, 성경적 원리에 근거해서 마련한 행동의 기준을 전혀 지키지 않는 교회의 조직 운영은 건강한 교회가 될 수 없다. 또 한 가지 유의점은, 이들 간에는 순서가 있다는 것이다. 가장 먼저 교회가 존재하는 이유가 있어야 한다. 그리고 이들을 달성하기 위해 목표가 있고, 마지막으로 사역이 있다. 이러한 순서가 거꾸로 되면 교회는 건강성을 잃는다. 주님이 아닌 사람이 주인이 되거나 세상이 추구하는 목적이 교회에 들어와 교회를 훼손할 위험성이 언제나 있기 때문이다.

토론 질문

1. 교회에도 비전이 필요하다는 주장에 공감하는가? 만일 공감한다면, 그것이 왜 필요한지 함께 토론해 보라.

2. 비전의 구성 요소는 무엇이며 각 요소 간의 차이점은 무엇인가?

3. 교회 공동체가 비전을 설계하는 데 본 장에서 제시한 비전의 구성 요소 모두가 필요한 것인가? 함께 토론해 보자.

4. 자신이 소속된 교회에 비전이 있다면, 이 장에서 제시한 것과 어떤 차이점이 있는가? 만일 없다면 비전 선언문을 만들어 보라.

서울중앙교회 비전 선언문

존재론적 비전

1. 존재이유

우리는 삼위 하나님께서 약속하신 영광스러운 교회가 되고, 하나님의 나라를 체험하고 소망하는 가운데 주의 일꾼으로 자라가며, 이 땅에서 하나님의 주권을 선포하여 그 이름을 높인다.

2. 핵심가치

신앙의 정통과 교회의 거룩	우리는 세상에 있으나 세상에 속하지 않은 구별된 무리가 된다. 어떤 형태의 세속화 물결과도 타협하지 않으며, 주님 오시는 그날까지 신앙의 정통을 이어 가고 교회의 거룩을 유지하여 빛과 소금으로서 세상에 소망을 준다.
사랑과 존경의 아름다운 공동체	새벽이슬 같은 내일의 주역들과 한결같은 신앙으로 사시는 어른들이 서로 사랑하며 존경하는 아름다운 공동체가 되어 간다. 또한 이 공동체 안에서는 빈부, 학벌, 직업, 성별, 나이, 지역 등으로 인한 간격이 없어야 하고, 세상에 소망을 주는 대안 공동체가 된다.

지속적인 성장과 인재 양성	우리 모두는 예수 그리스도의 장성한 분량이 충만한 데까지 이르러 온전한 사람을 이루기까지 성장을 멈추지 않을 것이다. 성도의 성장과 교육을 위해 교회는 지원을 아끼지 않으며, 우리 교회를 통해서 교회와 사회, 국가 및 세계가 필요로 하는 하나님의 일꾼이 지속적으로 배출될 것이다.
영원한 젊음과 부단한 개혁	우리 교회는 연령이나 직분에 상관없이 누구나 늘 푸르른 신앙을 유지하도록 서로 세워 나가고, 사명을 실현하기 위해 언제나 일하고 섬기는 생동감으로 가득할 것이다. 또한 교회는 항상 개혁되어야 함을 인식하여 교회의 모든 영역에서 하나님의 말씀과 성령의 인도에 따라 지속적으로 변화되어 간다. 나아가 세상의 전 영역에서 하나님의 주권을 선포하며 세상을 새롭게 하기 위해 노력한다.
봉사와 선교를 통한 이웃 사랑	우리는 이웃 사랑에 대한 실천을 지속적으로 추구하고, 세상을 품고 선도하는 개방성을 유지할 것이다. 우리를 가장 필요로 하는 이웃을 외면하지 않고 예수 그리스도의 복음을 들고 찾아가서 더불어 함께하는 이웃이 될 것이다.

사명론적 비전

3. 목표

5대 목표	의미	성과 지표(과정)	성과 지표(결과)
지역 사회를 섬기는 교회	우리는 우리 교회가 위치하고 있는 이 지역에서 소금과 빛의 사명을 감당하도록 부름 받았음을 인식하고 선한 이웃으로 다가간다.	-지역 사회 봉사에 대한 긍정적 인식 -교인들의 참여도 확대 (자원 봉사자 비율; 자원 봉사 총 시간)	-복지관 확보 및 노인학교/탁아소 운영 -수혜자의 수와 만족도 -중앙교회 사회 봉사에 대한 종로구청의 인지도
내일의 일꾼을 양성하는 교회	우리는 내일의 주역들에게 꿈과 도전을 주고 세상을 새롭게 하는 준비된 주님의 일꾼이 되게 한다.	-교회학교 교육비전 설정과 공유 -각 교육 기관의 교육 커리큘럼 구축 -교사들의 양육 프로그램	-학사관 남녀 30명 수용과 장학생 20명 -각 교회 학교의 인원 2-3배 증가 -양성된 일꾼의 교회 정착 비율 증가와 양성된 일꾼의 파송
공동체 훈련을 강화하는 교회	우리는 하나님의 한 가족으로서 동일한 비전을 품고 각자 부름 받은 섬김의 자리에서 서로 돕고 세우며 삶의 모든 부분을 나누는 사랑의 공동체가 된다.	-교회 만족감/소속감/ 정체감 제고 -한가족 의식 형성: 1) 예배 공동체, 2) 교제/돌봄/나눔의 공동체, 3) 사역 공동체 (사역에 동참) : 출석률 제고 -새신자 멤버십 과정 체계화	-출석 교인 1000명 -전체 교인 소그룹 활동 -핵심 멤버 30% 달성

조국의 통일을 대비하는 교회	우리는 하나님이 한 민족으로 세우신 조국의 통일과 북한의 복음화를 위해 지속적으로 준비하고 참여한다.	- 연구회 활성화 - 관련 단체 3-4개와 협력 활성화 - 북한 지원 동참	- 북한 개척교회(신학교) 설립 준비 완료 - 교역자 파송
선교에 동참하는 교회	우리는 모든 족속을 제자로 삼으라는 주님의 명령을 따라 땅 끝까지 이르러 증인이 되는 것을 소명으로 여긴다. 이를 위해 일상 생활에서 선교사적인 삶을 살고 모든 삶의 현장에서 그리스도의 증인이 된다. 나아가 국내외로 널리 복음을 전파하기 위해 교회 개척과 전도자 파송 및 지원에 힘쓴다.	- 선교사를 위한 기도 활성화 - 선교 관련 자료 공유 - 전도/선교 훈련에 동참(훈련에 참여하는 성도 수; 선교에 헌신하는 시간)	- 국내 교회 지원 수 확대 - 최근 3년 이내 교회 등록자 비율 30% 달성 (30% 법칙) - 선교비 비율의 증가 - 선교지/(단기) 선교사 확대 (선교지 3개 확장; 현지 선교사 5명 양성; 단기 선교사 확대)

4. 비전

5장
전략

비전을 이루기 위해, 주어진 환경 조건에서 자원을 가장 적합하게
활용하는 선택 과정

비전은 성취를 위해 있다. 비전은 만들어 놓으면 저절로 달성되는 것이 아니며, 어떻게 달성해야 하는지에 대한 방법이 나와야 한다. 사실 비전 만들기는 이것까지 해야 완성된다고 할 수 있다. 일반적으로 비전 달성을 위한 방법론을 전략이라고 한다.

전략은 분석틀의 뒷부분에 나오는 사역모형과 조직모형에 영향을 준다. 우리가 잘 아는 모범적인 교회들이 저마다 독특한 사역의 형태를 보이는 이유는 각 교회의 전략적 방향이 다르기 때문이다. 전략은 사역모형과 조직모형의 독특한 유형을 결정하고 두 요소의 수준을 높여 주는 역할을 하기에, 핵심 원리와 비전을 유지하는 가운데 세심하게 전략을 선택하는 일은 매우 중요하다.

전략은 교회의 모든 활동을 조목조목 단계별로 펼쳐 놓은 계획이 아니다. 어떤 조직이라도 비전을 달성하기 위한 계획을 완벽하게 세울 수는 없다. 헤아릴 수 없이 많은 불확실성을 만나게 되고, 예기치 않은 기회도 수없이 접하게 되기 때문이다. 더구나 교회는 사람의 생각으로만 운영되는 곳이 아니라 교회의 주인이신 그리스도 예수께서 성령을 통해 이끌어 가시는 곳이다. "사람이 마음으로 자기의 길을 계획할지라도 그의 걸음을 인도하시는 이는 여호와시니라"(잠 16:9).

따라서 교회는 성경적 원리를 따라 비전을 설정할 뿐 아니라 그것을 달성하는 과정에서도 성령의 인도하심에 민감해야 한다. 이런 점에서 전략은 복잡하지 않은 방법으로 간략하게 제시하는 것이 좋다.[1] 성도들이 저마다 솔선수범하게 하고, 성령께 의지하여 변화하는 상황에 유연하게 대응하도록 하고, 때로는 하나님이 주신 각자의 달란트를 살릴 수 있도록 여지를 남겨 두는 방법론이 좋다. 이런 의미에서 우리는 '전략적 방향'이라는 용어를 선호한다.

전략적 방향은 교회의 비전을 이루기 위해 어떤 사역을 중점적으로 해야 하는지, 자원을 어디에 우선적으로 배분해야 하는지, 어떤 사람들과 함께 해야 하는지 등의 방향 정도를 설정한다는 의미를 내포한다. 여기에는 다음 네 단계의 과정이 필요하다.

첫째, 교회의 비전을 검토한다. 존재이유와 핵심가치, 목표를 명확하게 이해해야 하며, 특히 목표를 명확히 하는 것이 중요하다. 여기서부터 교회의 여러 사역이 나오기 때문이다. 둘째, 외부적인 환경을 철저하게 평가한다. 이는 등산을 위해 산에 관한 정보들을 살펴보고 기상 조건을 알아보는 것과 같다. 셋째, 교회의 내부적인 능력을 냉정하게 평가한다. 이는 산에 오르기 전에 원정대의 능력과 자원을 점검하는 것과도 같다. 비전 달성을 위해 장점은 충분히 살리고 약점은 최대한 보완해야 하기 때문이다. 넷째, 교회의 내부 능력과 외부 환경을 고려하여 목표 달성을 위한 전략적 방향을 설정한다. 이는 산에 오르기 위해 어떤 등산로를 택해야 할지, 그 등산로로 가기 위해 어떤 준비를 해야 할지를 결정하는 것과 같다.

외부 환경 및 내부 특성 분석

전략을 수립하기 위해서는 교회 외부 환경을 분석하는 일이 중요하다. 환경이 부여하는 특성, 즉 교회에 긍정적인 영향을 주는 요인 또는 주의를 기울여야 할 요인을 이해하고 그것에 잘 대처해야 한다. 교회의 장단기 사역에 영향을 미치는 여러 요인들, 크게는 국가의 경제 및 사회문화적 환경과 작게는 지역 사회의 경제, 사회문화, 교육, 인구통계학적 특성, 다른 교회의 움직임, 교단 등을 잘 이해할 경우 교회가 어떤 사역을 어떻게 해야 하는지를 판단하는 데 많은 도움이 된다(<표 5.1> 참조).

	긍정적인 환경	주의를 기울여야 할 환경
인구통계학적 특성	· 청소년, 젊은 층이 많다. · 노년층이 문화적 혜택을 누릴 지역이 많다. · 인구 이동이 많으며 비그리스도인 비율이 높다.	· 출산율이 낮아 유아, 청소년이 줄어들고 있다.
사회문화적 특성	· 교육에 관심이 많은 젊은 부부가 많다. · 집중성이 있다. 43만 인구가 반경 20킬로미터 안에 있어 파급 효과가 빠르다. · 문화적 수준이 높고 비교적 합리적이다.	· 물질주의, 개인주의, 지나친 교육열이 염려된다. · 지나친 개인, 가족 우선주의 성향이 있다. · 중산층이 많아 아쉬운 점이 별로 없다.
기독교적 특성	· 도전적이고 협력 가능한 건강한 교회가 많다. · 건강한 교회를 찾고 기다리는 사람들이 많다.	· 한국 사회 전반에 기독교에 대한 부정적 인식이 강한데 이 지역도 마찬가지다. · 교회를 단순히 문화적 공간으로 여기고, 기독교를 교양으로 생각하는 경향이 강하다.

<표 5.1> 외부 환경 분석 사례

다음으로, 교회가 목표를 제대로 달성하기 위해서는 내부적으로 어떤 특성을 가지고 있는지를 분석해야 한다. 외부 환경을 분석한다 하더라도 모든 긍정적인 요인을 다 활용할 수 없고 위험으로부터 모든 것을 지켜 나가기가 쉽지 않은데, 그것은 내부의 능력과 자원에 따라 다르기 때문이다. 교회는 각자가 가진 고유하고 독특한 자원이나 능력, 핵심 역량을 찾아내거나 개발하

여 그 곳에 집중적으로 자원을 투자하고 최대한 효과를 내도록 활용할 필요가 있다(<표 5.2> 참조).

강점으로 작용될 수 있는 요인	약점으로 작용될 수 있는 요인
≫리더십 · 건강한 목회 철학이 있다. · 민주적이고 개혁적인 리더십을 가지고 있다. ≫자원 · 연령층이 젊고 남자 성도들의 헌신이 많다. ≫제도 · 전통에 얽매이지 않으며 대외적으로 좋은 평판을 얻고 있다. · 말씀 훈련과 제자 양육을 지속해 왔다. · 지역 사회 속에서 폭넓은 봉사 활동을 지속하고 있다. · 변화에 대한 적응력이 빠르다.	≫공간과 환경 · 공간이 너무 좁고 환경이 열악하다. ≫자원 · 평신도 리더의 양육이 아직 미흡하다. · 교인 수가 급작스럽게 불어나면서 매우 다양한 신앙 색깔과 문화적 차이가 나타나고, 주일 예배만 참석하는 구경꾼이 늘고 있다. ≫제도와 프로그램 · 짧은 역사로 인해 제도와 시스템이 안정적이지 못하다. · 내면의 깊이보다는 프로그램 위주가 많다.

〈표 5.2〉 내부 특성 분석 사례

전략적 방향 결정하기

환경과 조직 내부를 분석한 후에는 목표를 달성하기 위해 전략적 방향을 선택해야 한다. 외부 환경이 주는 요인과 교회가 이들을 제대로 활용할 수 있는 능력을 고려하여, 교회가 어디에 집중하고 투자해야 할지를 결정한다. 일반적으로 대략 5-6개 정도로 설정할 수 있다. <표 5.3>은 전략적 방향을 도출하는 과정을 요약한 것이다.

외부환경		전략방향	내부특성	
지역 사회	· 인구통계학적 분포 (연령, 학력, 유입/유출인구, 기독교인 비율 등) · 가정, 교육, 문화적 환경	· 섬김 대상 · 사역의 우선 순위 및 비중 · 자원의 배분 방향	역사 전통	· 역사적 배경 · 교회전통과 문화
가치관/ 문화	· 디지털 문화 · 글로벌, 경쟁사회 · 고령화 · 다원주의, 시민사회 · 삶의 질(well-being)		구성원	· 교역자 · 성도(연령, 남녀구성, 신앙적 배경, 가치관)
			사역	· 예배, 교제, 교육, 봉사, 선교 · 사역 비중, 특성 등
교단 특성	· 교단의 정치, 정책, 전통		조직/ 자원	· 리더십, 조직구조 · 시스템, 공동체문화 · 재정

〈표 5.3〉 전략적 방향 도출 과정

위 사례 교회는 외부 환경과 내부 특성을 분석한 이후, 비전 달성을 위해 다섯 가지의 전략적 방향을 결정하였다. 바로 1) 샘터 중심 사역, 2) 균형 있는 사역, 3) 팀 사역, 4) 다음 세대를 준비하는 사역, 5) 끊임없이 개혁하는 사역이다.

우선 사역의 우선 순위를 가정과 이웃, 다음 세대에게 집중하기로 했다. 이를 위해 가정단위의 구역인 샘터를 활성화하고 이를 통한 이웃 섬김과 전도에 힘쓰기로 했고(샘터중심 사역), 이것이 발전되어 2007년에는 샘터가 가정교회로 전환하게 된다. 다음 세대를 위한 준비에도 역점을 두어 샘물기독

초등학교를 설립하고, 청소년 및 청년 사역에도 지속적인 지원을 하고 있다(다음 세대를 준비하는 사역). 그러면서도 사역의 비중은 교회가 마땅히 해야 할 일에 균형을 유지하도록 했다. 즉 교회의 본질적 사역인 예배, 훈련, 교제, 봉사, 선교 중 어느 것 하나 소홀함 없이 균형 있게 집중하기로 한 것이다(균형 있는 사역).

사역의 방법적 측면에서는 평신도가 사역하는 교회를 만들어야 건강한 교회를 이룰 수 있다는 점에서 전임사역자와 평신도가 팀을 이루어 함께 사역할 수 있도록 했다(팀 사역). 동시에 교회는 주기적인 점검과 평가를 통해 모든 사역을 끊임없이 갱신하는 데 힘을 쏟기로 했다. 재정을 투명하게 운영하고, 목사와 장로의 임기제를 통해 리더십을 새롭게 하며, 세계 교회의 바람직한 모델이 되기까지 지속적인 개혁에 앞장선다는 것이다(끊임없이 개혁하는 사역).

전략적 방향을 선택할 때 반드시 인식해야 할 것은, 이것이 다른 교회와의 경쟁의 문제가 아니라는 점이다. 이것이 세상의 기업이나 다른 조직과의 차이라고 할 수 있다. 기업들은 생존하기 위해 다른 기업과 경쟁해야만 한다. 외부 환경과 내부의 특성을 분석하는 것도 경쟁 기업과의 싸움에서 이기기 위한 전략을 마련하기 위해서다. 그러나 교회는 다르다. 모든 교회는 동일한 목적을 가지고 있기 때문에 결코 경쟁할 수 없다. 오히려 다른 교회와 협력하고 역할을 잘 분담하여 그리스도를 알지 못하는 이웃을 인도하고 제자 삼는 과업을 이루어야 한다. 그리고 이 과업을 좀더 효율적으로 해내기 위해 교회들은 각자 가장 효과적인 전략을 가지고 각자의 위치에서 사역해야 한다. 바로 이것이 건강한 교회의 핵심 원리 중 '보편적 교회의 원리'가 의미하는 바다. 즉 한 교회는 보편적 교회의 관점에서 우주적 교회의 일원이며 다른 교회와의 관계 속에서 서로 돕고 연합하되 각기 다른 사명과 역할을 감당해야 한다.

합리적 판단과 성령의 인도

이렇듯 교회가 환경과 내적 능력을 치밀하게 분석한 것을 바탕으로 사역해야 한다면 믿음과 성령의 능력과 인도는 어떤 역할을 하는가? 우리는 이 두 요소가 서로 배치되는 것이 아님을 알 필요가 있다.

우리는 합리성을 추구하면서도 성령의 인도에 따라 전략 방향을 유연하게 설정할 수 있다. 교회 사역의 대상, 자원 배분의 우선 순위, 사역의 접근 방법 등은 교회가 처한 상황에 따라 달라질 수 있기 때문이다. 이 경우에 활용할 수 있는 방법이 바로 외부 환경과 내부 요인을 분석하는 것이다. 하나님이 인간에게 주신 지혜를 사용하여 주위를 둘러싼 환경과 자신의 모습을 아는 것은 매우 중요하다.

민수기 13장에서는 모세가 가나안 땅을 앞에 두고 12명의 정탐꾼을 보내어 40일 동안 그 땅을 두루 다니면서 그들의 강점과 약점을 살피고 오라고 한다. 이것은 정복할 땅의 환경을 정확하게 분석하여 이스라엘 백성들이 준비하게 하기 위함이었는데 대단히 합리적이고 타당한 접근이라고 볼 수 있다. 이런 의미에서 환경과 내부 능력의 모습을 있는 그대로 파악하는 것은 아무런 문제가 없다. 오히려 상황을 잘 알게 되면 하나님께 더욱 간절히 구하고 구체적인 인도를 요청할 수 있다.

그럼에도 불구하고 주의해야 할 점은, 환경과 내부 능력을 해석하고 그 이후 하나님의 뜻을 구해야 할 때 합리성과 성령의 인도를 잘 구분해야 한다는 것이다. 가나안 땅을 정탐하고 돌아온 12명의 사람들은, 그들 안에서 첨예하게 다른 해석을 내놓았다. 열 명은 그 땅을 악평할 뿐 아니라 거민들이 너무 강해서 결코 이스라엘이 점령할 수 없다고 하였다. 반면 여호수아와 갈렙은 가나안이 젖과 꿀이 흐르는 땅이고 하나님이 함께하시면 충분히 정복할 수 있다고 주장하였다. 성경은 여호수아와 갈렙이 내놓은 소수 의견이 옳았음을 보여 준다.

환경과 내부 능력을 합리적으로 분석한 이후 취해야 할 태도는, 어떤 환경이든 하나님의 뜻과 인도의 관점에서 해석하는 것이다. 또한 하나님이 허락하시면 환경과 우리의 능력은 언제나 믿음으로 뛰어넘을 수 있다는 사실을 믿고, 그러한 관점에서 전략 방향을 설정해야 한다. 즉 '성령 하나님에 대한 민감함' 원리가 전략 방향 설정 과정에서 적용되어야 한다. 우리는 릭 워렌이 말한 대로 '영적 파도타기'를 즐길 필요가 있다. 성령은 시대적, 문화적 특성을 활용하시는데 교회는 이러한 성령의 역사에 민감하게 반응함으로써 변화를 일으키고 또한 수용할 수 있어야 한다.

토론 질문

1. 전략 방향을 설정할 때 합리성을 추구하는 태도와 성령의 인도를 따르는 태도를 모두 견지하는 것이 가능한가? 그것이 어떻게 가능한지 함께 이야기해 보라.

2. 교회 구성원들과 함께, 교회의 외부 환경과 내부 특성을 진단해 보고 전략적 방향을 설정해 보라.

6장
사역모형

교회가 본질적으로 감당해야 할 사역인 예배, 교제, 교육, 선교, 봉사와
이들 간의 상호 관계

오늘날 한국 교회에 대해 안팎에서 교회로서의 역할이 죽어간다는 지적이 많다. 한국 교회는 예배당을 짓거나 헌금하고 봉사하는 등의 일에 매우 열심을 내고 있는데 왜 이와 같은 지적을 받는 것일까? 바로 교회가 가장 소중하게 여기고 헌신해야 할 본질적인 사역을 제대로 하지 못하기 때문이다. 한국 교회가 건강성을 회복하기 위해서는 '교회가 마땅히 해야 하는 일은 무엇인가'를 질문하고 이에 대해 결정을 내려야 한다. 이 장에서는 교회의 본질적 사역 다섯 가지와 이들을 만들어 가는 과정과 방법을 제시하고, 건강한 사역의 조건과 다섯 가지 설계 요소를 다룬다.

교회의 5대 사역

교회의 본질적인 사역은 무엇인가? 여러 가지가 있을 수 있지만, 건강한 교회는 그리스도 예수께서 교회에 명령하신 다섯 가지 사역을 수행해야 한다.[1] 다름 아닌 예배, 교제, 교육, 선교, 봉사다. 따라서 사역모형이란 교회의 본질적 활동인 예배, 교제, 교육, 선교, 봉사 등이 하나의 시스템으로 연계되어 있는 체계를 의미한다. 이 다섯 가지 사역을 교회의 본질적인 활동이라고 보는 것은 신학적으로도 그리고 교회의 역사를 통해서도 확증되어 왔다. 물론 이 사역모형의 요소들이 보편성을 가지고 있다 하더라도 각 교회가 중점을 두는 사역모형은 개별 교회의 특수성과 그들의 비전과 전략적 방향의 영향을 받을 수 있다.

예배

교회는 하나님을 예배하기 위해 존재한다. 하나님을 예배하는 것은 교회의 모든 사역에서 가장 우선되는 일이다. 하나님은 성경 전체를 통해 하나님을 찬미하고 높임으로써 하나님의 임재를 찬양하라고 명령하신다.

무엇보다 교회는 왜 예배를 드리는지를 분명하게 밝혀야 한다. 예배 형태를 결정하는 일도 중요하고, 어떤 사람들에게 초점을 맞추어야 하는지, 성도들이 즐겁게 예배에 참여할 수 있는 방법이 무엇인지도 놓쳐서는 안 될 사항들이지만, 가장 먼저 해야 할 일은 예배를 통해 무엇을 기대하는지, 예배의 바람직한 모습과 열매는 무엇인지를 결정하는 일이다. 다음은 하나님을 영화롭게 한다는 예배의 본질을 놓치지 않으면서도 예배에 대한 기대를 다양하게 표현하고 있는 교회들의 사례다.

'세상에 젖어 더러워진 인간의 영을 닦아 내어 하나님의 말씀에 100퍼센트 집중하게 해 주고, 그 말씀에 의해 영혼의 본질적인 변화가 일어나게 한다'(온누리교회 열린 새신자예배).[2]
'하나님을 영화롭게 하며, 자신을 드려 헌신하고, 성령 안에서 공동체가 함께 그리스도의 몸을 이루는 거룩한 교제를 누리는 존재가 된다'(샘물교회).
'예배를 통해 영광을 경험하고 예배 가운데 영광스러운 공동체를 구축한다'(서울중앙교회).

교제

하나님은 성도를 함께 불러 교회를 이루게 하셨으므로 교회는 본질적으로 성도들이 한 몸을 이루고 교제하는 특성을 가진다. 초대교회에서 "날마다 마음을 같이하여 성전에 모이기를 힘쓰고 집에서 떡을 떼며 기쁨과 순전한 마음으로 음식을 먹는"(행 2:46) 일은 교회의 본질적 요소 중 하나였다. 지금도 이것은 그리스도 안에서 한 몸을 이룬 지체들이라면 가장 자연스럽게 나타나야 할 모습이다.

성안교회는 이런 점에서 좋은 예가 될 수 있다. 가정교회로 전환하면서 초대교회와 같은 교제를 회복하고 있기 때문이다. 다섯 가정 정도를 하나의 구역으로 조직한 목장은 부부 중심으로 매주 한 번씩 모인다. 찬송, 대표기도, 말씀 선포(또는 나누기) 등으로 진행되는 전통적인 구역 예배와는 달리, 목장 모임은 식사를 함께 하는 것과 더불어 서로의 삶과 기도 제목을 나누면서 교제하는 데 주로 시간을 보낸다. 이런 과정에서 말씀으로 서로 권면하기도 하고 기도해 주면서 문제가 해결되고 가정이 회복되는 기쁨을 맛보고 있다. 자기 문제를 숨기기만 하고 가벼운 겉치레 교제에 익숙해져 있던 성도들이 처음에는 이런 모임을 부담스러워했지만 지금은 오히려 사모하는 모임이 되고 있다. 성안교회의 목장 모임은 이렇게 기쁨과 순전한 마음으로 음식을 나누고 교제하는 것을 통해 전도의 열매도 맺고 있다. 믿지 않는 남편이나 아내가 교회보다는 목장 모임에 먼저 참석하게 되고, 세상과 다르게 교제하는 모습을 통해 예수 그리스도를 만나고 있다.

교육

교회는 하나님의 백성을 세우고 가르치기 위해 존재한다. 예수님이 교회에게 주신 마지막 명령은 제자 삼고, 가르쳐 지키게 하라는 것이었다. 성도들을 그리스도 안에서 완전한 자로 세우기 위해 가르치는(골 1:28) 일은 교회가 반드시 감당해야 할 임무 중 하나다.

샘물교회는 "건강한 제자와 미래 지도자를 육성한다"는 목표를 가지고 있으며, 이를 위한 훈련 사역이 있다. 훈련 사역의 목적은 샘물교회에 속한 모

과정	대상	목표	방법(훈련내용)	담당	참여가능 섬김과 사역
100	방문자 (초신자, 기신자)	등록교인 (공예배에 정기적으로 출석하여 새가족부에 등록)	설교, 담임 목사 면담	새가족부	
200	등록교인	샘물가족(정회원) (새가족부 훈련, 샘물교회론, 정회원 헌신 서약, 샘터모임 및 소그룹 소속)	1. 초신자: 새가족부 (5주)(새생명반, 새생활반), 샘물교회론 2. 기신자: 가족부교육(3주), 샘물교회론	성인교육팀 (새가족부)	주보접기, 차량봉사
300	샘물가족	성장추구자 (분명한 신앙고백 위에서 작은목자훈련 과정을 통해 지속적인 영적성장을 도모)	기초성경공부반, 중보기도훈련	작은목자 훈련	보조교사, 성가대원, 안내
400	성장 추구자	헌신자 (훈련을 통한 개인 경건 생활의 확립과 사역을 위한 헌신을 준비)	제자반 (필수1, 선택 1강좌 이상 이수자), 전도폭발훈련 (기초과정 1강좌 이상 이수)	제자반 담당교역자	정교사, 중보기도 부장
500	헌신자 (제자반 과정을 마친 자)	예배샘터장 (타인의 영적 생활을 돕는자)	예비샘터장 훈련 (6개월 이상)	주)예비샘터장 훈련 담당 교역자 보)담임 목사	샘터 헬퍼 (helper), 팀장
600	예비 샘터장	샘터장 (교역자와 동역자 의식을 가지고 교회의 각종 사역을 감당하며 계속적인 사역 훈련을 받는다)	샘터장 모임	주)담임 목사 보)교구 담당 교역자	샘터장, 장로, 권사
700	샘터장	목자(사역자) 평신도 사역자	평생교육 과정	담임 목사	

〈표 6.1〉 샘물교회 성장 로드맵

든 성도들이 그리스도의 장성한 분량까지 자라도록 돕는 것이다. 특히 장년 훈련을 위해 700단위의 로드맵을 가지고 있으며, 장로나 샘터장, 교사 등의 역할을 하기 위해서는 반드시 로드맵에서 정한 훈련 과정을 이수해야 한다.

선교

교회는 예수 그리스도를 전하기 위해 존재한다. 예수님이 마태복음 28:19-20에서 직접 명령하신 이 일은 교회가 반드시 실천해야 할 사명이며, 오늘날까지 교회가 존재할 수 있었던 이유이기도 하다.

한국 교회는 성도들의 수평 이동으로 성장하는 교회는 많지만 정작 비그리스도인이 전도를 받고 신자가 되는 일은 보기 힘든 것 같다. 게다가 근래에 한국 교회의 성도 수가 줄어들고 있다는 통계가 나오기도 한다. 그럼에도 불구하고 모범적으로 선교와 전도를 수행하는 교회가 있다는 사실에서 우리는 희망을 발견한다.

성안교회는 30년 동안의 전통을 깨고 가정교회로 전환한 이후, 수평 이동하는 기존 신자는 받지 않는다는 원칙을 세웠다. 이는 성도들이 전도해서 데리고 오는 사람만 교인으로 받아들이겠다는 의미다. 목장 모임에서 풍성한 은혜가 넘치기 시작하면서, 현재 이웃들이 목장을 통해 교회로 인도되는 숫자가 전체 성인 출석 수의 10퍼센트를 넘고 있다. 성안교회의 선교 사역의 특징은 목장이 선교를 책임진다는 것이다. 후원 선교사는 일반적으로 목장에서 추천하고 교회에서 판단하여 확정한다. 기도 후원과 물질적인 후원은 모두 각 목장이 담당하며 교회는 추가적으로 일정한 선교 헌금을 목장에 지원해 주고 있다. 현재 성안교회는 성인 출석 교인의 수가 400여 명 남짓이지만, 75명 정도의 선교사를 지원하고 있으며 목장이 후원 선교사를 선정하기 때문에 초교파적인 것도 특징이다.

봉사

교회는 섬기기 위해 존재한다. 섬김 또는 봉사는 예수님의 이름으로 이웃의 필요를 채워 주고 그들의 아픔을 치료해 줌으로써 하나님의 사랑을 보여 주는 것이다. 교회는 "성도를 온전하게 하여 봉사의 일을 하게"(엡 4:12) 해야 한다.

미국 세이비어 교회의 고든 코스비 목사는 교회의 설립 초기부터 고도로

높은뜻 숭의교회 '사회적 기업' 사례

높은뜻 숭의교회의 6가지 비전 중 하나는 '십일조 정신과 희년 정신을 실천하는 교회'다. 물질과 재산의 주인이 자신이 아니라 하나님이심을 인정하고 고백하는 것을 목표로 삼는다. 구체적인 실천 사업 중 하나로 희년 재단을 세웠는데, 이를 통해 가난한 자와 약한 자들에게 희망을 주며, 이 세상에 하나님의 화평을 전하는 중재자로서의 사명을 잘 감당하는 교회가 되려고 노력하고 있다.

구체적인 실천으로서 최근 높은뜻 숭의교회는 사회적 기업을 꿈꾸고 있다. 노숙자들을 경제적으로 자립시키기 위한 "김밥천국"과 이동 세차 사업을 성공시키면서 이 일에 더욱 박차를 가하고 있다. "김밥 천국"은 교회가 6천 만원을 들여 1호점을 만들고 12명을 고용하면서 시작하였다. 경제적 빈곤층이 사업체를 만들면 월급을 책임지는 정부 복지 사업이 있는데, 문제는

훈련받은 사람들이 작은 그룹을 만들어 그들이 속한 지역 사회 속에서 사회적 활동을 하게 했다. 가난한 자, 버림받은 자, 소외된 자들에게 헌신하는 삶을 통해 세상을 변화시키고자 하는 세이비어 교회는, 카페와 서점을 동시에 운영하는 '토기장이의 집', 자원 봉사자들이 매년 7,000시간씩 봉사하는 '콜롬비아 로드 진료소', 노숙자들의 발을 씻기는 작은 예수의 집인 '그리스도의 집', 마약, 알코올 중독 노숙자들을 위한 '사마리아인의 집', 도심 빈민 지역 저소득층의 가장 심각한 주거 문제를 해결하기 위한 '희년 주거 사역' 등을 운영하고 있다.[3]

사업 밑천이 없어서 엄두를 내지 못하는 경우가 대부분이다. "김밥 천국"은 높은뜻 숭의교회가 바로 이 문제를 해결해 주기 위해 시작한 사업이며, 7호점까지 확장할 만큼 성과를 거두었다. 교회가 일자리를 만들어 고용까지 책임지고 더 나아가 일자리가 지속적으로 확장되는 성공을 거둔 것이다. "김밥 천국"의 성공에 힘입어 이동 세차 사업을 2006년 10월에 동일한 개념으로 시작했는데 이 사업 역시 상당한 성과를 거두고 있다.

높은뜻 숭의교회는 여기서 그치지 않고 탈북자를 위한 사회적 기업을 준비하고 있다. '보이지 않는 성전 건축'이라는 의미로 시작된 희년 재단이 바로 그것이다. 건축 헌금을 하듯이 작정한 헌금으로 탈북자를 위한 사회적 기업을 만들어 이들을 통일 후에 북한 사회의 경제를 책임지는 사업가로 만들겠다는 꿈이다. 높은뜻 숭의교회는 지금도 예산의 1/3 이상을 교회 밖을 향해 사용하는 원칙을 실천하고 있다.

건강한 사역의 조건

그렇다면 이와 같은 5대 사역이 교회에서 어떤 모습으로 나타날 때 그 교회를 건강한 교회라고 말할 수 있을까?

먼저, 사역은 핵심 목적을 성취해야 한다. 예배는 출석 숫자가 많은 예배가 아닌, 영감 있고 하나님의 임재가 있는 예배로 드려져야 한다. 소그룹 교제는 많은 수가 자주 모이는 것에 치중하기보다 성도 간에 전인적인 교제를 나누는 모임이어야 한다. 선교는 파송 선교사 수, 선교헌금의 양이 아니라 모든 성도들이 선교지를 가슴에 품고 기도하며 영적, 물적으로 지원하는 것을 더 소중히 여겨야 한다. 교육은 얼마나 좋은 성경공부, 제자훈련 프로그램이 있느냐보다 교육을 통해 얼마나 많은 사람이 그리스도의 제자로 자라고 변화된 삶을 살아가는지를 따져야 한다. 봉사도 마찬가지다. 이웃을 섬기는 참된 의미가 봉사의 현장에서 살아나야 한다.

둘째로, 교회의 사역은 질적인 건강성이 양적인 것에 우선해야 한다. 「자연적 교회 성장」(NCD 역간)에서 슈바르츠는 교회가 질적 특성을 제대로 갖추고 이들이 조화로운 상호 작용을 할 때 양적 성장도 가능하다고 강조한다.[4] 슈바르츠는 5대 사역 모두가 양보할 수 없는 일정 수준 이상의 질은 확보해야 한다고 주장하며 '65법칙'을 제시한다. 예를 들어, 선교와 예배, 교육 등의 사역은 90점 이상의 점수를 얻고 있는데 봉사와 교제 사역은 65점 이하인 교회와, 뛰어난 특정 사역은 없으나 모든 영역이 65점을 넘는 교회 중 더 건강한 교회는 모든 사역이 고루 성장하는 교회이며, 이 교회는 양적으로도 성장할 가능성을 지닌 교회다. 이는 모든 사역을 탁월하게 잘해야 한다는 의미가 아니라, 교회의 각 사역이 다양한 질적 수준을 띠는 가운데 더 이상 떨어져서는 안 될 최소한의 수준을 유지해야 한다는 것이다.

셋째, 주변적인 일에 너무 소진되어 사역의 본질을 놓치거나 교회 내의 일에 너무 소진되어 정작 세상 속에서 해야 할 일을 하지 못하게 되는 것을 경계해야 한다는 것이다. 그리고 5대 사역은 각기 독립적인 의미를 지니면서도 동시에 서로에게 유익한 영향을 주면서 상호 작용을 해야 한다. 즉 각 사역이 건강하면서도 상호 유기적으로 연계되어 교회 공동체가 온전한 그리스도의 몸을 이룰 수 있어야 한다. "그들이 사도의 **가르침**을 받아 서로 교제하고,… 또 재산과 소유를 팔아 각 사람의 **필요를 따라 나눠 주며**,…**하나님을 찬미하며** 또 온 백성에게 칭송을 받으니 주께서 **구원받는 사람을 날마다 더하게** 하시니라"(행 2:42-47).

넷째, 사역에 참여하는 성도의 비율이 높을수록 건강한 교회다. 단지 주일 예배만 참석하는 것 외에 어떤 사역에도 참여하지 않는 군중[5] 또는 구경꾼이 많은 교회는 결코 건강한 교회가 아니다. 교회가 아무리 지역 사회를 많이 섬기고, 전도도 많이 하고, 탁월한 제자 훈련 성과를 나타내어도 소수의 헌신된 평신도와 목회자에 의해서만 움직이는 교회는 건강하다고 볼 수 없다. 건강한 교회는 개인의 신앙 인격체가 존중 받으면서도 각자는 서로를 위해 기꺼이 섬기고 희생함으로 공동체의 의미를 경험할 수 있어야 한다. 바로 '상호 섬김과 공동체성'의 원리가 드러나야 한다.

마지막으로, 내적인 영성과 외적인 사역이 균형을 이루어야 한다. 즉 사역은 교회 안에 머물러 있지 않고 교회 밖으로 흘러가야 한다. 미국의 세이비어 교회에서는 이를 '밖으로의 여정'이라고 부른다.[6] 교회 내에서의 영성을 중심으로 펼쳐지는 '안으로의 여정' 즉 기도, 훈련, 교제 등의 사역과 대비해서 부르는 말이다. 영적인 삶을 통해 주님을 닮아가는 삶을 추구하면서 결과적으로는 사회적 활동을 통해 지역 사회를 섬기고 세상을 변혁시키고 있는 대표적인 건강한 교회인 세이비어 교회는, 밖으로의 사역이 궁극적으로는 다른 교회와 연합하는 활동이라고 생각한다. 성도가 한 지역교회의 일원으로 지역 사회를 섬기면서 다른 교회의 사역과 만날 때 그들은 우주적 교회의 관점에서 전 세계 교회의 일원이 되는데, 이는 건강한 교회의 핵심 원리 중 '보편적 교회' 원리가 실현되는 것이라고 할 수 있다.

> **선교와 교회 연합**
>
> 기독 공동체는 두 가지 길을 걷게 된다. 하나는 내적인 길이고, 다른 하나는 외적인 길이다. 내면을 향한 여정은 내 안에서 그리고 다른 사람들 안에서 그리스도를 발견하는 것이며 그분을 통해 하나님의 임재를 경험하는 것이다. 바깥으로의 여정은 그리스도께서 이 세상에서 행하신 것처럼 나도 그 주님을 만나고 그분과 함께 일하는 것이다. 그리스도와 함께하는 것, 그리고 하나님의 나라를 이 땅에 실현하는 것이 바로 선교다. 그러므로 교회는 이 사명이 이루어지는 곳이라고 말할 수 있다. 교회의 각 구성원들은 그 교회의 사명을 잘 이해하고 또한 그것에 친숙해져야 하며 온전히 감당하기 위해 어떻게 우리가 하나의 공동체로 연합되었는지 잘 깨달아야 한다. 또한 교회는 그리스도의 몸의 한 부분이며 이 땅에 있는 여러 모습의 교회들과 서로 연합해야 할 책임이 있다. 성도는 한 지역 교회의 일원이 될 때, 동시에 전 세계 교회의 일원이 된다(「세이비어 교회」 본문 중에서).

사역 설계의 구성 요소

그렇다면 이제 교회는 이와 같은 다섯 가지 필수 사역을 어떻게 건강한 모습으로 설계할 수 있는가? 이를 위해서는 다섯 가지 요소 즉 5P가 필요하다. 우선 **목적**(purpose)이 성경적 원리에 따라 분명하게 설정되어야 하고 목적에 부합되는 적합한 **프로그램**(program)이 있어야 한다. 그리고 **사람**(people)이 잘 준비되어 높은 참여가 있어야 하고 프로그램의 **과정**(process)을 건강하게 관리해야 한다. 그리고 마지막으로는 **결과**(product)를 제대로 평가할 수 있어야 한다(<표 6.2> 참조).

구성 요소	의미	체크리스트
목적	5대 사역이 존재하는 이유	• 성경적 원리에 따른 사역인가? • 비전(존재이유, 핵심가치, 목표)의 내용과 일관성을 가지는가? • 전략 방향에 따른 사역인가? • 사역을 해야 하는 이유는 무엇인가? 사역을 하지 않을 경우 어떤 문제가 발생하는가?
프로그램	5대 사역의 구체적인 활동 프로그램	• 사역의 목적을 달성하기 위한 프로그램인가? • 담임 목사, 재정에 의해서만 움직이는 것은 아닌가? • 다른 교회에서 하기 때문에, 혹은 유행이어서 우리도 해야 한다고 생각하지는 않는가? • 우리 교회에 적합한 프로그램인가?
사람	사역을 실행하기 위한 역할과 역량	• 각 사역의 목적에 부합하는 역할을 정해 놓고 있는가? • 역할 수행을 위해 필요한 역량을 명확히 하고 있는가? • 역할과 역량을 고려하여 사람을 배치하고 있는가?
과정	프로그램을	• 적절한 계획, 실행, 과정과 결과의 점검을 제대로 하고 있는가?

	풀어 가는 방식	• 의사 결정과 의사소통 과정은 적절한가? • 부서, 담당자 간의 협력은 어느 정도인가?
결과	사역의 목적 달성 여부를 나타내는 결과물	• 각 사역의 목적을 제대로 달성했는지를 무엇으로 측정할 것인가?(목적 달성 여부, 예산의 적정성과 효과적 활용 여부, 참여자 만족도, 사역 대상자 만족도, 교회 기여도 등) • 평가하는 주기는 어떻게 설정할 것인가? 누가 측정하고 평가할 것인가? • 어떻게 피드백 할 것인가?

〈표 6.2〉 사역 설계의 구성 요소 체크리스트

목적

사역의 건강성을 위해서는 목적이 분명해야 한다. 따라서 사역을 생각할 때는 가장 먼저 "왜 예배하는가?", "왜 교제하는가?" 등에 대해 명확한 대답을 할 수 있어야 한다. 예를 들면, 예배의 경우 예배 형태나 초점을 맞출 사람, 즐겁게 참여할 수 있는 방법 등도 놓쳐서는 안 되겠지만, 이들에 앞서 가장 먼저 해야 할 일은 예배를 통해 무엇을 기대하는지, 예배의 바람직한 모습과 열매는 무엇인지를 결정하는 일이다. 건강한 교회는 모든 사역에서 명확한 목적을 제시한다. 사역에 참여하는 성도들은 자신이 무슨 의미와 목적을 가지고 헌신하는지를 잘 알아야 하며, 그 목적을 달성하기 위해 정성을 다하고, 그 목적을 의식하며 중간 점검을 해 나가야 한다. 사역에도 건강한 교회 조직의 원리인 '핵심 목적의 성취' 원리가 적용되어야 한다.

그렇다면 사역의 목적을 어떻게 발견하는가? 바로 성경에서 찾을 수 있다. 성경은 예배, 교육, 교제, 선교, 봉사에 대한 분명한 이유를 말하고 있다.

목적을 찾는 일은 성경적, 신학적 문제와 관련되어 있기에, 성경을 잘 이해하고 있는 목회자들의 지도와 참여가 필요하다.

프로그램

프로그램은 각 사역의 구체적인 활동을 의미한다. 예배의 경우 공적인 예배, 가정 예배, 성인 예배, 유년주일학교 예배 등이 있고, 교육도 유년주일학교, 청소년, 청년, 장년 각각을 대상으로 하는 여러 교육 프로그램이 있다. 프로그램은 교회의 수만큼이나 다양하고 강조점도 다를 수 있다. 각 교회는 핵심 목적, 목표, 전략 방향에 적합하게 프로그램을 운영해야 하기 때문이다.

프로그램을 설계할 때 유의할 것은, 교회가 프로그램 위주가 되어서는 안 된다는 점이다. 오늘날 교회는 프로그램을 도입하고 활성화시키면 교회를 성공적으로 운영하고 있다고 생각하는 경향이 있으며, 심지어 영적인 침체에 빠질 때 다양한 사역 프로그램을 통해 회복하려는 시도를 하기도 한다. 그러나 분명한 것은 프로그램 자체는 결코 목적이 될 수 없다. 프로그램이 영성을 회복하는 데 도움이 될 수 있을지는 몰라도 잘못하면 인간적인 수단과 방법으로 문제를 해결하려는 심각한 오류를 범할 수도 있다. 따라서 이런 오류에 빠지지 않기 위해서는 무엇보다 성경적 원리를 통해 사역의 목적을 분명히 한 후 프로그램을 결정해야 한다.

또 한 가지 유의점은, 유행에 집착해서는 안 된다는 것이다. 한국 교회의 많은 목회자와 교회 지도자들은 교회 성장을 위해 다양한 프로그램을 새롭게 도입하는 데 많은 노력을 기울인다. 열린 예배, 다양한 전도 훈련, 제자 훈련, 지역 사회 봉사, 가정 사역 등을 스스로 개발하기도 하고 모범적인 교회의 사례들을 배우기도 한다. 그러나 안타까운 사실은 다양한 프로그램 도입이 유익한 것임에 틀림없지만 제대로 정착시키지 못하는 사례가 빈번하다. 그 이유는 다양할 수 있는데, 도입하는 프로그램이 자기 교회에 적합한지를 미처 생각해 보지 않았거나 사역의 설계 원칙인 '목적' 정립이 확실히 되지 않았기 때문이다. 그리고 많은 경우, 프로그램에 온전히 헌신할 수 있는 적합한 사람이 준비되지 않았거나, 프로그램의 본질을 잘 이해하지 못하며 마땅히 헌신해야 할 대가를 지불하지 않기 때문이다. 따라서 성공적인 프로그램 설계를 위해서는 다음과 같은 질문이 반드시 필요하다. '성경적 원리에 따른 사역 목적을 달성하기 위한 프로그램인가?'

서울중앙교회 봉사 사역

서울중앙교회 봉사의 목적은 지역 사회를 섬기고, 종로 지역을 책임지고, 주민들에게 사랑받는 교회가 되며, 이로 인해 종로구청 등의 관청 가운데 사회에 봉사하는 교회로 인식되는 것이다. 이를 위해 사회봉사위원회 소속의 '더함이 팀'이 종로 3가 역에서 의료 및 법률 상담 사역을 하고 있다. 또한 '선한손 팀'이 쪽방 사역을 하고, 노숙자예배 및 주일 점심 식사를 제공하고 있다. 특이한 점은, 교회의 공식적인 제직회 조직이 체계적으로 사회 봉사에 접근한 것이 아니고 자생적인 비공식 봉사가 공식 제직회 기구로 제도화되었다는 점이다. 청년회원들이 겨울에 종묘 공원에서 공원에 나와 있는 사람들에게 따뜻한 차를 나눠 주다가 그것이 발전하여 노숙자 봉사, 쪽방 봉사 등으로 발전하고, 나중에 노숙자 예배, 효도 잔치, 쪽방 선교회 등으로 성장해 갔다. 지금도 조직상으로는 제직회에 속하지만 청년 대학생들의 자발적 참여가 많은 편이다.

서울중앙교회 봉사 사역 프로그램 중에는 자생적이고 비공식적이던 봉사가 공식화된 특이한 사례가 있다. 구성원들이 자발적으로 지역 사회를 섬기기 위해 시작한 프로그램이 교회 전체의 공감을 얻어 자연스럽게 공식적인 사역 프로그램이 된 것이다.

사람

교회 사역은 사람이 하는 것이다. 아무리 프로그램이 좋고 목적이 선해도 사람이 준비되지 않으면 원하는 바를 달성할 수 없다. 그러면 사역을 위해 어떻게 사람을 준비시켜야 하는가? 첫째는 사역을 수행하는 데 어떤 역할이 필요한지를, 즉 구체적으로 어떤 일을 해야 하며 그 일을 수행하는 데 어떤 책임과 의무가 있는지를 정확하게 정의해야 한다. 둘째는 그 역할에 적합한 역량을 갖추는 것이다. 역량이란 역할을 제대로 수행하기 위한 능력을 의미하는데, 바로 지식, 태도, 영성이다.

지식은 교회와 사역에 대한 이해를 뜻하며, 전문적인 지식과 단순한 정보를 모두 포함한다. 예배 사역 중 찬양 사역으로 섬긴다면 예배와 찬양의 의미와 찬양이 예배에서 차지하는 위치를 이해하고 음악적 지식을 겸비할 필요가 있다. 그리고 무엇보다 교회에 대한 이해가 필요하다. 교회 조직은 세상 조직과는 다른 원리로 운영되기 때문이다. 교회에는 세상에 없는 은혜 즉 성령의 인도가 있고, 교회 자체가 가지는 고유한 전통과 독특한 제도가 있다. 일에 대한 열심만 가지고 교회에서 직분을 맡았다가 교회의 고유한 조직 특성을 이해하지 못해 혼란에 빠지는 이유는 바로 이 점을 간과했기 때문이다.

태도는 사역하는 사람의 헌신, 열정, 인품, 자세 등을 의미한다. 어떤 일이든 기본적으로 건전한 태도를 요구하지만 일에 따라서 특별히 필요한 태도가 있다. 예를 들면, 장애인 사역은 사람에 대한 정성, 헌신, 인내가 더 필요하다. 안내 사역에 참여하는 사람들은 친밀함과 친절함이 더 요구된다.

무엇보다 중요한 것은 영성이다. 세상에서 그리스도인이 하는 모든 일에는 영성이 필요하지만 교회 사역에는 더욱 필요하다. 영성은 사역을 할 때 항상 하나님의 뜻을 구하고, 성령께서 주시는 능력으로 일할 수 있는 모습을 의미한다. 지식과 태도가 사역마다 각기 다른 것을 요구한다면 영성은 모든 사역과 프로그램에 공통적으로 요구되는 것이다.

과정

과정은 프로그램을 구체적으로 실행하는 것을 의미한다. 프로그램이 내용이라면 과정은 내용을 풀어 가는 방식이다. 프로그램을 실행할 때는 적절한 계획을 세우고, 행동하고, 과정과 결과를 점검하는 주기가 잘 유지되어야 하는데, 사실 교회는 이 점에서 미흡한 경우가 많다. 대개는 자원 봉사로 할 수밖에 없는데다, 계획을 세워도 바쁘거나 헌신하는 마음이 떨어지면 그 사역이 흐지부지되는 일이 허다하기 때문이다. 교회의 사역을 회사에서 하는 것과 같이 다루면 '은혜가 떨어진다'고 생각하기도 한다. 그러나 교회라고 해서 '되는 대로'(사실 교회에서는 이것을 '은혜로 한다'는 것과 구분하지 않는 경우가 많다) 사역을 하는 것은 바람직하지 않다. 느헤미야가 예루살렘을 건설하는 장면처럼, 성경에는 철저한 계획을 세우고 진행하는 과정을 살피는 일을 중요하게 여기는 사례들이 많다.

또 한 가지 중요한 것은 의사소통과 다른 부서와의 협력 문제다. 이는 사역을 설계할 때 반드시 고려해야 할 사항들이다. 한국 교회의 경우 대부분은 당회나 담임 목사에게 집중된 의사 결정 형태를 취하고 있는데, 이 경우 성도들이 원하는 바를 제대로 반영하지 못하고 성도의 주도적인 참여와 헌신을 이끌어 내는 데도 효과적이지 못하다. 의사소통의 경우에도 사역에 참여하는 성도 간에 어떻게 의사소통을 하며 어떤 방법이나 매체를 사용해야 할지를 명확히 하고, 하향식 혹은 일방적인 의사소통이 되지 않도록 주의해야 한다. 다른 부서와의 협력 관계도 사역 설계의 중요한 요소다. 교회 사역을 들여다보면 부서 간 협조가 잘 안 되는 일이 많다. 때로는 협조를 해야 할 사항들도 서로의 일에 바쁘다 보면 그냥 지나칠 수 있다.

결과

결과는 기대한 목적을 제대로 달성한 정도를 의미한다. 사역을 설계할 때는 반드시 그 결과물이 무엇인지, 그것을 어떻게 평가해야 할지를 미리 정해야 한다. 그리고 가능하면 측정할 수 있도록 지표로 만드는 것이 좋다. 안타깝게도 많은 교회들이 성도의 헌신과 재물을 사용하면서 결산에는 정확하지 못하다. 심지어는 교회에서 성과를 따지는 것에 대해 은혜롭지 못하다거나 너무 계산적이라는 말까지 하지만, 예수님도 일을 맡긴 후에 반드시 결산을 하셨다는 점을 생각한다면 이러한 태도는 결코 올바르다고 할 수 없다.

결과를 계산해 보는 것에는 여러 가지 목적이 있다. 첫째, 성과를 평가하는 의도는 누가 잘하고 잘못했는가를 밝히는 것이 아니라, 사역이 목적에 부합했는지, 과정이 성경적이었는지, 자원을 적절하게 사용했는지, 헌신하는 사람들이 적절했는지를 살피고 부족한 점은 반성하고 보완해서 더 나은 사역을 추구하는 데 있다. 둘째, 성과의 평가는 참여하는 사람들에게 긴장감을 주어 사역에 더욱 헌신하게 한다. 물론 궁극적 평가는 주님의 것이지만 사람의 나약함을 생각할 때 적절한 평가와 인정은 동기 부여와 발전을 가져다준

> **샘물교회 선교 사역의 5P**
>
> (1) 목적: 모든 족속을 제자 삼으라는 주님의 지상 명령에 따라 모든 성도가 보내거나 나가는 선교사가 된다.
> (2) 프로그램: 국내 전도, 해외 선교, 문화 선교. '1샘터, 1선교사 지원 체제' 운영. 청년 중심인 단기 선교를 장년 계층으로 확대 실시.
> (3) 사람: 전도 및 선교 사역 팀을 구성하여 국내 전도, 해외 선교, 문화 사역 등의 지원과 관리를 전담하게 한다.
> (4) 과정: 선교사 파송에는 복음전파사역위원회의 인사 위원회에서 그 자격을 심사하여 당회에 보고한다. 선교 사역 현황은 지역별 담당자를 두어 주기적으로 파악하고 교회와 후원 샘터에 보고한다.
> (5) 결과: 선교 사역의 결과를 청취하고 추가 지원 내용을 검토하기 위해 월 1회 선교 팀에서 사역을 점검하고 평가한다.

다. 셋째, 사역의 성과를 평가하는 것은 좋은 대화의 기회가 된다. 평가는 한 사람이 일방적으로 하는 것이 아니라 의사소통의 과정 중 하나다. 다시 말하면 평가를 한다는 것은 잘한 것과 못한 것, 지원을 받아야 할 것 등을 서로가 이야기하며 격려하고 문제점을 청취하는 과정이기 때문에 성도 간에 좋은 교제의 장이 될 수 있는 것이다.

사역모형과 조직모형

건강한 교회에는 '유기적 연계성과 공유의 원리'가 잘 드러나야 하는데, 사역의 경우는 그것이 더욱 필요하다. 먼저 사역은 교회의 비전 즉 존재이유,

핵심가치, 목표와 부합해야 한다. 동시에 교회의 자원이 무한하지 않기 때문에 전략적인 선택을 통해 사역을 설계해야 한다.

또한 교회의 사역은 조직모형 즉 리더십, 조직 구조, 시스템, 문화에도 상호 유기적으로 연계되어 영향을 준다. 예를 들어 지역 사회를 섬기는 일이나 이웃 전도 사역이 정해지면 그 일을 위한 부서 조직이 정해지고(조직 구조) 어떤 리더나 봉사자가 적합한지를 결정해야 한다(리더십). 또한 사역을 제대로 수행하기 위한 예산을 지원해야 한다(예산 시스템).

반대로 조직모형이 사역모형에 영향을 주기도 한다. 사역은 준비된 리더나 사역자가 어느 정도나 있느냐에 영향을 받는다. 은사가 잘 개발된 성도가 많을수록 교회는 훨씬 많은 사역을 감당할 수 있다. 또한 공동체 문화가 어떠한지에 따라 사역의 특성이 결정되기도 한다. 개방적이고 혁신적인 문화를 가진 교회는 보수적인 교회보다 새로운 사역 개발에 훨씬 적극적일 수 있다. 예산에 따라서도 사역의 규모와 프로그램, 기간 등이 정해질 수 있다.

정리하자면, 교회의 사역은 비전과 전략 방향, 교회의 조직 운영 시스템과 밀접한 관련성을 갖고 상호간 영향을 주고받는다. 이들이 서로 일관성을 갖고 상호간 부합성이 높을수록 교회 사역은 높은 질적 수준을 유지할 수 있다.

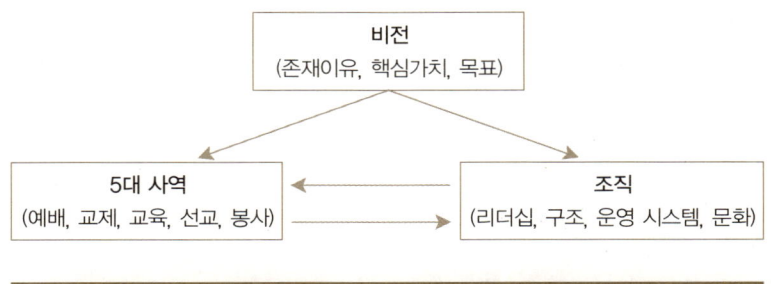

〈그림 6.1〉 비전-사역-조직의 상호 관계

토론 질문

1. 교회의 본질적인 5대 사역인 예배, 교제, 교육, 선교, 봉사를 한국 교회는, 그리고 우리 교회는 어떤 모습으로 실천하고 있는가? 건강한 사역의 조건에 비추어 이야기해 보라.

2. 5대 사역의 설계 요소인 5P를 정의해 보라. 한국 교회는 이들 중 어떤 요소가 부족하다고 생각하는가?

3. "사역은 교회 안에 머물지 않고 교회 밖으로 흘러가야 한다"는 말은 어떤 의미를 지니는지 설명해 보라. 이 말은 "교회는 그리스도의 몸의 한 부분이며 이 땅에 있는 여러 모습의 교회들과 서로 연합해야 할 책임이 있다. 성도가 한 지역 교회의 일원이 될 때 동시에 전 세계 교회의 일원이 되는 것이다"라는 말과 어떤 관련성이 있는가?

3부
조직모형

7장 리더십
8장 조직 구조
9장 운영 시스템 1
10장 운영 시스템 2
11장 교회 문화

비전과 전략, 사역모형을 세웠다면 이를 뒷받침할 수 있는 조직모형이 필요하다. 조직모형은 사역모형을 돕는 기능을 하며 사역들이 잘 수행되도록 하는 역할을 하는 것으로, 교회 조직의 필수 구성 요소인 리더십, 구조, 운영 시스템 및 문화와 이들 간의 상호 관계를 뜻한다.

교회에서 가장 큰 문제가 무엇인지를 질문할 때 목사의 설교나 예배의 질, 성도 간 친교의 문제 등 사역 관련 문제를 지적할 수 있지만, 그에 못지않은 많은 문제가 조직과 리더십의 문제와 관련이 있다. 실로 많은 사람들이 장로 선출의 문제, 목사와 장로의 갈등, 예산 집행의 불투명성, 의사 결정 과정의 혼선, 본이 되지 못하는 교회 지도자 등의 문제로 갈등을 겪는다. 그럼 점에서 볼 때 조직모형을 건강하게 세우는 것은 건강한 교회를 세우는 데 매우 중요한 문제라 할 수 있다. 유념할 것은, 조직모형의 문제는 공동체적 영성이 풍부하고 사역모형이 제대로 된다고 해서 자동으로 해결되는 것이 아니라는 점이다. 여기에는 또 다른 지식과 지혜가 필요하다.

출애굽기에서 모세는 하루 종일 재판을 하느라 바쁘고 피곤해 있을 때 장인 이드로의 충고로 지도자를 세운다. 이 이야기는 영적 지도자가 항상 조직 문제에 뛰어난 전문가는 아닐 수 있음을 보여 준다. 그러나 하나님은 질서의 하나님이시고, 자원을 낭비하는 것을 원치 않으시며, 우리가 체계적으로 일을 잘 수행하기를 원하신다. 초대교회에서는 구제 문제가 조직적으로 해결되었을 때 말씀이 왕성하여 제자의 수가 심히 많아졌다(행 6:7).

제3부에서는 조직모형을 구성하는 리더십, 구조, 운영 시스템 및 문화를 각각 들여다보고 각 구성 요소를 핵심 원리와 비전에 합당하게 합리적으로 세워 가는 방법을 살펴보자.

7장
리더십

조직모형: 교회 조직의 필수 구성 요소인 **리더십**, 구조,
운영 시스템 및 문화와 이들 간의 상호 관계

담임 목사 세습, 목회자의 부도덕, 교회 재산 관리의 사적 이용 등의 문제로 한국 사회에서 리더십을 잃어버린 한국 교회는, 리더십 부재와 영적 권위 상실의 시대를 경험하고 있다. 이런 문제가 발생한 배경에는 한국 교회가 몇 가지 측면에서 문제를 안고 있기 때문이다.

우선, 많은 한국 교회는 리더를 권력 행사의 직위로 인식한다. 이런 측면 때문에 목회자와 장로들 사이에 불필요한 갈등이 생기게 되고 주도권 싸움이 발생하게 된다. 둘째로 사역자와 평신도를 직위로 구분하여 마치 하나님의 두 백성이 있는 것처럼 인식하는 경향이 있다. 이 문제는 종교개혁 이후에 신학적으로 새롭게 정립되었지만, 오늘날 한국 교회는 다시 종교개혁 이전의 모습으로 회귀하려는 경향을 보이고 있다.

또한 리더를 세우는 과정에 문제가 있다. 고민 없이 목회자가 되고, 특정인을 장로로 세우기 위해 목회자가 편파적으로 지지를 보내는 경우가 비일비재하다. 리더가 되려는 사람과 리더를 세우는 사람 모두가 성숙하게 리더십을 세우는 과정에 무지한 것이다. 마지막으로, 많은 교회에서 리더를 세우기 위해 별다른 훈련을 잘 시키지 않는다. 임원이 되기 위해, 그리고 임원이 된 후에도 철저하게 교육 훈련을 시키고 성과를 따지는 기업과 달리 교회는 너무나 안일하게 리더를 세우는 경향이 있다.

교회 조직론에서 가장 중요한 역할을 하는 요소가 있다면 그것은 바로 리더십일 것이다. 리더십은 교회의 규모나 연령에 상관없이 어느 교회 조직에서도 필요하다는 점에 그 중요성이 있다. 또한 역설적으로 교회 내에서 가장 문제가 많은 부분도 리더십이 아닐까 생각된다. 이 장에서는 이런 문제 인식을 가지고 리더십의 본질과 구체적인 리더십에 따른 역할과 역량에 대해 설명하려고 한다. 또한 리더 개발을 위한 방안으로서 커리큘럼과 훈련 체계를 제시한다.

리더십이란 무엇인가?

리더는 비전을 설정하고, 이를 이루기 위해 사람들에게 비전을 공유시키고 동기를 부여하여 그 비전을 이루어 가도록 영향을 주는 사람이다. 그리고 더 나아가 조직을 구축하여 구성원들이 제대로 성장하도록 돕는 데 매우 중요한 역할을 한다. 리더는 조직의 비전을 세우고 조직 구성원들이 그 비전을 실행하도록 이끈다. 그러나 동시에 조직 비전의 피드백을 받고 영향을 받는다.

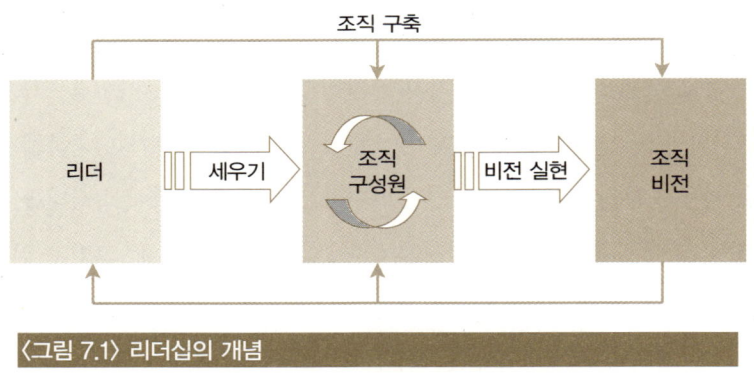

〈그림 7.1〉 리더십의 개념

따라서 리더십이란 '비전과 조직을 세워, 전체 조직 구성원이 상호 작용하면서 자기 역량을 충분히 발휘하고 조직의 비전을 실현하기 위해 자발적이고 강도 높게 헌신하도록 사람을 세워 가는 과정'이라고 할 수 있다. 즉 리더십은 한마디로 **세우기**다.

세우기는 최소한 네 가지 영역에서 이루어져야 한다. 우선 자기 세우기가 있다. 리더는 자신이 제대로 준비되어 있어야 한다. 둘째, 조직 구성원을 세우는 것이다. 중요한 것은 조직 구성원들이 제대로 비전을 실현할 수 있는 역량과 기꺼이 그것을 감당하고자 하는 헌신된 마음을 갖추는 것이기 때문이다. 셋째, 조직의 비전과 목표 세우기다. 구성원들이 왜 열심히 일해야 하고 무엇을 해야 하는지를 잘 알지 못하면 명분을 상실하게 될 것이다. 마지막으로 조직 구축이다. 아무리 비전이 제대로 세워져 있고 구성원이 역량을 갖추고 동기 부여가 되어 있다고 해도, 조직이 제대로 기능을 하지 못하면 효과적인 비전 실행이 어려울 것이다.

리더십의 네 가지 영역 세우기

다음은 네 가지 영역의 리더십 세우기에 대한 설명이다.

자기 세우기

자기 세우기는 리더십의 출발로서, 좋은 성품과 인격을 형성해 가는 것을 의미한다. 자기 세우기는 세 가지 방향에서 좋은 관계를 형성할 때 가능하다.

첫째, 하나님과의 바른 관계 속에서 깊은 영성을 지녀야 한다. 깊은 영성이 있어야 영적 힘과 영향력이 생기며, 하나님의 시각으로 성도를 바라보고 일을 처리하는 힘을 얻을 수 있다. 성경은 본래 겸손한 자였던 사울이 하나님과의 관계가 멀어지면서 리더로서의 모습을 상실해 가는 모습을 분명히 보여 준다.

둘째, 사람들과의 올바른 관계 속에서 자기를 세울 수 있다. 철이 철을 날카롭게 하듯 사람은 친구의 얼굴을 빛나게 한다(잠 27:17). 사람은 사람과의 관계 속에서 더 나은 사람이 된다. 자신이 만나는 사람들이 모두 하나님의 형상으로 지음받았음을 인식하고 그들과 더불어 진정한 공동체의 일원이 될 때 비로소 자기 존재의 의미가 진정으로 살아나게 되는 것이다.

마지막으로, 자기와의 바른 관계를 정립해야 한다. 자기를 존중하며 자존감을 키워서, 하나님과 사람들 사이에서 스스로 의미 있는 존재임을 확인해 가는 과정이 필요하다.

사람 세우기

리더는 사람을 세우는 사람이다. 즉 리더는 사람들이 성장하고 사역을 잘 감당할 수 있도록 돕는 사람이어야 한다. 한국 교회의 가장 큰 맹점 중 하나는 다음 리더를 키우지 않는다는 점이다. 담임 목사의 수준을 넘는 탁월한 사람을 부교역자로 청빙하기를 꺼리며, 탁월한 리더십을 발휘하던 담임 목사가 은퇴할 때가 되면 후임자를 염려하는 처지가 되고 만다.

성숙한 리더는 초기에는 조직 내에서 중요한 위치에 있다가도, 차츰 구성원이 자기 리더십을 발휘하게 하고 스스로는 주변적 위치로 물러나는 리더다. 구성원들이 스스로 리더가 되는 것을 셀프 리더십(self-leadership)이라고 하고, 이렇게 구성원들을 셀프 리더로 만드는 리더십을 슈퍼 리더십(super leadership)이라고 한다.[1] 궁극적으로 자기보다 더 나은 리더가 나와서 조직을 더욱 발전시켜 나가도록 할 수 있는 리더가 진정으로 개방된 마음을 가진 리더일 것이다.

사람 세우기에서 리더와 구성원의 관계에 대한 구약과 신약의 모델은 차이가 있다. 구약에서는 하나님-리더-추종자로 이어지는 수직적 관계 중심이었다면, 신약에서는 리더와 구성원이 하나님 아래에서 함께 수평적 관계를 맺고 있다.[2] 구약의 리더인 모세와 다윗, 그리고 여러 예언자와 사사의 모습은 하나님께 특별한 부름을 받고 많은 사람들을 다스리고 이끄는 리더의 모습이다. 이 때에는 리더와 구성원의 관계가 주종 관계였다. 신약에서는 한층 수평적인 관계로 전환되었을 뿐만 아니라 오히려 리더가 종이 되는 모델을 제시하고 있다. 사람 세우기는 스스로 종이 되는 섬김의 리더십을 통해서 실현된다. 섬김의 리더십을 통해 추구하는 것은 결국 섬김을 받는 사람들의 필요가 채워지고, 성장하고, 자유를 느끼면서 하나님이 주신 잠재적 역량을 충분히 발휘할 수 있게 되어 그들로 하여금 공동의 비전을 기쁨으로 성취해 가도록 하는 데 있다.

비전 세우기

리더십을 제대로 발휘하기 위해서는 조직의 비전에 대한 확고한 이해가 필요하다. 비전이 없는 경우는 세워야 하고, 있는 경우는 그것을 공유하여 조직 구성원들이 조직의 존재론적인 비전과 사명론적인 비전을 제대로 이해하도록 도와야 한다. 비전이 없어도 조직을 잘 운영하고 열심을 낼 수도 있을 것이다. 그러나 어느 시점에 가서는 열심히 조직을 위해 일해야 하는 이유와 의미를 상실하여 방향 감각을 잃고 표류할 수 있다.

리더십 이론에 등장하는 비전 세우기와 관련된 리더십은 변혁적 리더십, 카리스마적 리더십, 비전 추구적 리더십이다. 여러 명칭으로 제시되는 세 리더십의 공통적인 내용은 비전을 강조한다는 점이다.[3] 이는 리더가 비전과 사명을 제시하고, 구성원들로 하여금 자부심을 가지게 하며, 존경과 신뢰를 받는 사람이 되어야 함을 의미한다. 이런 리더십은 영감을 주는 동기 부여를 한다. 높은 기대감을 제시하고, 중요한 비전의 내용을 간단한 방식으로 전달하고 상징적 접근을 시도하여 구성원들이 자극을 받아 기꺼이 동참하게 하는 것이다.

나아가 이 리더십은 지적인 자극을 준다. 비전을 실현하고 조직을 변화시키는 것은 단지 자극과 열정만으로 이루어지지 않기 때문에, 지적인 역량을 높이고 합리성을 추구하고 주의 깊은 문제 해결 방식을 추구한다. 그러면서도 개인적인 배려를 아끼지 않는다. 개인적인 관심과 지도 및 조언을 제공함으로 관계를 형성하고 친밀함을 가지는 것이 중요한 요소다.

조직 세우기

조직을 제대로 세우는 것은 비전을 효과적으로 이루어 가는 데 매우 중요한 역할을 한다. 성도들이 아무리 역량이 있고 헌신되어 있다고 하더라도, 또한 리더가 매우 영향력이 있다 하더라도 조직이 제대로 구축되지 않은 경우에는 필요 없는 에너지의 낭비가 생긴다. 리더와 조직의 관계는 상호 영향을 주는 관계이며, 조직 구축이 제대로 되기 위해서는 리더의 역할이 절대적이다.

좋은 조직을 만드는 것은 좋은 수레를 만드는 것과 관련이 있다. 함께 수레를 끌고 가면서, 좋은 수레를 만들어 놓지도 않은 채 사람들과 좋은 관계를 가지고 수레를 열심히 끌도록 동기 부여를 해도 결과적으로는 서로 피곤할 뿐이다.[4] 또한 조직을 잘 만든다는 것은 '시간을 알려 주는 것'이 아니라 '시계를 만들어 주는 것'이다.[5] 시간을 알려 주는 리더는 일일이 구성원들의 할 일을 지시하고 리더가 없으면 일이 돌아가지 않는 시스템을 만든다. 구성원은 자연히 리더에게 종속될 수밖에 없고, 조직은 제대로 운영되지 않으며, 리더는 마치 자기가 꼭 필요한 사람인 것으로 착각하며 조직을 관리한다. 반면에 시계를 만들어 주는 리더는 구성원들이 시계를 통해 시간을 알 수 있기에 스스로 자기 일을 찾아간다.

한편 조직이 제대로 형성되면, 이제는 조직이 리더를 만들어 낸다. 이 때부터는 한동안 리더보다는 조직의 영향이 커지게 된다. 그러다가 조직이 크게 변해야 하는 시기가 오면 다시 리더가 중요해진다. 이 때 리더의 역할은 현재와는 다른 모습의 조직을 만들어 가는 것이다.

	자기 세우기	사람 세우기	비전 세우기	조직 세우기
개념	리더로 세워지기 위해 필요한 영성, 성품, 역량 및 헌신에 대한 요건	다른 사람을 격려하고, 교육하고 세워 가는 데 필요한 요건	교회의 비전에 대한 분명한 방향성과 내용을 인지하고 다른 사람과 공유하며 성취해 가는 데 필요한 요건	사역이 효과적/효율적으로 진행되도록 구조화하고 시스템적 접근을 하는 데 요구되는 요건
관련 내용	• 개인 영성 • 기본 덕목 　(겸손, 섬김 등) • 배우려는 자세	• 사람의 본성 이해 • 의사소통 기술 • 돌보는 자세 • 상담 기술 • 젊은 세대의 이해 • 현대 문화의 이해	• 존재론적 비전의 이해 • 사명론적 비전의 이해 • 핵심가치의 문화화 능력	• 조직의 구조화 능력 • 사역의 기획력 • 효율적 운영 및 추진력 • 의사결정 과정 • 회의 진행
해당 직분 사례	• 모든 직급과 직무 담당자	• 교육 담당 교역자, 위원장, 팀장 • 소그룹(셀)리더 (구역장, 성경공부 인도자)	• 담임 목사 • 비전위원회 위원장과 팀장 • 각 위원회 위원장	• 비전 및 사역 지원(행정, 관리, 재정 등) 위원장 및 팀장

〈표 7.1〉 리더십의 네 가지 영역 세우기

리더로서 장로의 역할

장로만이 교회의 리더는 아니지만 그들은 교회에서 중요한 기능을 감당하는 직분을 가지고 있다. 따라서 그 역할에 대해 네 가지 세우기와 연관하여 간단히 설명하고자 한다. 장로의 역할과 관련된 성경 구절의 예는 다음과 같다.

> 잘 다스리는 장로들은 배나 존경할 자로 알되 말씀과 가르침에 수고하는 이들에게는 더욱 그리할 것이니라(딤전 5:17).

> 너희 중에 병든 자가 있느냐 그는 교회의 장로들을 청할 것이요 그들은 주의 이름으로 기름을 바르며 그를 위하여 기도할지니라(약 5:14).

여기서는 세 가지 역할이 언급되고 있다. 첫째는 비전 세우기와 조직 세우기와 연관이 있는 '다스리는' 역할이다. 교회 전체의 방향성을 정하고, 정책을 수립하며 사역이 효과적으로 진행되도록 관리하며, 성도들이 하나님께 받은 은사들을 잘 활용하도록 촉진하는 역할이다. 다음 두 역할은 사람 세우기와 관련된 것으로, 두 번째 역할은 성도를 돌보고 섬기는 역할이다. 병든 자를 찾아 기도하고 영적으로 어려운 자를 세워 주며, 성도의 필요한 것들을 살핌으로써 육체적, 심리적, 정신적, 물질적, 영적인 필요를 다각적으로 살피고 돌보는 역할이다. 마지막으로 세 번째 역할은 말씀으로 가르치는 역할이다. 단순히 격려하는 차원을 넘어 말씀으로 가르치고 세워 주는 것이다. 말씀 사역에 은사가 있는 장로가 있다면 교회는 이 은사들을 제대로 살리는 노력이 필요하다.

이런 장로의 역할들은 헌신이 요구되는 벅찬 사명이다. 따라서 자격 있는 사람들을 세우고 지속적인 리더십을 개발하는 일이 필수적이다. 특히 중요한 것은 자기 세우기가 제대로 된 자를 세우는 일이다. 그 모든 은사를 가졌음에도 불구하고 자아가 성숙하지 못한 사람이 장로가 되어 공동체에 큰 고통과 혼란을 가져오는 경우를 우리는 흔히 볼 수 있다.

그러나 현대 사회에서 직업을 가진 평신도가 어떻게 이 모든 역할을 잘 감당할 수 있겠는가? 더군다나 교회가 커지면 한 사람이 모든 역할을 제대로 하기가 어렵게 된다. 자격 측면에서는 네 가지 세우기가 모두 제대로 이루어지는 것이 중요하지만, 여러 역할에 대해서는 은사에 따른 역할 분담을 고려해 보는 것이 필요하다. 우선 모든 장로의 기본적인 공통의 역할(예를 들면 치리, 기도 등)을 정해 놓고, 나머지는 분담을 고려하는 것이다. 모든 장로가 위원장을 해야 하는 것이 아님을 인정하고 은사가 있는 자만 맡게 하는 것도 필요하다. 어떤 장로는 돌보는 일에 집중하게 할 수 있다. 잘 가르치는 자가 있다면 목사만이 가르쳐야 한다는 편견을 버리고 평신도와 팀 사역을 해야 할 것이다.

이런 역할 분담은 '상호적 섬김과 공동체성'의 원리를 따르는 것이다. 역할을 맡은 장로들의 역량이 줄어들거나 새로운 역량이 필요해지면 언제든지 담임 목사는 재교육과 훈련을 제공해야 한다. 이는 안식년이나 임기제, 시무 장로와 사역 장로의 구분, 재훈련 프로그램 등의 제도적 뒷받침 없이는 실현하기 어려울 것이다.

리더십의 유형

리더십 유형을 나누는 가장 전형적인 구분은 **관계형** 리더와 **직무형** 리더다. 직무형은 비전 세우기와 조직 세우기에 초점을 두는 반면, 관계형은 자기 세우기와 사람 세우기에 초점을 두는 유형이다. 직무형의 경우 사람이 성장하거나 소진되는 것에는 관심이 적다. 또한 감정이 상하거나 만족을 느끼는 것에 신경을 쓰지 않으며 오로지 일이 이루어지는 데 관심을 둔다. 따라서 직무형의 경우는 교회의 행사나 프로그램 운영 및 행정적인 일에 매우 효과적일 수 있다. 반대로 관계형의 경우는 일이 되어 가는 것보다 사람이 다치거나 마음 상하지 않고 느리더라도 함께 가는 것에 더 관심이 있다. 관계형의 경우는 교사나 사람을 다루는 직분을 맡는 것이 효과적일 것이다. 이 두 유형 중

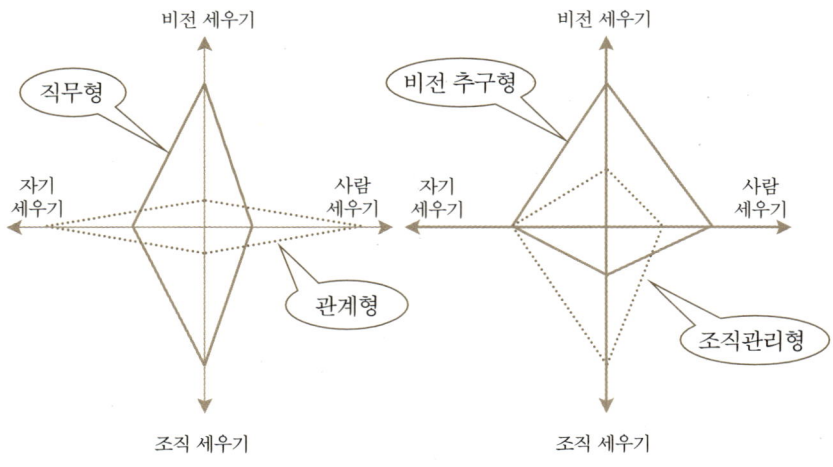

〈그림 7.2〉 리더십의 유형

어느 한 가지가 항상 옳다고 평가해서는 안 되며, 두 유형은 상황의 필요에 따라서 상호 보완적으로 협력할 필요가 있다.

또 다른 전형적인 리더십의 유형 구분은 **비전 추구형**과 **조직관리형**이다. 비전 추구형은 사람을 세우거나 조직을 구축하는 것보다 비전을 전달하여 그 비전에 동참하게 만드는 것에 관심이 많다. 이런 리더를 비전 추구적 리더(visionary leader)라고 한다. 이와는 반대로 조직 세우기에 특별한 은사가 있는 조직관리형 리더도 있는데, 꼼꼼하게 따지고 계획하며 그것을 빈틈없이 점검하면서 챙겨 가는 리더십의 유형이다.

이 중에서 어느 하나 중요하지 않은 유형은 없다. 그러나 한편으로는 모든 리더가 네 가지 세우기를 모두 잘 하기도 쉽지 않다. 따라서 각 리더들은 팀을 이루어 상호 보완적으로 네 가지 세우기를 추진해 나갈 필요가 있다.

교회에는 흔히 각 리더십 유형이 가져오는 독특한 어려움이 있다. 담임 목사가 비전 추구적 리더인 교회에서는, 끝도 없는 이상적 비전이 제시되어 부교역자와 성도들이 매우 적응하기 힘든 경우가 있다. 도대체 어느 방향으로 갈지 그리고 다음 주에는 어떻게 바뀔지 알 수 없는 상황에서 함께 동역하기가 쉽지 않은 것이다. 심지어는 특정 방안으로 계획을 세워 어느 정도 준비를 한 상태에서도 다시 방향을 수정하는 일을 지속적으로 반복하여 종잡을 수 없는 경우도 있다. 이런 경우 조직관리형 리더와 보완적으로 동역할 필요가 있고, 다른 사람들이 얼마나 자신을 따라오기 힘든지를 헤아리고 배려하는 마음이 필요하다.

반대로 관계형 리더의 경우는, 아무에게도 상처를 입히지 않으려 하다 보니 일이 제대로 되지 않고, 언제나 많은 사람이 합의할 때까지 기다리다 보니 일이 지체되는 경우가 많다. 이런 경우에는 직무형 리더가 보완적으로 동역할 필요가 있다. 이와 같이 모든 리더가 모든 영역의 은사를 발휘할 수 없으므로, 교회는 다양한 방법의 팀 사역을 통해 온전한 리더십을 갖출 수 있다.

리더 세우기

누가 교회의 리더인가? 언덕교회의 정관[6]을 보면 교회의 주권(제6조)과 복음적 분업(제7조)에 대해 논의하고 있다.

제6조(교회의 주권) 본 교회의 주권은 교회의 머리 되신 예수 그리스도께 있다.
제7조(복음적 분업) 1. 교회 운영의 주체는 교회의 구성원인 교인이며, 개 교회의 독립과 자치를 준수한다. 2. 모든 교인은 동일하게 그리스도의 종이며, 서로 협력하여 하나님의 뜻이 실현되도록 하여야 한다. 이러한 일에 있어서 교인의 지위는 동등하며, 상호간 맡은 사역을 존중해야 한다.

이 정관의 내용을 보면 교회의 주권은 예수 그리스도께 있고, 운영 주체는 교인이다. 그런 측면에서 각 교인의 지위는 동등하며 다만 맡은 사역과 역할이 다를 뿐이다. 이와 같은 목회자와 성도의 구분이 없는 '한 백성' 관점과 복음적 분업의 관점, 그리고 앞서 정의한 새로운 리더십 개념(세우기)을 가진 우리는 리더에 대한 새로운 접근을 시도할 수 있다. 즉 평신도와 목회자의 구분이 불필요하고, 누구든지 교회의 리더가 될 수 있다. 교회의 리더는 담임목사 1인이 아니라, 다양한 은사를 가진 하나님의 백성들이 함께 리더십을 발휘하는 것이다.

이런 관점에 따르면, 담임 목사가 꼭 당회장이어야 하거나 공동 의회나 운영위원회의 의장이 되어야 한다는 생각은 전통에 불과하다. 이런 전통으로 인해 지나치게 목회자 의존도가 높아지고, 잘못하면 하나님이 아닌 목회자가 교회의 주인이 되는 인본주의적 교회 운영이 이루어질 소지가 상당히 크다.

몇몇 교회는 목사가 인본주의에 빠지거나 의도하지 않은 전횡이 나타날 소지를 없애기 위해 엄격한 선발 과정, 평가제 및 임기제 등의 제도들을 통해 보완해 가고 있다. 샘물교회에서는 담임 목사의 경우 6년 시무 후 1년 안식년을 가지고, 신임 투표를 거쳐 다시 6년 재시무를 한 후에는 무조건 사임을 하도록 되어 있다. 거룩한 빛 광성교회에서는 6년 시무 후 재신임 투표를 하게 되어 있고, 연임은 계속할 수 있는 대신 정년을 65세로 단축시켰다. 나아가 원로 목사 추대 제도를 없앰으로써 지속적인 관여를 하지 못하도록 하였다.

목사의 리더십과 함께 고려해야 할 또 다른 리더십은 바로 장로의 리더십이다. 장로의 직분이 권력이 되고 은사와 역량 부재로 문제가 일어나는 것을 막기 위해서는, 장로의 선발을 엄격하게 해야 한다. 성경은 집사의 자격을 "성령과 지혜가 충만하여 칭찬 받는 사람"(행 6:3)으로 제시하고 있다. 또한 감독이 되려고 하는 사람들에게 다음과 같은 자격을 제시하고 있다.

미쁘다, 이 말이여. 곧 사람이 감독의 직분을 얻으려 함은 선한 일을 사모하는 것이라 함이로다. 그러므로 감독은 책망할 것이 없으며 한 아내의 남편이 되며 절제하며 신중하며 단정하며 나그네를 대접하며 가르치기를 잘하며(딤전 3:1-2).

감독은 하나님의 청지기로서 책망할 것이 없고 제 고집대로 하지 아니하며 급히 분내지 아니하며 술을 즐기지 아니하며 구타하지 아니하며 더러운 이득을 탐하지 아니하며(딛 1:7).

이 말씀에 나타난 '자기 세우기'와 '타인 세우기' 외에, 장로는 '비전 세우기'와 '조직 세우기'를 잘 하는 자여야 한다. 교회가 나아갈 방향과, 전 성도가 기꺼이 참여하여 비전을 효과적으로 이룰 수 있도록 돕는 조직 체제에 대한 고민과 기도가 있어야 한다.

적합한 장로를 선발하기 위해서는 선출 방식 또한 중요하다. 그래서 여러 교회들은 적합한 장로를 공정한 방식으로 선출하기 위해 다양하게 노력하고 있다. 그 중 독특한 사례는 강동교회의 사례로서, 이 교회는 일반적으로 사용하는 투표 방식을 넘어서, 성경에 나오는 장로의 자격을 열거하고 결론적으로 각 후보가 장로의 자격을 갖추었는지를 일일이 점검한다. 그래서 구성원 중 한 명이라도 자격이 되지 않는다고 생각하면 그 후보자를 장로로 세우지 않는 원칙을 가지고 있다.

많은 교회들은 장로에 대한 신임 투표제나 임기제가 있는데, 샘물교회는 장로의 경우 5년 시무를 하고 1년 안식을 하게 되어 있다. 그리고 재신임 투표를 거쳐 5년 재시무가 가능하고 그런 후에는 사역 장로로 전환된다. 거룩한 빛 광성교회의 경우는 6년 시무 후 사역 장로로 전환된다. 이 교회들은 시무 기간이나 안식년 제도 등에서 차이는 있지만 기본적으로 시무 장로와 사역 장로를 구분한다는 점과 기간을 정해 놓는다는 점에서는 동일한 관점을 가지고 있다. 임기제는 헌신을 유도하고 리더십을 갱신할 수 있는 장점이 있다. 물론 임기제도 단점은 있다. 교회에 헌신된 리더의 수가 적은 경우에는, 임기로 제한해 버림으로써 사역의 불연속성이 생기고 준비된 사람이 제대로 쓰임받지 못할 가능성이 있다. 이런 경우 사역 장로 등으로 다른 역할을 부여하여 임기가 끝난 이후에도 은사대로 쓰임받도록 하는 장치가 필요할 것이다.

리더십의 개발

한국 교회에서 현재 드러나는 주요한 문제는 일을 하는 사람이 한정되어 있다는 점이다. 여러 원인이 있겠지만, 핵심적인 것은 사람을 훈련시키지 않고 은사를 가진 자들에게 기회를 잘 주지 않았다는 점이다. 성도를 훈련하고 성숙시켜 리더십을 개발하면, 리더십 문제는 많은 경우 해결되고 사역도 힘 있게 추진할 수 있다. 리더십을 개발하기 위해서는 리더에게 어떤 자질이 필요하며 어떻게 그 자질을 키워야 하는지를 알고, 구체적 훈련 과정을 지원하는 것이다.

리더십의 자질

리더십의 자질은 크게 두 가지 차원으로 구분할 수 있다 첫 번째 차원은 존재 지향성과 사역 지향성의 구분이다. 존재 지향성이란 사역 영역과 상관없이 공통적으로 적용되는 존재 양식과 관련된 것이며, 사역 지향성이란 어떤 영역에서 무슨 일을 어떤 수준으로 하느냐와 관련된 것을 말한다. 두 번째 차원은 타고나는 것(혹은 주어지는 것)과 개발되는 것의 구분이다. 타고나는 것은 주어진 것이므로 좋고 나쁨을 판단하기가 어렵고, 유형 구분이 필요한 반면에, 개발되는 것은 좋고 나쁨을 판단할 수 있고 수준으로 나타난다. 우리는 이 두 차원을 가지고 네 가지 자질을 도출할 수 있다(<표 7.2> 참조).

	주어지는 것	개발되는 것
존재 지향성	성격과 스타일	인격과 성품
사역 지향성	적성과 영적 은사	역량(기술, 지식, 능력)

〈표 7.2〉 리더의 네 가지 자질[7]

먼저 존재 지향성과 관련된 성격과 스타일은 우리가 다양한 모습으로 관계와 직무에 임하는 존재 양식이다. 반면 인격과 성품은 얼마나 성숙한 자세와 태도로 인간 관계와 사역에 임할 수 있는지를 결정한다. 한편 사역 지향성과 관련된 적성과 은사는 관심사와 열정이 어디에 있는지를 설명하는 것으로, 어떤 영역에서 무슨 직무 혹은 어떤 역할을 수행할지를 결정한다. 반면 역량은 맡은 사역을 얼마나 탁월하게 잘 수행하는지를 결정해 준다.[8]

1. 성격과 스타일

성격(personality)이란 타인에게 반응하거나 타인과 상호 작용하는 총합적 방식을 말한다. 이것은 환경에 적응하는 독특한 방식을 결정해 주는 총체적 방식이다.[9] 이런 성격을 결정해 주는 요인에는 유전적인 것과 환경적인 것이 있다. 여기서 환경적인 것은 성장기의 배경이나 가족 환경, 친구 관계나 경험 등을 말한다. 사람의 성격은 타고난 경우가 많아서 잘 바뀌지 않는다. 흔히 사용되는 성격 유형 구분법 중 하나는 MBTI(Myers-Briggs Type Indicator)이다.[10] 많은 경우 성격은 옳고 그름의 문제라기보다는 다름의 문제일 가능성이 크다. 특정 업무의 수행에 더 적합한 성격이 있을 수는 있지만, 특정 유형의 성격을 가졌다고 해서 틀렸으니 바꾸라고 이야기하기는 쉽지 않다.

스타일의 유형은, 리더십의 유형에서 보았듯이 사람 중심형과 과업 중심형, 새로운 것을 탐색하는 비전 추구형과 일을 체계적으로 잘 수행하는 관리형이 있을 수 있다. 그러나 이런 유형 구분은 매우 인위적인 것이며, 어떤 이상적인 유형을 찾기보다 이런 구분이 가져다주는 의미와 시사점을 찾아 활용하기 위한 것이다.

2. 인격과 성품

존재 지향성과 관련된 두 번째 요소는 인격 혹은 성품인데, 이것은 우리의 가치관과 태도에 관한 것이다. 가치관과 태도는 성경에서 분명하게 말하고 있는 부분이 많다. 가치관은 의사 결정에도 영향을 미칠 뿐만 아니라 태도 형성과 행동에도 영향을 미친다. 우리가 예수 그리스도의 장성한 분량까지 자라간다는 것은 독특하게 부여된 성격을 바꾸는 것이 아니라 가치와 태도의 변화를 통한 인격 개발과 관련이 있을 것이다. 인격은 도덕적 성숙을 말하는 것이며, 어떤 대가를 치르더라도 옳은 일을 하는 데 헌신하는 것을 의미한다.[11] 인격은 또한 우리의 기호, 일시적 기분 혹은 충동에 따라서 반응하는 것이 아니라 가치와 원칙에 따라 반응하는 것을 의미한다.

성품과 인격은 특정 성격에 제한되지 않는다. 급한 성격이라고 해서 인내의 성품이 면제되지 않으며, 진지하다고 해서 희락의 열매를 맺지 않아도 되는 것은 아니다. 따라서 성격이 절대적으로 모든 것을 지배하게 해서는 안되고 성령의 지도에 복종하여 인격을 세워 가야 하는 것이다. 특히 리더는 성격을 성령으로 잘 정제할 필요가 있다. 이는 신앙 훈련으로 가능하며, 성경에 나오는 중요한 내용들에 집중할 필요가 있다. 예수님이 산상 수훈에서 가르치신 교훈들, 그 중에서 특히 팔복과 관련된 내용들(마 5:1-12), 바울의 가르침 속에 나오는 성령의 열매(갈 5:22-23; 사랑, 희락, 화평, 오래 참음, 자비, 양선, 충성, 온유 및 절제)나 사랑의 특성(고전 13:4-7), 그리고 베드로의 가르침에 나오는 덕목(벧후 1:5-8; 믿음, 덕, 지식, 절제, 인내, 경건, 형제 우애, 사랑)들을 잘 묵상해야 할 것이다.[12] 이러한 내용은 하나님과의 깊은 관계를 통한 영성을 갖추는 것과 관련이 있다.

이런 속성과 관련해서 최근 리더십의 영역에서 가장 부각되는 두 가지는 겸손과 섬김이다. 이 두 가지 성품은 예수님의 사역에서 가장 잘 드러나고 있다. 예수님이 제자들의 발을 씻기는 모습이나 십자가에서 돌아가신 것들은 겸손과 섬김의 대표적인 모습일 것이다. 경영학 이론에서도 이 두 가지는 자연스럽게 등장한다. 콜린스(J. Collins)는 좋은 기업에서 위대한 기업으로 변한 기업의 리더들은 두 가지 특성을 보였는데, 그 하나는 개인적 겸손이고 다른 하나는 전문가적 의지라고 제시하고 있다.[13] 또한 최근에는 종의 리더십(servant leadership)에 대한 책들이 나오고 있다.[14] 리더는 섬김으로 이끌고(lead by serving) 지도함으로 섬긴다(serve by leading). 리더는 위에서 군림하는 상사가 아니라 섬기는 자인 것이다.

3. 적성과 은사

적성과 은사는 존재 양식으로서의 성격과 스타일과 달리, 사역 즉 일을 하는 것과 관련된다. 사역과 관련된 이런 타고난 재능과 은사가 개발되고 활용되지 않으면 결코 역량이 될 수 없다. 타고난 재능과 영적 은사는 하나님이 주신 것이며, 좋고 나쁜 것이 있는 것이 아니라 어떤 영역에서 잘할 수 있는 잠재 능력을 나타낸다는 공통점을 가지고 있다.

둘은 차이점도 있는데, 우선 재능 혹은 적성은 모든 사람(성도와 비그리스도인 모두)에게 하나님이 주신 잠재 능력을 말하는 반면, 영적 은사는 믿는 자들에게 주신 것이다. 그리고 적성으로서의 재능은 일반적인 직업과 일상생활과 더 밀접하게 관련되어 있지만 영적 은사는 하나님의 교회를 세워 하나님께 영광을 돌리고 덕을 세우기 위해 주신 것이라는 점이다. 물론 이 두 가지는 동시에 같은 목적으로 사용될 수도 있다. 가령 지도력의 은사를 가졌다면 교회와 직업 모두를 위해 동시에 사용할 수 있을 것이다.[15]

4. 역량

사역 지향성의 두 번째 영역은 역량에 관한 것인데, 이것은 지식, 능력 및 수행 기술을 포함하는 포괄적 의미로 사용된다. 타고난 재능과 은사는 개발하고 활용해야 제대로 사역에 발휘될 수 있다. 따라서 리더가 되기 위해서는 이런 잠재적 역량인 재능과 은사를 개발하기 위한 훈련이 필요하다. 리더가 역량이 없으면 자기 역할을 제대로 수행할 수 없고 그저 구성원들이 원하는 대로 따라가기 쉽다. 역량이 있어야 탁월하게 섬길 수 있는 것이다. 역량은 후천적인 교육 훈련으로 개발이 가능하며, 적성이 있는 사람이 훈련을 받는다면 역량이 더 잘 발휘될 수 있을 것이다.

* * *

리더에게 요구되는 이런 자질은 직책에 따라서 요구되는 영역이 달라진다. 또한 책임 수준이 높을수록 리더에게 요구되는 성품과 역량의 수준도 높아진다. 개인이라면 팀에 소속되어 맡은 일을 책임 있게 감당하고 팀원과 더불어 서로 협력하면 되지만, 팀장이라면 팀의 목표 설정과 팀원 관리 및 업무의 조직화 등을 추진할 수 있어야 한다. 나아가 교회 전체의 리더라면 조직 전체의 미래와 비전을 생각해야 하고, 어떻게 준비해야 하는지를 알아야 하며 인격도 더 고상해져야 하기 때문이다. 중요한 것은, 존재 지향성과 사역 지향성의 영역을 균형 있게 견지하고 타고난 자질들을 성품과 역량으로 끊임없이 개발해 나가고자 노력하는 것이다.

리더십 양성 과정

다운교회의 이경준 목사에게 리더 양육은 매우 신경을 쓰는 부분이다. 그는 교회를 함께 섬길 핵심 리더는 일대일의 깊은 교제와 양육을 통해 길러져야 한다고 생각한다. 전도를 받아 교회 출석을 하고 이들 중 신실하게 성장하는 사람을 중심으로 제자 양육을 하며, 이들 중에서 교회의 지도자가 될 사람은 특별히 일주일에 한 번씩은 개인적으로 만나 교제하고 양육하는 시스템을 갖추고 있다. 이제 리더에게 기대되는 성장의 영역과 수준의 지표가 되는 커리큘럼과 리더 양육에 대해 살펴보자.

1. 커리큘럼 체계

커리큘럼 체계도를 만들기 위해 몇 가지 선택해야 하는 것이 있는데, 우선 교육이 필요한 영역과 수준의 문제를 결정해야 한다. 교육 영역의 문제는 앞서 설명한 세우기의 영역과 관련되어 있다. 리더가 필요로 하는 자기 세우기, 사람 세우기, 비전 세우기, 조직 세우기 외에 교회 세우기, 가정 세우기 그리고 세상 세우기의 영역이 있다. 교회 세우기는 교회 5대 사역인 예배, 교제, 교육, 선교 및 봉사의 영역에 대한 것들이며, 가정 세우기는 결혼, 부부 관계, 자녀 교육, 부모 역할 등과 관련된 영역이다. 그리고 세상 세우기는 문화 명령 즉 정치, 경제, 사회 및 문화의 영역 등을 성경적인 원리로 회복시키는 것과 관련된 영역이다.

다음으로는 각 영역에서 교육 수준을 결정해야 한다. 여러 수준으로 나눌 수 있겠지만 여기서는 세 가지 수준으로 제안하려고 한다. 기초 과정, 핵심 과정, 심화 과정인데 그 내용은 다음과 같다.

- 기초 과정(100단위): 초급 수준의 내용으로 각 영역의 기본 내용 이해를 돕는 과정. 교회의 사역 영역과 상관없이 교육을 받아야 하는 기본 공통 내용으로, 강의 중심으로 시행될 수 있는 과정이다.
- 핵심 과정(200단위): 중급 수준의 내용으로, 각 영역의 핵심적인 내용을 이해하고 학습하는 것을 목적으로 세미나 중심으로 운영되는 교육 과정이다.
- 심화 과정(300단위): 고급 수준의 내용으로 각 영역의 업무를 기획하고 실제로 리더십을 발휘할 수 있도록 하는 훈련 과정. 실습과 실행을 위주로 교육이 제공된다.

이 교육 영역과 수준에 따라서 필요한 교육 과목의 예시가 <표 7.3>에 정리되어 있다. 이 표의 내용은 어디까지나 예시이지 완결성을 지닌 이상적인 커리큘럼이 아니다. 각 교회는 실정에 따라 각색하여 사용할 수 있을 것이다.

2. 훈련 과정의 실행

이제, 언제 누구에게 무엇을 얼마나 교육할 것인가의 과제가 남아 있다. 교회 교육은 모든 성도들이 지속적으로 성장하도록 계속 진행되어야 하겠지

세우기 (아카데미)	기초 과정 (초급): 100 단위	핵심 과정 (중급): 200 단위	심화 과정 (고급): 300 단위
교육의 목표와 방법	• 교육 목표: 기본 개념 이해와 현황 파악 • 방법: 강의 위주	• 교육 목표: 심도 있는 내용의 이해 • 방법: 세미나와 토론 위주	• 교육 목표: 실천과 실습을 통한 체질화 • 방법: 참여와 실습 위주
자기 세우기 (영성 아카데미, 10단위)	• 영성 111: 기본 영성 • 영성 112: 성경의 이해	• 영성 211: 성경 학교 • 영성 212: 중보기도 학교 • 영성 213: 찬양 학교 • 영성 214: 내적치유 학교	• 영성 311: 하나님과의 동행 • 영성 312: 리더의 자기 관리
사람 세우기 (공동체 아카데미, 20단위)	• 공동체 121: 교회론 • 공동체 122: 인간론	• 공동체 221: 관계 회복 학교 • 공동체 222: 상담 학교 • 공동체 223: 교사 교육 학교	• 공동체 321: 멘토링 실습 • 공동체 322: 소그룹 리더 실습 (보조 리더) • 공동체 323: 교회 사역 전략 수립
비전/조직 세우기 (리더십 아카데미, 30단위)	• 리더십 131: OO교회 비전론 • 리더십 132: 교회 헌법	• 리더십 231: 비전과 리더십 학교 • 리더십 232: 교회 조직 학교 (교회 직분/역할/회의) • 리더십 233: 은사 발견 및 개발 학교	• 리더십 331: 비전 세우기 실습 • 리더십 332: 교회 진단과 처방
가정 세우기 (가정사역 아카데미, 40단위)	• 가정 141: 결혼과 가정의 의미 • 가정 142: 남자와 여자	• 가정 241: 아버지 학교 • 가정 242: 어머니 학교 • 가정 243: 자녀 양육 학교	• 가정 341: 가정 회복 실습 • 가정 342: 가정 사역 실습
세상 세우기 (선교사역 아카데미, 50단위)	• 선교 151: 세계 선교 동향 • 선교 152: 현대 문화의 이해	• 선교 251: 선교 학교 • 선교 252: 직업과 소명 학교 • 선교 253: 문화 사역 학교 (정치, 기업, 경제, 문화 회복)	• 선교 351: 단기 선교 참여 • 선교 352: 사회 봉사 실습 • 선교 352: 문화 사역 실습 (외부 단체 협력 참가)

〈표 7.3〉 직분자 세우기를 위한 영역 및 수준별 교육 과목 예시

만 그럼에도 불구하고 특정 시점에 꼭 필요한 교육이 요구될 때가 있다. 직분자 자격 교육과 사역자 직책 교육이 그런 것들이다. 직분자 자격 교육이란 서리집사, 안수집사, 권사, 장로 등의 직분을 맡을 이들에게 행하는 특정한 교육을 말한다. 이 경우에는 사전에 이수를 하여야 하며, 교회 실정에 맞게 지정해 놓을 수 있을 것이다.

사역자 직책 교육은 교회의 공식적인 직분(장로 혹은 집사)과 상관없이 맡게 되는 사역(혹은 직책)과 관련된 자들에게 제공하는 교육 과정을 말한다. 예를 들면 각종 교회학교의 교사, 제직회 조직상의 직책(선교위원회 위원장 혹은 팀장 등), 그리고 소그룹 리더 등의 직책을 맡는 경우 필요한 교육을 말한다. 휴스턴 서울침례교회가 목자 자격을 주기 위해 정해 놓은 훈련 과정이나 세이비어 교회가 사역에 동참시키기 위해 준비해 놓은 훈련 등이 여기에 속한다.

모든 성도들은 기본적으로 기초 과정의 내용들을 다 교육받고, 직분 혹은 직책을 맡게 되는 성도들은 부가적으로 핵심 과정과 심화 과정의 내용을 들을 수 있을 것이다. 예를 들면, 장로의 후보가 되기 위해서는 200단위 5개 과정 이상, 심화 과정 3과목 이상을 수강하고, 선교 위원장일 경우 최소한 선교 사역 아카데미는 끝내야 한다는 요구를 할 수 있을 것이다. 많은 교육을 복잡하게 받는 것이 용이하지 않을 수 있기 때문에, 다른 교회와 협력하거나 교육 프로그램을 제공하는 다른 단체를 활용하는 것도 한 가지 방법일 것이다.

하나님이 세우시는 리더

우리는 이 장에서 리더십의 정의를 새롭게 정립하고 리더에게 필요한 자질과 역량, 그리고 리더십을 세우는 방법에 대해 살펴보았다. 교회의 많은 문제는 조직의 문제요 조직의 많은 문제는 리더십의 문제임을 볼 때, 리더십이 제대로 서 있는 교회야말로 하나님이 주시는 평강과 축복을 누릴 수 있는 교회일 것이다. 따라서 리더는 반드시 필요하고, 훌륭한 리더가 더더욱 필요하다.

그러나 그 누가 그 모든 조건들을 만족시키는 탁월한 리더가 될 수 있겠는가? 그래서 야고보는 "내 형제들아 너희는 선생 된 우리가 더 큰 심판을 받을 줄 알고 선생이 많이 되지 말라"(약 3:1)라고 충고하고 있는지도 모른다. 사실 우리는 할 수 없다. 그래서 하나님의 은혜에 기댈 수밖에 없는 것이다. 하나님은 놀랍게도 연약한 자를 리더로 세우신다. 그것이 교회 리더십과 세상 리더십의 차이다. 우리가 연약함에도 불구하고 주께 의지하고 겸손히 행하면 교회의 리더십은 살아날 것이다. 이런 태도가 바로 리더에게 가장 필요한 겸손의 자질이기 때문이다.

토론 질문

1. '리더십은 세우기'라는 본 장의 정의가 제시하는 강조점은 무엇인가? 이런 정의는 기존에 알고 있는 리더십의 개념과 어떻게 다른가?

2. '한 백성' 관점에서 리더는 누구나 될 수 있다는 주장에 대해 어떻게 생각하는가?

3. '권위와 자율의 균형' 원리는 리더십에서 어떻게 구체적으로 발현되는가? 권위는 어디에서 나오는가?

4. 우리 교회 리더십 유형은 무엇인가? 이 유형이 가지는 한계점을 나열하고 보완할 수 있는 방안을 제시해 보자.

5. 우리 교회 직분자 훈련은 본 장에서 제시한 것과 어떤 유사점과 차이가 있는가? 어떤 보완이 필요하다고 생각하는가?

8장
조직 구조

조직모형: 교회 조직의 필수 구성 요소인 리더십, **구조**, 운영 시스템 및 문화와 이들 간의 상호 관계

광야에서 하루 종일 백성들을 재판하느라 대부분의 시간을 보내고 있던 모세는 자신이 과연 지도자로서 제대로 일하고 있는지에 대한 회의가 들기 시작하였다. 그 때 나타난 사람이 바로 장인 이드로였다. 그는 한마디로 모세의 방식이 잘못되었다고 평했다. "…네가 하는 것이 옳지 못하도다.…네가 혼자 할 수 없으리라"(출 18:17-18). 그는 모세가 혼자 할 수 없음을 일깨우고 능력을 갖춘 자를 백성 위에 지도자로 세울 것을 권하였다. 이것이 성경에 나오는 조직 구조화의 첫 사례다.

오늘날 한국 교회는 조직 구조와 관련한 많은 문제점을 지니고 있다. 우선 많은 한국 교회가 비합리적인 조직 구조로 인해 에너지가 소진되고 있다. 비본질적인 일에 에너지를 투여하느라 정작 본질적인 일을 놓치는 경우가 허다한 것이다. 목회자의 경우 행정 업무 과다로 본질적인 목양과 말씀 준비가 희생되고, 성도들 역시 예배와 구제, 전도와 같은 핵심적 사역보다 주변적인 일들에 힘을 소모하고 있는 경우가 많다.

또 다른 문제점은 교회 조직이 수직적이고 계층화됨으로써 모든 신자가 하나님의 한 백성이자 동등한 자녀라는 의식이 약화되었다는 점이다. 이는 더 나아가 교회의 머리 되신 주님을 인정하지 않고, 성령 하나님에 대한 민감함을 둔화시키기 쉽다는 점에서 매우 심각한 문제가 된다. 이와 관련된 또 하나의 문제는 권한의 집중화와 권력 갈등의 문제다. 의사 결정이 너무 집권화되어 있어서 평신도들이 교회 운영에 관여하기가 힘든 경우가 많은데, 이는 '권위와 자율의 균형' 원리와 '유기적 연계성과 공유' 원리를 침해하여 유기적 공동체를 세워 가는 데 큰 지장을 준다. 마지막으로, 의사 소통이 잘 이루어지지 않고 갈등 해결과 협력이 필요할 경우 부서 간 조정이 어렵다는 점도 한국 교회의 문제점이다.

이 장에서는 이와 같은 구조적인 문제를 해결하는 방안으로서, 건강한 교회를 세우는 핵심 원리를 온전하고 합리적으로 반영하는 조직 설계의 방식을 살펴보자.

조직 설계의 기본 틀

조직 구조를 설계한다는 것은 조직이 어떤 모습이 되어야 하는지에 대한 청사진을 그려 내는 것이다. 이를 위해서는 기본적인 설계 변수 및 특정 조직이 처한 상황과 여건을 고려하는 것이 필수적이다. 또한 교회 조직에 대해 성경은 무엇이라고 말하는지, 역사적으로는 어떤 조직 형태가 존재해 왔고 현재 한국의 문화적 상황에서는 그것을 어떻게 해석하고 적용할 수 있는지 등도 깊이 숙고해 보아야 할 요소다. <그림 8.1>은 성경의 렌즈를 통해 도출한 조직 구조 설계 원리와 이것이 조직 설계 변수에 영향을 미치는 과정, 교회 내외부의 요인들이 이 과정을 조절하는 흐름을 보여 준다.

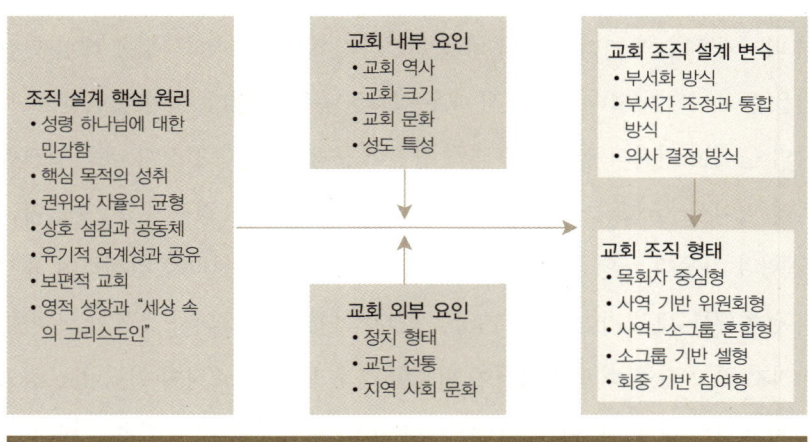

〈그림 8.1〉 조직 설계의 기본 틀

조직 설계의 핵심 원리

교회 조직 설계의 핵심 원리는 기본적으로 건강한 교회를 세우기 위한 핵심 원리와 동일하다. 모든 원리가 다 중요하지만, 교회 조직 구조에 특히 중요하게 작용하는 몇 가지를 설명하려고 한다.

우선 '핵심 목적의 성취' 원리가 적용되어야 한다. 조직화의 과정에서는 효율성을 추구해야 하지만 무엇보다 교회가 궁극적으로 추구하는 핵심 목적에 부합해야 한다. 즉 모든 조직 요소는 교회 비전과 일관성을 유지하고 비전에 기반하여 계획하고 결정되어야 한다. '권위와 자율의 균형' 원리의 관점에서는, 사역자와 평신도 간에, 그리고 교회와 개별 부서 간에 균형 잡힌 협력을 이룰 수 있는 구조를 설계해야 한다. 예수 그리스도가 교회의 머리 되시므로, 목회자와 평신도 모두가 동등하게 하나님으로부터 받은 은사를 교회를 세우는데 충분히 활용하며 자발적으로 참여해야 한다.

또한 조직은 '상호적 섬김과 공동체성' 원리를 따라, 각 구성원이 올바르게 관계 맺고 유기적 공동체를 형성할 수 있도록 설계되어야 한다. 그리고 '유기적 연계성과 공유' 원리를 따라, 교회의 모든 기능과 부서가 건강하게 세워지고 각각이 유기적으로 연결되고 통합되어야 한다. 성도들이 정보나 지식에 접근할 수 있어야 하며, 사역의 과정뿐만 아니라 결과도 공유하고 필요한 경우 책임도 함께 질 수 있어야 한다.

'영적 성장과 "세상 속의 그리스도인"' 원리는, 교회 조직이 성도들의 성장을 지향하고 그들이 세상 속에서 참된 제자로 살도록 도와야 함을 제시한다. 교회는 소그룹 공동체 내의 성경 공부나 예배를 통해 성도의 '내적 여정'을 돕고, 사역의 기회를 통해 '외적 여정'을 성숙시킬 수 있을 것이다.

이런 핵심 원리는 가능하면 모두 충족되는 것이 바람직하다. 왜냐하면 하나의 원리가 심각하게 침해되면 궁극적으로 다른 원리도 영향 받을 가능성이 높기 때문이다.

교회 내부 요인

조직 구조에 영향을 미치는 내부 요인에는 개교회의 역사, 교회 크기, 교회 문화, 성도 특성 등이 있다. 개별 교회의 역사가 오래 될수록 전통에 가깝고 최근 개척된 교회는 훨씬 개방적이고 덜 경직되어 있을 것이다. 교회가 커

거룩한 빛 광성교회 단위 조직의 운영 원칙

(1) 성령 주도의 원칙: 교회의 머리는 예수 그리스도이시며, 교회의 사역은 예수 그리스도의 뜻을 좇아 수행되어야 한다. 이를 위해 개별 사역 단위의 활동 내용과 수행 방식을 결정하는 과정에서 성령의 주도권을 인정하고, 성령의 인도에 민감하게 반응, 순종하는 것이 무엇보다 중요하다.

(2) 영적 성장 촉진의 원칙: 개별 사역 단위가 맺어야 할 중요한 열매는 일의 결과 못지않게 사역에 참여한 성도들의 영적 성장이다. 개별 사역 단위는 성도들이 성령의 음성을 분별하여 듣고 말씀에 순종하는 실천의 훈련장이 되어야 한다.

(3) 교회 비전과의 일관성 유지 원칙: 개별 사역 단위의 제반 활동은 자체 조직 단위의 부분 목표에 얽매여서는 안되며, 하나님이 거룩한 빛 광성교회

지면 여러 현상이 나타나는데, 교단의 영향력에서 조금 자유로워질 수 있어서 교단의 전통과는 거리가 있는 방식으로 조직화해 가는 경향이 생기게 된다. 또한 목회자(혹은 당회) 중심으로 가거나 소그룹(혹은 구역)을 강화시키는 방향으로 조직의 구조를 만들기 시작하는 경향이 있다. 교회의 문화와 성도의 특성에 따라서도 구조화 방식이 달라질 수 있는데, 어떤 교회는 아주 보수적이고 성도들의 평균 연령이 높아서 전통적인 조직 형태를 가질 수도 있고, 다른 교회는 개방적이고 젊은 층이 많아 좀더 자율적으로 소그룹 활동을 할 수 있도록 구조화할 수도 있을 것이다.

> 에 주신 교회의 비전과 목표 안에 통합되고 그에 맞게 조율되어야 한다. 이 원칙은 부서 이기주의에 매몰되지 않고 교회 전체의 비전 달성을 위해 사역 단위 조직들이 협력해야 함을 확인하는 원칙이다. 그러나 교회의 비전과 목표가 기계적으로 적용되지 않도록 유의해야 하며, 특별히 이 원칙으로 인해 성령의 인도에 민감하게 순종하며 반응해야 한다는 원칙이 제약받지 않도록 유의해야 한다.
>
> (4) 참여 및 공유의 원칙: 개별 사역 단위의 활동들은, 소수에 의해 효율적으로 수행되는 것보다는 좀 더디더라도 의사 결정 과정에 동역자들이 함께 참여하고 결정된 내용과 과업을 함께 공유·분담하며 수행하는 것이 더 중요하다. 이 과정을 통해 동역자들이 사역에 대한 애착과 주인 의식을 갖게 되고, 사역을 책임지고 이끌어 갈 수 있는 리더로 성장하게 된다.

교회 외부 요인

조직 구조에 영향을 미치는 외부 요인으로는 교회의 정치 형태, 교단 전통, 그리고 지역 사회 문화 등이 있다.

첫째로 정치 형태부터 살펴보면, 현대 교회들이 가지고 있는 정치 형태는 대체로 감독제, 장로제, 회중제 등으로 크게 구분할 수 있다.[1] 정치 형태가 다른 것은 성경에 대한 해석과 인간에 대한 기본 가정에 차이가 있기 때문이다. 또한 타락이 인간에 미친 영향의 정도에 대한 인식이 다르기 때문이기도 하다. 성도 개인의 가능성을 가장 인정하는 곳은 회중제이고, 역으로 가장 비관적으로 보는 곳은 감독제이다. 장로제는 그 중간인데, 인간의 가능성과 만인제사장을 인정하면서도 타락의 영향이 크기 때문에 언제든지 정도를 벗어날 수 있으며, 그런 경우를 대비해서 견제와 감시 장치를 둘 필요성을 제시하고

	감독제 (Episcopal)	장로제 (Presbyterian)	회중제 (Congregational)
특징	• 권위가 강한 성직자가 조직을 책임지는 형태 • 사도직 전승의 중요성 강조	• 교인들이 선택한 대표자들에 의해 관리되는 형태 • 정치의 중심은 장로이며, 기본 원리는 사역의 동등성(Parity of the Ministry)	• 교인들에 의해 조직이 관리되는 형태 • 평등주의적이며 성직자는 회중이 위임한 사항에 대해서만 권한을 행사
전형적인 교회	로마가톨릭, 성공회, 감리교	장로교회, 개혁교회	회중교회, 침례교회

〈표 8.1〉 현대 교회들의 정치 형태[2]

있다. 이와 같은 교회 정치 형태 중 어떤 것에 속하느냐에 따라서 개별 교회의 구조가 영향을 받을 것이다.

둘째로, 정치 형태와 밀접하게 관련되어 있는 것이 교단의 전통이다. 예를 들면 같은 장로교회에서도 교단의 비전과 전략적 방향에 따라 전통적인 장로교 모습을 변형시키기도 한다. 교회는 기본적으로 예수 그리스도를 머리로 하는 그의 몸이기에, 머리 되시는 그리스도의 뜻이 몸에 잘 전달되도록 하는 것이 중요하다. 조직이란 바로 그분의 뜻을 몸에 잘 전달하는 과정으로 볼 수 있다. 문제는 누가 그분의 뜻을 가장 잘 분별할 수 있는가 하는 것인데, 그것이 목회자를 통해서냐 평신도를 통해서냐에 따라 교회 구조가 매우 달라질 수 있다. 또한 의사 결정 과정에서 전원이 합의를 이루는 것이 좋은지 다수결로 의결하는 것이 좋은지 등에 대한 관점에 따라서도 교회의 구조는 많은 영향을 받을 수 있다.

마지막으로, 현재 교회가 속해 있는 사회의 사상과 문화적 배경을 도외시할 수 없다. 한국 사회의 조직 형태를 역사적으로 거슬러 올라가면, 조선 시대에 이미 관료제 같은 정부의 조직이 있었다. 이후 일제 시대에 오면 식민 통치를 통해 군사적 조직이 뿌리를 내렸고, 해방 이후 군사 혁명이 일어나고 그 후 30년 이상 군부 통치가 이루어졌다. 나아가 이후 경제개발 시대에는 군사적 관리 원리가 기업 조직에도 많이 도입되고 실행되었다. 이러한 전통으로 인해 한국의 조직관리는 위계가 분명하고 직위의 권력화를 낳는 수직적인 상명하달식 모델을 이어 왔다.[3] 이러한 문화는 교회에도 들어와 있어서, 직분을 기능이 아닌 직위와 권리로 인식하고, 과정을 무시하는 경향이 있으며, 수직적이며 관료적인 조직 체계가 만연해 있다. 이는 사회 문화적 요인이 교회에 미치는 부정적 영향이라 할 수 있다.

교회 조직의 설계 변수

조직의 구조 형태를 결정해 주는 중요한 설계 변수에는 1) 부서화 방식, 2) 부서 간 조정과 통합 방식, 3) 의사 결정 방식이 있다.[4] 이 설계 변수 각각을 어떻게 선택하느냐에 따라서 종합적인 조직의 형태가 결정된다.

부서화 방식

부서화를 위해 가장 고려해야 하는 요소는 업무의 상호 의존성이라고 할 수 있다. 즉 상호 작용이 많은 개인과 집단을 부서로 묶는 것이다. 부서화의 기준은, 전통적 위원회 조직의 경우 5대 사역을 중심으로 형성되어 있고, 구역의 경우 대부분 지역별로 그룹화되어 있으며, 교육 기관인 경우 연령대별로 그룹화되어 있다.

서울중앙교회의 사례를 보면, 교회학교(영아부, 유치부, 초등부, 중고등부, 대학부, 미혼 청년부 등)와 장년 모임(부부 청년회, 남전도회 4개, 여전도회 6개, 권사회)을 연령대별로 그룹화하였다. 지역별로 그룹화를 한 대표적인 예는 구역 모임인데, 2005년 기준으로 총 18개 구역으로 편성하였다. 사역별 그룹화의 예로는 제직회 조직에서 사역을 중심으로 예배, 찬양, 전도, 중보기도, 사회 봉사 등을 위한 위원회를 구성한 것인데, 9개 위원회와 31개 팀으로 구성되어 있다.

부서간 조정과 통합 방식

직무의 분업화와 부서화 작업을 하고 나면 어떻게 개별 과업이 조직이 원하는 전체 과업으로 통합될 수 있을지를 생각해야 한다. 특히 교회의 규모가 커지게 되면 필연적으로 업무가 분업화되어 어떻게 이를 통합해 갈 것인지의 문제가 대두된다. 여기에는 일반적으로 세 가지 방식이 있다.

첫째, 행동 계획을 통해 미리 바람직한 목표를 설정해 놓고 그것을 이루어 가는 과정에서 서로 맞추어 가는 방식이다. 큰 행사를 여러 부서가 함께 준비하는 경우 미리 어떤 부서가 어떤 일을 언제 협력해야 하는지 등에 대한 사전 협의를 해 두는 것이다. 많은 한국 교회에서는 각 부서가 자체 과업에 대한 계획은 하지만 협력과 조정과 관련된 일은 자신의 일이라고 생각하지 않는 경향이 있다.

둘째, 미리 목표를 정해 놓고 그 결과를 관리하는 성과 통제 방식이다. 성과에 포함될 수 있는 내용은 다음 네 가지로 구분하여 적용할 수 있다.

(1) 사람 관점: 참여한 부서(팀)원들의 만족도, 성장 및 전체 부서(팀)의 공동체 형성 정도
(2) 사역 관점: 사역을 통해 처음 이루고자 한 공통 목적의 성취 여부와 사역 대상자의 만족 정도
(3) 재정 관점: 예산의 적정성과 효과적 활용 정도
(4) 교회 관점: 비전과의 적합성, 조정과 협력 및 교회 조직에의 기여 정도

이것을 사안에 따라 주별이나 월별, 분기별, 혹은 1년에 한 번이라도 시도하게 되면 사역 자체뿐 아니라 그 사역이 실제 목적에 맞게 성도와 이웃을 섬기고 교회를 세우는 데 도움이 되는지를 점검해 갈 수 있을 것이다.

마지막으로 교호적 통합 방식은 위의 두 가지 방법이 잘 통하지 않는 경우에 활용할 수 있다. 교회에서 흔히 사용할 수 있는 방법은 태스크포스나 위원

항목	세부 항목	지급 원칙	평가 (1-10점)
사람 관점	부서(팀)원들의 만족도	참여한 부서(팀)원들이 만족하며 의미를 느꼈습니까?	
	부서(팀)원들의 성장	부서(팀)원들이 사역에 참여하면서 신앙적 성장이 있었습니까?	
	공동체 형성	사역을 통해 진정한 공동체의 경험을 하였습니까?	
사역 관점	일의 성취	처음에 이루고자 하는 사역의 목적이 이루어졌습니까?	
	사역 대상자 만족	사역의 대상자들이 만족합니까?	
재정 관점	예산의 적정성	예산이 적정하게 배정되고 확보되었습니까?	
	효과적 활용	주어진 예산이 효과적으로 활용되었습니까?	
교회 관점	비전과의 적합성	부서(팀)의 사역이 교회 비전에 잘 부합했습니까?	
	조정과 협력	사역을 하면서 상위 부서와 다른 부서(팀)의 협력과 조정이 잘 이루어졌습니까?	
	조직적 기여	사역을 하는 가운데 교회의 리더십, 문화, 운영 시스템, 사역 방식 등에 기여를 하였습니까?	

〈표 8.2〉 부서(팀) 활동의 평가 기준

회를 활용하는 방식이다. 각 위원회에서 한 명씩 차출하여 팀을 구성하여 정보를 교환하고, 업무를 조정하며, 협력을 구할 수 있을 것이다. 또 한 가지 방법은 전임 통합자를 세우는 것이다. 제직회 총무를 세워 각 위원회 활동을 주도적으로 조정하고 통합하게 하고 목회자 그룹의 총무와 상호 작용하면서 협력하게 할 수 있다.

어느 사례 교회의 경우, 개별 사역위원회는 산하 단위 팀들의 협의체로서 단위 팀 간 업무조정과 사역 방향 조율, 개별 단위 팀이 필요로 하는 지원을 원활하게 확보하는 역할을 수행하며, 이를 위해 개별 사역위원회 내에 해당 사역을 전체적으로 기획하고 조정하는 역할을 담당할 몇 명의 기획위원을 두고 있다. 기능별 위원회는 해당 기능 분야의 전문성을 갖춘 인력을 중심으로 구성하며, 개별 사역 단위의 사역과 활동을 전문적 식견을 갖고 지원하고 있다. 기능별 위원회는 개별 사역위원회에 관련 기능 담당자를 파견, 교육, 훈련함으로써 해당 기능에 대한 전문적 역량을 바탕으로 개별 사역을 효과적으로 지원할 수 있도록 하며, 동시에 다양한 사역 단위에 걸쳐 이루어지는 해당 기능이 전체적으로 통합되도록 관리하게 하고 있다.

또 다른 특징은 열린제직회 산하에 운영협의회를 둠으로써 교회 운영 및 사역의 전반적인 상황을 종합적으로 검토하고, 각 단위 조직 간 의사소통을 원활하게 하며, 각 단위 조직이 교회의 사명 및 비전 달성에 부합한 방식으로 운영되도록 사역 방향을 자율적으로 협의·조정하는 역할을 수행하게 한다는 점이다. 뿐만 아니라, 교회의 주요 사안에 대해 당회가 의결하기 전 평신도의 의견 수렴 과정으로서 운영협의회에서의 협의를 거치도록 규정하고 있다. 운영협의회는 각 위원회 위원장, 당회 서기, 수석 부목사, 행정실장 등으로 구성되며, 의장은 운영협의회의 추천과 당회의 인준을 받아 당회장이 임명하며, 기획위원회가 그 운영을 지원하도록 하고 있다.

의사 결정 방식

규모가 작은 교회에서는 담임 목사가 모든 중요한 결정을 해도 큰 무리가 없을 수 있으나, 조직의 규모가 커지고 복잡성을 더해 가면 의사 결정 권한을 위임하는 것이 필요하다. 주로 목회자나 당회에 의사 결정권이 있으면 집중화되어 있는 것이고, 일선 부서에 위임되어 있는 경우는 분권화되어 있는 경우다.

앞서 언급된 사례 교회의 또 다른 특징은 평신도 주도적 운영을 기본 원칙으로 하고 있다는 점이다. 개별 위원회나 위원회 산하 단위 팀의 자체적인 의사 결정을 존중하며, 그 과정을 평신도들의 사역 참여의 장이자 신앙 훈련의 장으로 삼도록 하고 있다. 사역 담당 교역자와 시무장로는 개별 위원회에 배치되나, 전면에서 이끌어 가기보다는 해당 사역위원장과의 긴밀한 협의를 바탕으로 개별 사역이 원활하게 이루어지고 교회의 비전을 중심으로 단위 조직 간 유기적 협조가 이루어지도록 단위 조직의 사역을 후원하는 역할을 수행하도록 하고 있다. 아울러 평신도들이 사역을 수행해 가는 과정에서 리더로 세워져 갈 수 있도록 지도하고 지원하는 역할을 수행하도록 하고 있다.

여기서 생각할 수 있는 과제는 목회자와 장로 및 평신도의 업무 분담을 명확하게 하는 것이다. 목회자는 주로 전임 사역자이기에 많은 시간을 들여 교회 일에 참여한다. 그런데 평신도들이 교회 일을 위해 낼 수 있는 시간은 그리 많지 않다. 따라서 봉사의 시간상의 측면에서나 전문성의 측면에서 보았을 때 목회자들이 알아서 해나가는 것이 더 효율적으로 처리될 수 있을 것으로 판단된다. 그러나 이렇게 되면 다른 측면에서는 문제를 야기시킬 수 있다. 한가지는 교회의 많은 행사나 프로그램 운영 등의 행정업무를 목회자가 맡아 하게 되면 더 본질적인 일을 적게 하게 되어 효과성을 이루어갈 수 있는가 하는 문제가 생길 수 있다. 또한 전체 성도의 사역화 원리와 권위와 자율의 균형문제도 추구하기가 어렵게 될 수 있다. 따라서 어떤 사역을 제직들에게 넘기고 어떤 일에 집중할지를 평가하고 분석을 해보아야 한다.

또 다른 사례 교회는 사역이 위원회 중심으로 이루어져 비교적 분권화되어 있다. 각 사역위원회의 책임 장로는 일체의 결재권이 없으며 단지 위원회 산하 팀에 대한 지원과 부서 간 조정 역할만 한다. 결재권은 부장-팀장에게 전적으로 위임되며, 예산을 초과하는 경우 또는 위원회 산하 팀 간 예산이 전용되는 경우만 책임장로가 결재한다. 그리고 예산에 없는 항목의 경우는 당회의 의결과 제직회의 결의를 거쳐 지출한다.

2004년까지 권사 대표, 집사 대표, 교사 대표, 청년 대표 등의 운영위원이 당회에 참석하는 열린 당회를 운영해 왔으나, 사역위원회가 중심 조직이 된 이후 대부분의 사역이 위원회 차원에서 이루어짐에 따라 운영위원회를 폐지했다. 당회 안건의 경우 당회장인 담임 목사가 제출하는 것도 있지만 사역위원회 관련 사항은 책임장로 또는 팀장이 안건을 미리 제출하며, 의사 결정 및 승인 사항, 단순 보고 사항, 참고 사항 등으로 나누어 처리한다. 사역 관련 사항의 대부분은 사역위원회에서 자율적으로 처리된다. 또한 특별한 사역이 있을 경우는 대부분 위원회나 태스크포스 팀을 구성하여 진행하기 때문에 교회 구성원 중 누군가 독단적으로 업무를 처리하는 경우는 거의 없다.

조직 구조 형태

조직 구조 형태란 앞서 설명한 설계 변수들의 특징을 종합했을 때 나타나는 가시적인 모습을 말한다. 교회 조직의 구조 형태는 목회자(혹은 당회) 중심형, 사역 기반 위원회형, 사역-소그룹 혼합형, 소그룹 기반 셀형 및 회중 기반 참여형 등으로 구분할 수 있다.

목회자(혹은 당회) 중심형

담임 목사가 전반적으로 의사 결정을 하며, 목회자 위주의 교회 운영을 평신도들이 지원하는 형태를 말한다. 교회가 작을 때는 한 명의 목회자가 단독으로 대부분의 사역을 감당하고, 교회가 커지면 목회자 그룹이 중심이 되어

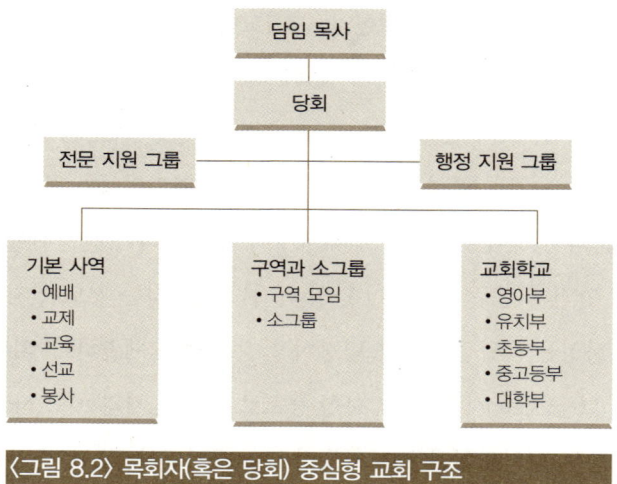

〈그림 8.2〉 목회자(혹은 당회) 중심형 교회 구조

사역을 감당하게 된다. 이 형태를 견지하는 배경에는 목회자가 전문 교육을 받았고 대부분 전임으로 일을 하기 때문에 주로 주말에만 봉사하는 평신도들에 비해 사역에 더 적합하다는 생각이 깔려 있다. 그러나 이 형태는 평신도들이 수동적 존재가 되고 함께 공동체를 이루어 가야 한다는 원칙을 저해한다는 점에서 한계를 가지고 있다. 이 모델은 '권위와 자율의 균형' 원리나 '상호적 섬김과 공동체성' 원리가 무시되지 않도록 주의를 기울일 필요가 있다.

장년 성도가 200여 명 모이는 미국의 한 침례교회는 장로나 집사 없이 목회자 중심으로 운영된다. 그러나 현재 '목자 양성소'가 된다는 비전을 가지고 목장의 활성화를 위해 노력하고 있으며, 목자들이 중심이 되어 교회의 예배와 각종 행사에 성도들의 참여를 유도하고 있다. 따라서 이 교회는 현재 소그룹 기반 셀형을 지향하며 과도기적 성격을 띠는 경우라고 볼 수 있을 것이다. 이런 사례를 볼 때 우리는 교회가 성장해 가면서 자연스럽게 조직모형을 수정해 가는 것을 알 수 있다.

사역 기반 위원회형

사역 기반 위원회형이란 교회의 5대 사역 중심으로 부서화되어 있고, 의사 결정 방식은 위원회에 집중화되어 있으며, 소그룹과 비공식 집단의 활성화가 낮은 교회 구조를 말한다. 이 위원회들은 제직회의 기본 단위가 되며, 의사 결정은 위원장 및 팀장 수준에서 이루어진다. 목회자들은 각 위원회에 소속되어 함께 사역을 하지만 의사 결정에 직접 관여하는 것을 제한한다.

이런 위원회 조직은 자칫 잘못하면 위원회 중심으로 경직되어 있어서 '핵심 목적의 성취' 원리와 대치될 가능성도 있으며, 위원회 간 협력과 조정이 어려울 경우 '유기적 연계성과 공유' 원리가 잘 반영되지 않을 가능성이 높아

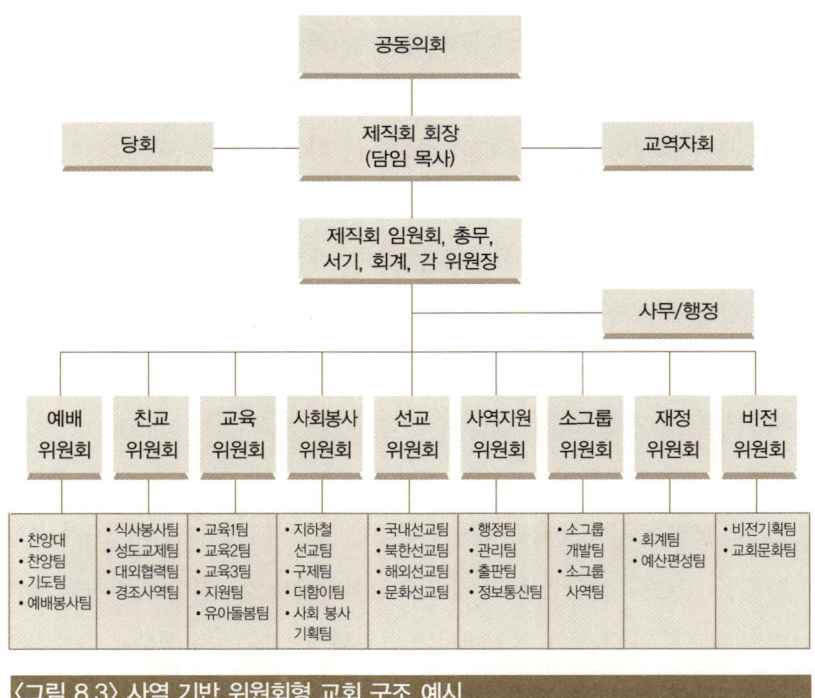

〈그림 8.3〉 사역 기반 위원회형 교회 구조 예시

진다. 뿐만 아니라 선교나 사회 봉사 위원회에 소속되지 않은 경우 외부 사역에 동참할 수 있는 기회가 한정될 소지가 있어서 균형 잡힌 사역을 할 수가 없게 된다.

한 사례 교회의 조직은 2005년까지 전형적으로 사역 기반 위원회형에 속했다(<그림 8.3> 참조). 그러나 2004년에서 2005년으로 넘어오면서 총 14개 위원회 46개 팀 체제에서 9개 위원회와 1개의 임시 위원회 및 31개 팀으로 축소 통합하는 과정을 거쳤다. 그리고 2005년도에 구역을 없애고 소그룹 체제로 전환하였고, 지회 모임은 월례회 정도만 남기고 사실상 소그룹 중심으로 조직을 변화시키고 있는 과정 중에 있다.

2005년 현재 제직회 조직은 5개의 핵심 사역 관련 위원회와 사역 지원 위원회, 재정 위원회가 있고, 소그룹을 강화하기 위해 소그룹 위원회가 있으며, 비전 2010 실현을 위해 비전 위원회가 있다. 비전 위원회는 비전 관련 위원장들이 모여 조정하고 정책을 결정하는 위원회다. 위원장은 장로들이 맡고 있으며, 팀장은 집사 혹은 권사들이 맡고 있다. 특이한 점은 각 위원회에 간사 한 명이 있어 위원회의 총무 역할을 하며, 비전 기획 팀원이 되어 조정 및 공유 역할도 하고, 비전 2010의 원활한 추진을 독려하기도 한다.

사역-소그룹 혼합형

사역-소그룹 혼합형이란 교회의 5대 사역 중심의 부서와 소그룹 형태가 매트릭스 모양으로 동시에 존재하는 형태를 말한다. 여기에는 두 가지 형태가 있을 수 있는데, 하나는 사역 기반 위원회형에서 소그룹을 강화하는 형태를 띠는 것으로 교회 전체 차원에서는 위원회 중심의 조직 형태를 유지하면서도 소그룹의 활성화를 통해 작은 교회의 모습을 동시에 추구하는 형태라고 할 수 있다. 다른 하나는 소그룹이 중심이 되어 활동하면서 위원회의 지원을 받는 형태가 있다. 소그룹 중심의 사역을 하다 보면 행정적 지원 및 전문적인 사역 지원이 필요해지기 때문에 이런 혼합된 형태를 띠는 것이다. 이런 혼합형은 잘 운영하면 두 가지 장점을 모두 살릴 수 있지만, 잘못 운영하면 어느 하나에 치우치거나 모두 활성화되지 않는 애매한 상태가 될 수 있다. 이런 조직의 가장 큰 과제 중 하나는 사역을 책임지는 위원장 그룹과 소그룹을 책임지는 리더들 간의 의사소통 문제다. 이 두 체제를 어떻게 조정하느냐에 따라서 이 유형의 효과가 결정된다.

이 조직 구조 형태를 잘못 운영하게 되면 사역 영역의 리더와 소그룹 영역의 리더를 모두 대해야 하는 상황 때문에 조직관리에 신경 쓰느라 성령 하나님에 대한 민감함이 둔화될 여지가 있다. 나아가 해당 부서에 신경 써야 할 것이 많아 '핵심 목적의 성취' 원리에도 어긋날 수 있다. 뿐만 아니라 권위만 남고 자율이 상실될 가능성도 존재한다.

사례 교회 중 한 교회는 2006년까지는 5대 사역을 중심으로 한 사역 기반 위원회형이었으나 2007년부터 가정교회로 전환하면서 사역-소그룹 혼합형으로 조직 구조를 변경하였다(<그림 8.4> 참조). 이는 소그룹이 중심이 되면서 소그룹인 목장 사역과 이들을 지원하는 사역으로 구분하였다. 먼저 소그룹인 목장은 5가정 단위로 구성되었고, 5-6개의 목장을 관할하는 초원, 여러 초원을 관할하는 평원, 이들 전체 관할하는 목장 사역 센터를 두어 담임 목사가 총괄하도록 하였다. 목장 사역 센터 산하에는 목장 사역을 직접적으로 지원하는 목장 지원팀, 작은 목자 훈련원, 전도/선교 지원팀, 교회 봉사팀을 두었다. 교회 전체의 사역과 관련된 것은 소그룹을 지원하는 별도의 전문 사역팀을 두었는데, 예를 들면 예배 사역, 지역과 이웃을 대상으로 하는 섬김 사역, 교회의 행정 및 재정 관리 등을 하는 사역 지원팀이다.

각 사역팀은 기본적으로 장로가 아닌 핵심 리더가 되는 집사들이 팀장으로 임명되었다. 당회는 전체 교회가 나가야 할 방향이나 사역을 책임지고, 구체적인 실무 사역들은 평신도들이 적극적으로 참여할 수 있도록 하기 위해서다. 또한 실제로 일어나고 있는 사역을 중심으로 조직을 만들었고 예산도 부여했을 뿐 아니라 예산으로 정해진 사역비는 부서장이 자율적으로 사용할 수 있기 때문에 기존의 제직부서보다는 부서 활동이 많이 활성화되어 있다. 또한 비전 2010의 핵심가치 중 하나인 '성도가 사역하는 교회'와 전략 방향 중 하나인 '팀 사역'을 실천하기 위해, 지도 교역자 제도를 없애고 모든 사역

〈그림 8.4〉 사역-소그룹 혼합형 교회 구조 예시[5]

은 팀장 산하에서 평신도 부장이 책임을 지도록 했고 교역자는 지원 스태프로 역할을 하게 하였다. 규정화되어 있지는 않으나, 부서장의 임기를 대부분 2년 임기제로 하여 사역의 지속성과 일관성을 높이도록 하고 있다.

소그룹 기반 셀형

소그룹기반 셀형이란 비교적 의사 결정이 분권화되어 있으며, 소그룹이 활성화되어 있고, 그 소그룹이 자충족적인(self-sufficient) 작은 교회의 역할을 감당하는 것을 기반으로 교회가 운영되는 구조를 말한다. 셀형의 조직 구조는 중국의 가정교회처럼 가정교회 자체가 하나의 독립된 단위로 존재하는 것에서부터 목회자 중심의 하향식 방식에 가까운 셀형, 그 중간에 위치한 형태에 이르기까지 다양한 유형이 존재한다. 여기서는 그런 구분을 하지 않고 소그룹 기반으로 어느 정도 독립성을 가진 작은 단위가 활성화된 형태를 통칭하는 것으로 사용한다.

가정교회 형태를 가진 휴스톤 서울침례교회의 사례를 응용하여 만든 조직도를 보면 소그룹사역원이 중심이 되어 있다(<그림 8.5> 참조). 전통적인 위원회 조직에서는 소그룹 위원회가 다른 위원회와 같은 비중으로 나열되는 하나의 위원회에 불과하지만 셀형 조직에서는 소그룹 사역원이 중심이 되고, 다른 사역 관련 부서들은 소그룹을 기획하고 조정하고 지원하는 역할을 하게 된다.[6]

전통적인 목회자(당회) 중심형에서 소그룹 기반 셀형으로 전환한 사례는 성남 성안교회다. 성남 성안교회는 예배, 선교, 교제, 운영, 관리, 교육, 재정 등의 전통적인 부서가 남아 있으며, 장로가 국장의 직책을 맡고 집사들은 부장의 역할을 한다. 그러나 가정교회 중심으로 사역하기 시작한 이후부터는

〈그림 8.5〉 소그룹 기반 셀형 교회 구조 예시

실제 전통적인 부서의 독립적인 역할이 점차 사라지고 목장을 지원하는 사역으로 전환되고 있다. 예를 들면, 예배국의 안내 사역, 교제국의 친교, 새신자, 구제 사역, 운영국의 식당 관리, 차량 관리, 봉사 사역 등은 실제적으로 목장을 묶은 초원 단위에서 이루어지고 있다. 따라서 이제 가정교회가 거의 정착되었다고 판단하고 있는 성안교회는 전통적인 부서를 없애고 가정교회를 실제적으로 지원하는 역할만 남길 계획을 가지고 있다. 이를 위한 사전 준비 작업으로 가정교회 사역국이라는 것을 새롭게 조직에 편성했다. 향후에는 가정교회 사역국이 교회의 사역을 초원 단위에 연결, 지원하고 실제적인 사역을 초원 단위로 전개할 예정이다. 또한 일부의 중직자 내지 소수의 헌신자만 참여해 온 전통적 교회 사역에 거의 모든 성도가 1인 1사역을 목표로 참여하게 될 것으로 예정하고 있다.

요즘은 소그룹 활동이 매우 중시되고 있다. 셀 교회 혹은 가정교회 등의 이름으로 각 교회마다 이 구조를 마치 유행처럼 도입하고 있다. 그러나 성경에서도 소그룹의 중요성을 제시하고 있다는 점에서, 유행으로만 생각할 문제라기보다는 교회의 본질적 활동과 관계가 있다고 보아야 할 것이다. 셀교회 구조는 셀의 독립성이 높다는 특징이 있다. 기본적으로 셀이 자충족적이고 자율적이다. 또 다른 특징은, 셀 내에서 교회의 기본 5대 사역이 통합적으로 이루어진다는 점이다. 사역 기반 위원회 조직의 경우는 5대 사역을 담당하는 위원회가 따로 있고 각 사역에 대한 기획과 실행이 위원회별로 이루어지면서 필요 시 소그룹의 협력을 얻는 반면에, 소그룹 기반 셀형의 경우는 전체 사역이 소그룹 내에서 이루어진다. 마지막으로, 셀 구조에서는 셀 자체가 교회의 역할을 수행하기도 한다. 5대 사역뿐만 아니라, 정도의 차이는 있지만 성찬 예식 등과 같이 지역 교회가 감당할 부분을 소그룹 차원에서 자체적으로 실행하는 적극적 형태도 있다.

셀형 구조는 다음 몇 가지 사항에 유의해야 한다. 첫째로 사역의 전문성이 떨어질 수 있다. 소규모 그룹이 전체 사역에 관여하기 때문에 참여 의식이나 적극성은 있을 수 있지만 소그룹에 따라서는 수준에 많은 차이가 있을 가능성이 있다. 이러한 문제점을 극복하기 위해서는 전문적 지원이 교회 차원에서 이루어져야 한다. 즉 선교나 훈련 등 체계화된 전문적 지원을 해주는 방안이다. 그렇지 않으면 너무 소그룹 중심으로만 사고하여 지역 교회의 하나됨과 보편적 교회의 원리에서 벗어날 가능성도 있다. 휴스톤 서울침례교회의 경우 가정교회들이 모인 전체를 연합교회라는 표현을 사용하여 완전한 지역 교회로서의 면모를 형성하고 있다.

두 번째 문제는 셀 리더의 준비성이다. 셀 리더가 양육되지 않은 소그룹화는 건강성과 성장에 한계가 있다. 리더가 셀의 방향성과 영혼을 바라보는 관점을 성숙시키고 사람을 돌볼 준비가 되어 있지 않으면 소그룹은 도태될 수밖에 없다. 따라서 교회는 합의에 따라서 자격 요건을 정해 놓고 그 요건을 갖춘 사람을 리더로 세우는 것이 중요하다. 이런 절차적인 공정성이 확보되어야 잡음이 줄어들고 핵심 목적에 집중할 수 있다. 또한 셀 리더와 담임 목사의 관계 설정이 중요한데, 이 때에도 '권위와 자율의 균형' 원리가 실현되도록 노력하는 것이 중요하다.

세 번째는 셀의 자충족성의 정도와 그 성격에 대해 명확하게 규정하고 이해를 공유하는 것이 중요하다. 소그룹의 경우 독립된 교회처럼 운영되는 것에서부터 이전의 구역처럼 그저 성경공부와 교제를 위한 모임 정도로 운영되는 모델에 이르기까지 다양한 형태를 가지고 있다. 사실 양 극단의 모델은 여러 한계점을 가지고 있다. 교회처럼 독립된 형태의 모습은 지역 교회와의 관계에서 문제가 될 수 있고, 교회의 역사성과 정통성을 담보해야 한다는 과제에 한계를 드러내게 될 것이다. 반면 교제와 성경공부에 국한되는 형태는 교회의 역동성과 건강성을 담보하는 측면에서 한계를 드러낼 것이다. 소그룹의 모습은 어느 정도의 자충족적 셀을 유지하면서도 지역 교회의 하나됨에 충실한 모습을 유지하는 것이 필요하다. 휴스톤 서울침례교회가 가정교회의 공동체성과 연합교회의 조직적 차원(예를 들어 목장이 여럿 모여 초원을 이루고 한 초원을 이루는 목자들끼리 정기적인 모임을 갖는 것)을 동시에 유지하고 있는 것은 이런 면에서 좋은 모델이 된다.

마지막으로 사역의 측면에서 통합과 전체적 기획 없이 작은 규모의 산만한 진행이 이루어질 수 있기 때문에 기획과 조정의 역할을 보완해야 한다. 사역이 중복되지 않게 하고, 교회 전체적으로 조화를 이루도록 소그룹 사역원에서 그 역할을 해야 한다. 이 때 5대 사역의 실행, 성례 집행, 재정의 확보와 사용 등 다양한 요소에 대한 독립성과 상호 의존성 등의 정도를 사전에 정해 놓음으로써 지역 교회와의 하나됨을 위한 통합적 메커니즘을 잘 유지하는 것이 중요하다. 따라서 다음과 같은 몇 가지 이슈를 먼저 정리해 놓을 필요가 있다.

- 성도 개개인을 리더(소그룹장)만 관리하게 할 것인가 아니면 교회가 관리할 것인가?
- 소그룹 활동과 관련된 예산의 확보와 사용은 어떻게 할 것인가?
- 셀 교회가 자체적으로 사역할 경우 교회의 전체적 기획이나 방향성과 상관없이 자체적으로 의사 결정하도록 두어야 할 것인가 아니면 기획된 범위 안에서 하도록 유도해야 할 것인가?

회중 기반 참여형

회중기반 참여형이란 가장 분권화되어 있으며, 전체나 소그룹이 아니라 개개인을 중요시하며, 이들이 직접적으로 교회 전체의 중요한 일에 참여하여 함께 운영해 가는 구조를 말한다. 회중제 교회들이 상대적으로 이런 유형에 가깝다. 그러나 개별 교회마다 조금씩 다르게 운영되고 있어서 특정 교단만 보고 교회 구조를 판단하기는 쉽지 않다.

침례교회를 예를 들면 가장 큰 의사 결정 기구로 사무총회가 있다. 전체 회원이 참여하는 모임이며, 의장은 회원 중 누구나 맡을 수 있지만 대개는 담임 목사가 맡고 있다. 다음으로는 교회협의회가 있는데 안수집사, 부장, 위원회 등이 참여하여 실질적인 교회 운영을 실행하고 있다. 회장은 회원 중에서 선출될 수 있다. 기본적으로는 개교회 중심이지만 선교와 교육은 통합되어 있고 교단의 지원이 있다. 실제적인 교회 구조를 이루는 중요한 실체로는, 연령대별로 구성되어 전도, 교제 및 교육을 목적으로 하는 교회학교, 교리와 리더십 및 제자 훈련 등을 실천하는 리더십 훈련, 해외 선교와 지역 사회 봉사를 위해 형성된 선교회, 마지막으로 예배와 교회 음악을 담당하는 예배/음악 사역 등이 있다. 그 외에 필요할 때마다 임시 태스크포스나 위원회를 두어 사역을 감당하게 한다. 이런 모델에서는 자발적 참여가 중요하고 모두 주인 의식을 갖고 교회 운영에 임한다. 또한 교회 구조는 그리 복잡하지 않고 자율성과 자유를 부여하는 방향으로 형성된다. 그러나 회중교회적 성격을 가지고 있었음에도 지금 설명한 것들은 이미 조직화가 많이 이루어져 경직되어 있는 측면이 있다. 이런 이유 때문에 최근 새로운 형태의 셀 조직이 나오게 된 것이다(<그림 8.6> 참조).

회중 기반 참여형의 경우 성령 하나님에 대한 민감함을 유지하고 핵심 목적 성취가 되도록 잘 유도할 필요가 있다. 전체 회중의 의견을 존중한다는 명

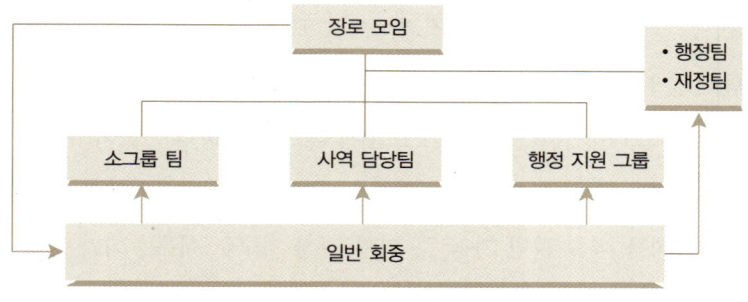

<그림 8.6> 회중 기반 참여형 교회 구조(강동교회 사례)

분과 교회 민주주의를 실천한다는 차원에서 합의를 중시하고 피드백을 듣다 보면, 성령 하나님께 의존하기보다는 다수결의 의견이나 성도 개개인의 의견을 더 중시하여 핵심 목적을 덜 중시하는 방향으로 갈 소지가 있다. 또한 목회자(혹은 당회) 중심형과는 상반된 차원에서 권위와 자율의 균형이 상실될 가능성도 존재한다.

강동교회의 교회 구조는 회중기반 참여형이다(<그림 8.6> 참조). 장로들이 있지만 더 중요한 것은 사람이 세운 장로가 아니라 하나님이 주신 은사를 가진 개인들이 쓰임받는 것이다. 구조는 모든 개인 성도들이 은사를 따라 섬기는 가운데 장로들이 그들이 제대로 섬기도록 돕는 형태다. 이 교회에서는 개인의 은사가 발견되면 유기적으로 언제든지 세워 섬기도록 한다. 설교에 은사가 있다면 설교를 시키고, 가르치는 은사가 있으면 교사의 역할을 하게 하는 것이다. 또한 전 교회가 유기체로 역동적으로 움직인다. 의사 결정 과정은 주로 비공식적으로 이루어지고 있다. 목자 회의(장로/팀장)가 매주 있고, 장로 모임(현재 3명)이 비공식적으로 자주 있으며 연말에 전체 교인 모임이 있다. 장로 모임은 위에서 지시하는 성격이 아니라 소그룹과 개인 성도들이 잘 성장하고 사역할 수 있도록 돕기 위한 것이다.

교회 조직 구조 형태의 비교

이 장에서 제시한 다섯 가지 조직 구조 형태는 앞서 설명한 세 가지 설계 변수들에서 차이를 나타낸다. 가장 두드러진 차이는 의사 결정 방식과 부서화 방식이 될 수 있다. 목회자(혹은 당회) 중심형에서 회중 기반 참여형으로 갈수록 의사 결정의 분권화 정도가 높다. 부서화의 경우는 5대 사역 중심인지 소그룹 중심인지 혹은 이들의 혼합인지에 따라서 구조화 방식이 달라진다. <표 8.3>는 교회 조직의 다섯 가지 구조 형태의 특징과 장단점을 정리한 것이다.

* * *

지금까지의 교회 조직 구조에 관한 설명을 정리하며 결론적으로 다음 몇 가지를 논의하고자 한다. 첫 번째 이슈는 보편적으로 적용될 교회 구조 형태가 있느냐 하는 것이다. 하나님의 뜻은 보편적이다. 하나님께 영광을 돌리고, 그의 이름을 높이고 하나님 나라를 확장하는 것 등은 모든 지상의 교회가 보편적으로 추구하는 목적이다. 그러나 보편적인 조직 구조가 존재하지는 않는다. 왜냐하면 교회마다 집중하는 사역이 다를 수밖에 없고 교회마다 처한 상황이 다르기 때문이다. 속한 교단, 정치 형태(장로제, 감독제, 회중제 등), 지역 사회, 교회 역사, 교회 규모 등에서 모두 차이가 나기 때문에 개교회는 독특할 수밖에 없다. 나아가 하나님이 사람들마다 독특한 성격과 스타일을 주셨기 때문에 일하는 방식도 저마다 다르다. 따라서 교회 구성원의 특성이 무엇인가에 따라서도 매우 상이한 결과를 가져올 수 있다.

따라서 앞에서 제시한 다섯 가지 조직 구조 형태 중에서 어떤 것이 더 이상적인지 말하기는 어렵다. 어떤 구조를 가지고 있다고 하더라도 그 기능은 다를 수 있다. 구조만 보고 그 교회가 어떤 성격을 가진 교회라고 판단하기는 대단히 어렵다. 구조 자체가 가지는 성격 때문에 어느 정도 파악하는 것이 불가능한 것은 아니다. 그러나 같은 위원회 조직을 가지고 있어도 그것이 운영되고 기능하는 것은 매우 다른 성격으로 나타나기도 하기 때문이다. 소그룹 기반 셀형 혹은 가정교회 형태를 가진다고 해서 모든 교회가 동일하지 않은 것도 같은 이유에서다. 조직 구조는 설계된 대로 실행되어야 의미가 살아난다.

둘째로, 보편적 교회 구조가 없다고 하더라도 핵심 원리가 제대로 적용되지 않을 경우에는 구조 변화가 불가피할 것이다. 즉 어떤 형태의 조직을 선택하더라도 하나님의 뜻이 제대로 드러나게 하려고 노력해야 하고, 사역을 효

구조 유형	특징	장점	단점
목회자(당회) 중심형	• 부서화 방식은 다양 • 부서 간 조정은 목회자(혹은 당회) 중심으로 직접 이루어지는 경향 • 매우 높은 집중화	• 빠른 의사결정과 역동성	• 성도들의 수동적 참여
사역 기반 위원회형	• 사역중심으로 부서화 • 임원회나 운영위원회 중심으로 부서 간 조정이 일어남	• 집중화가 높은 편임 • 체계화와 명확한 역할 분담	• 수직적이고 경직된 문화와 사역 진행
사역-소그룹 혼합형	• 사역과 소그룹 두 가지에 기반하여 부서화 • 비공식적 교류를 통해 부서 간 조정이 진행	• 분권화가 되어 있음 • 사역과 소그룹의 균형을 추구할 수 있음	• 이중적인 보고 체계와 관리로 혼란이 생기고 조정이 어려움
소그룹 기반 셀형	• 소그룹 중심의 부서화와 상호 교류를 통한 조정 • 소그룹에로의 높은 분권화 • 전문가 지원 그룹에 부분적 분권화	• 소그룹을 통한 역동적인 성도의 교제와 성장이 가능	• 교회 전체의 방향과 조정이 쉽지 않고, 분산될 가능성
회중 기반 참여형	• 비공식적 교류와 협의체를 통한 상호 조정 • 선별적으로 높은 분권화 추구	• 성도들의 높은 참여	• 느린 의사 결정 • 조정이 어렵고 필요 시 소수에 집중된 의사 결정 가능성

〈표 8.3〉 교회 구조 형태별 특징 비교

과적으로 수행해야 하며, 앞에서 제시한 핵심 원리가 제대로 적용되도록 노력하는 것이 중요하다. 특정 구조 형태가 핵심 원리를 잘 드러내 주는지도 구조만 보고 판단하기가 매우 어렵다. 이것도 구조만 보고 이상형을 판단하기 어려운 이유이다. 그럼에도 불구하고 다섯 가지 유형 중에서 소그룹 기반 셀형이 오늘 이 시대에 잘 맞게 보이는 이유 중 하나는 이 형태가 이 책에서 제시한 핵심 원리를 잘 반영해 주기 때문이다. 셀교회를 시작한 랄프 네이버 박사도 처음에는 침례교회 교육 담당을 하고 있었다. 초기 침례교회는 교회의 본질을 제법 잘 드러내는 구조를 가지고 있었지만 그 구조에서는 소망이 없다는 판단에 따라 셀교회를 시작하였다. 그러나 셀교회나 가정교회가 결코 우리가 끝까지 견지해야 할 이상형은 아니다. 이 구조가 언제든지 왜곡되고 문제가 발생하면 조직은 다시 개혁되고 교회의 본질을 더 잘 드러내는 구조에 그 자리를 양보해야 할 것이다. 장로교회도 큰 장점을 가진 구조를 지향했지만 왜곡된 장로교회는 회중제와 감독제의 단점만 가지는 이상한 혼합형이 되어 버리기도 한다.

따라서 특정 구조 형태를 선택했다면 그 본래의 정신과 핵심 원리가 잘 드러나도록 늘 긴장하며 지켜봐야 한다. 매우 개혁적이고 새로운 실험을 시도하며 평신도의 역할을 강조하는 향상교회와 언덕교회는 교회 조직에 대한 내용을 나름대로 정리하여 교회 정관에 명확히 명시하여 사용하고 있다. 그러나 유사하게 실험적이고 개혁적인 나들목교회는 정관에 대해 다른 입장을 가지고 있어서 아직 그것을 만들지 않고 있다. 향상교회의 경험을 보면 좋은 의도에서 만들고 사용하고 있지만 그것이 오히려 교회의 경직성을 가져오는 원인이 되기도 하였다. 나들목교회의 경우 모든 평신도들이 균형 있게 성장하여 주님의 제자로 자라기를 바라고 또 이를 위해 운영위원회 중심의 의사 결정을 해 가고 있지만 실제 조직운영상에서는 유급 사역자(목회사역자와 전문사역자)들에 크게 의존하고 있으며, 젊고 전문성이 없으면 사역에 쉽게 동참하기도 어려운 부분이 있다. 그렇기 때문에 특정 구조와 조직화 방식이 정해졌다고 그것이 자동으로 교회의 건강성을 담보하지는 않는다. 그 구조 속에 핵심 원리가 잘 살아나는지를 점검하는 긴장은 늘 유지되어야 한다.

셋째로, 구조는 문화, 운영 시스템, 리더십 및 구성원과 조화를 이루어야 비로소 완결된 효과를 나타낼 수 있다. 아무리 좋은 구조로 교회가 바뀌어도 다른 조직모형 요소와의 정합성이 없으면 구조 자체의 의미는 축소될 수밖에 없다. 셀형 구조를 가지고 있는데 문화가 보수적이고 통제적이면 구조대로 움직이지 못할 수 있으며, 리더가 준비되지 않으면 구조의 그림만 바뀐 것이지 실제로 교회가 바뀐 것은 아닐 수도 있게 된다. 이러한 것이 구조 자체만 보고 이상형이라고 보기 어려운 또 다른 이유가 되기도 한다.

마지막으로, 채택한 구조가 그 취지대로 잘 기능하기 위해서는 의사 결정 과정, 의사소통 과정 및 부서 간 조정 절차 등에 대한 명확한 이해가 선행되어야 하고, 또 그런 훈련을 제공해야 한다. 특히 목회자 그룹과 제직회의 역할과 권한 분담에 대한 합의가 있어야 할 것이다. 이것은 상황적 요인에 따라서 매우 달라질 수 있겠지만 최소한 어느 한 그룹이 배제되는 것은 바람직하지 않다. 담임 목사의 전권이 작용하는 경우와 목회자 그룹이 예산 편성 및 집행 혹은 교회 행사와 사업 진행에 별로 영향력을 행사하지 못하는 경우는 그 어느 쪽도 바람직하지 않다. 중요한 것은 두 그룹 모두 제 역할에 충실하고 서로 협력하는 것이다.

이상의 논의를 종합해 보면 교회 조직 구조의 형태는 <그림 8.1>에서 제시한 것과 같이 핵심 원리와 내부 요인 및 외부 요인을 잘 반영하여 결정되어야 할 것이다. 그리고 특정 유형이 결정되면 원래의 의도와 일치하는지 점검을 계속해야 한다.

온 무리가 이 말을 기뻐하여 믿음과 성령이 충만한 사람 스데반과 또 빌립과 브로고로와 니가노르와 디몬과 바메나와 유대교에 입교했던 안디옥 사람 니골라를 택하여 사도들 앞에 세우니 사도들이 기도하고 그들에게 안수하니라. 하나님의 말씀이 점점 왕성하여 예루살렘에 있는 제자의 수가 더 심히 많아지고 허다한 제사장의 무리도 이 도에 복종하니라(행 6:5-7).

예루살렘 교회에 구제와 관련된 문제가 발생하여 믿음과 성령이 충만한 일곱 집사를 세워 일을 맡기고 사도들은 기도하는 것과 말씀을 전하는 것에 전력했을 때, 하나님의 말씀이 점점 왕성해져 갔다. 한국 교회도 하나님의 뜻에 맞는 조직 구조를 세우기 위해 이와 같은 모범에 정직히 귀기울일 때다.

토론 질문

1. 세 가지 정치 형태(감독제, 장로제, 회중제)가 어떻게 본서에서 제시하고 있는 건강한 교회의 핵심 원리를 다르게 적용하고 있는가? 특정 정치 형태가 더 건강한 교회 조직 구조를 구축하는 데 더 유리하다고 말할 수 있는가?

2. 특정 구조 형태가 건강한 교회를 위한 핵심 원리를 더 잘 반영할 수 있다고 생각하는가 아니면 어떤 구조 형태를 취하든 운영하기에 따라 다르다고 보는가?

3. 최근 소그룹을 기반으로 하는 가정교회 혹은 셀교회가 많은 교회에서 도입되고 있다. 이것은 교회의 본질을 회복하는 것인가 아니면 또 다른 형태의 변화에 불과한 것인가?

4. 현재 당신의 교회의 구조 형태는 다섯 가지 유형 중 어느 것에 가까운가? 그 구조 형태에 해당하는 구조 설계 변수들의 특징은 무엇인가?

5. 현재 당신 교회의 구조 형태는 어떤 핵심 원리를 잘 반영하고 있으며 어떤 핵심 원리는 잘 반영하지 못하고 있는가? 잘 반영하지 못하는 것이 있다면 대안이 무엇인지 생각해 보라.

9장
운영 시스템 1

직무 | 은사 관리 및 평가 | 보상 시스템

조직모형: 교회 조직의 필수 구성 요소인 리더십, 구조, 운영 시스템
및 문화와 이들 간의 상호 관계

조직 구조와 리더십을 바탕으로 교회 조직이 실질적으로 살아 움직이게 하는 것은 운영 시스템이며, 그것들이 어우러진 결과로서 교회의 문화와 분위기가 형성된다. 교회의 규모가 어느 정도 커졌음에도 불구하고 운영 시스템이 제대로 갖춰져 있지 않으면 혼란과 비효율이 점차 커지게 되고, 교회의 비전 달성에 적신호가 켜진다. 교회의 효과적 운영 측면에서 보면, 한국 교회는 외형적 성장 속도에 비해 운영 시스템의 체계화가 한참 뒤쳐져 있는 것이 사실이다.

운영 시스템을 구성하는 요소는, 일반 조직의 경우 직무 관리 시스템, 인력 채용 및 배치 시스템, 평가 및 보상 시스템, 경력 관리 시스템, 훈련 및 개발 시스템, 정보 관리 시스템, 재무 관리 시스템 등 매우 다양하다. 그러나 이 책에서는 교회의 운영 측면에서 깊은 관련성을 가진다고 판단되는 직무 관리 시스템, 은사 및 역량 관리 시스템, 평가 및 보상 시스템(이상 9장에서)과 재정 및 회계 시스템, 정보 관리 시스템(이상 10장에서)을 중점적으로 다룬다.

직무 관리 시스템

직무 관리란 교회 전체의 업무 수행 효율성을 높이기 위해 효과적인 업무 처리 프로세스와 부서 간 업무 연계 구조를 설계하고, 개별 부서 안에서 수행해야 할 업무의 내용과 범위 등을 정리한 직무 기술서 및 책임자의 자격 요건 등을 정리한 직무 명세서를 작성, 관리, 활용하는 것을 가리킨다.

직무 관리 시스템이 잘 갖춰지면 개별 부서 담당자의 업무 수행 성과를 향상시킬 수 있을 뿐만 아니라 전체 업무프로세스의 효율성을 향상시킬 수 있다. 자신이 어떠한 작업 조건 아래서 어떠한 일을 수행해야 하는지, 맡아야 할 책임과 의무는 무엇이며 행사할 수 있는 재량권의 범위는 어디까지인지, 누구에게 보고를 받고 누구에게 보고해야 하는지 등 업무 내용과 역할이 명확해지기 때문에, 업무 혼선이나 역할의 모호함에서 야기되는 정신적 스트레스에서 벗어날 수 있다.

또 다른 효과로는, 부서 간 업무 협력 체계를 명확하게 갖출 수 있어 '유기적 연계성과 공유' 원리를 충실히 따를 수 있다는 점이다. 또한 역량과 은사에 따라 인력을 적재적소에 배치할 수 있고, 직분자들의 역량 개발을 위한 교육 훈련을 효율화할 수 있다. 왜냐하면 잘 정리된 직무 명세서는 개별 부서 업무를 위해 갖춰야 할 자격 요건에 기초하여 교육 훈련 프로그램에서 가르쳐야 할 교육 내용을 명확하게 할 수 있도록 돕기 때문이다.

직무 설계의 원리

직무 관리의 첫 단계는 직무 설계다. 부서를 어떻게 구분하고 부서 안에서 업무를 어떻게 나눌 것인지를 구상하는 과정이다. 전통적으로 직무 설계는 효율성을 극대화하는 데 초점이 맞추어져 왔다. 이 분야의 가장 대표적인 선구자가 과학적 관리법(scientific management)을 주창했던 프레데릭 테일러(Frederic Taylor)다. 그는 미숙련 근로자들이 주를 이루던 1910년대에 그들을 통해 효율성을 극대화할 수 있는 방안이 무엇인지 탐구하였다. 탐구를 통해 그가 내린 결론은 일을 최대한 단순한 업무 단위로 나누고, 작업 조건과 방식을 표준화함으로써 효율성을 극대화할 수 있다는 것이었다. 작업 내용이 단순하고 반복적이기 때문에 미숙련 근로자들이 습득하고 숙달하기 쉽고, 작업 조건과 방식이 표준화되어 있기 때문에 대규모 인력을 대상으로 한 훈련이 가능하고 공석이 생길 때 인력 대체를 쉽게 할 수 있기 때문이다.

그러나 과도한 직무 단순화는 담당자들이 직무 수행 과정에서 업무에 대한 흥미나 보람을 느끼지 못하게 할 뿐 아니라, 사람을 지나치게 일의 수단처럼 취급함으로써 교육 수준과 역량이 높아진 사람들의 자존감과 의욕을 떨어뜨리는 요인이 될 수 있다. 따라서 이 접근법은 많은 조직에서 효율성을 향상시키는 것 못지않게 사람들을 자기 일에 무관심하고 무책임하게 만드는 역기능적 결과를 가져오기도 했다.

이러한 문제를 극복하기 위해 작업자들이 흥미와 보람을 느낄 수 있도록 직무 내용을 설계하여 그들의 동기를 높이려는 직무 설계법이 대두되었다. 이 접근법은 직무 수행의 효과가 구성원의 심리적 만족과 보람에 달려 있다는 전제 하에, 직무 수행 과정에서 구성원의 동기 유발과 자아 실현 기회를 부여하도록 직무 내용과 직무 환경을 설계하는 데 초점을 맞춘다. 즉 직무 수행 과정에서 작업자로 하여금 보람과 성취감, 자기 개발을 통한 역량 향상 등을 함께 누릴 수 있도록 하기 위해 업무 수행 재량권과 업무의 폭, 업무의 완결성과 통합성 등을 강화한다.

자율적 작업 팀을 중심으로 업무 수행 방식을 전환한다든지 직무 순환제 등을 실시하는 것도 위의 동기 강화 직무 설계 원리와 맥을 같이한다. 자율적 작업 팀에 폭넓은 과업을 부여함으로써 팀원들이 높은 직무 정체성을 가지고 일하게 하고, 업무 수행과 관련하여 높은 자율성을 부여함으로써 주도적 자세로 업무를 추진하게 함은 물론 그 결과에 대해서도 책임을 지도록 한다. 또한 직무 순환은 구성원들에게 일정한 주기로 새로운 직무를 수행할 수 있는 기회를 부여함으로써 그들이 다양한 업무 수행 역량을 습득하고 발휘할 수 있는 기회를 제공하는 방식이다.

그렇다면 교회 조직에 적합한 직무 설계 방식은 무엇일까? 교회란 자발적 참여자들로 구성된 조직이며 성도들의 자기 개발 및 성장이 견실하게 이루어질 때 교회도 든든히 세워져 간다는 점을 감안한다면, 가장 바람직한 방안은 자율적 사역 팀 중심으로 업무 시스템을 세우는 것이라 할 수 있겠다. 성도들이 상당한 자율성과 재량권을 가지고 사역을 수행할 수 있도록 직무를 설계하는 것은 성도들이 영적으로 성장해야 한다는 원리와 '권위와 자율의 균형' 원리와도 부합한다. 교회 내 사역에 참여하는 성도들이 주도적으로 하나님의 뜻을 분별하고 그 뜻에 맞게 사역을 수행해 가도록 여건을 조성하면 사역 수행 과정에서 성령의 뜻을 찾기 위해 기도하게 되고, 영적 성장이 이루어질 수 있다. 뿐만 아니라, 성도들의 영적 성장이 이루어질 때 권위와 자율 사이의 건강한 균형이 유지될 수 있다.

직무 기술서 및 직무 명세서 작성 방법

우리는 앞서 교회 조직이 원활하게 운영되기 위해서는 교회 내 개별 직무의 업무 내용(직무 기술서)과 해당 업무를 무리 없이 수행하기 위해 필요한 자질 및 자격 요건(직무 명세서) 등을 파악하고 그 결과를 기록하여 관리하는 것의 중요성을 지적했다. 직무 기술서와 직무 명세서가 갖춰지면 개별 직무를 맡을 적임자가 누구인지 판단하는 데 도움을 주고, 현재 그 직무를 맡고 있는 사람에게 업무 수행에 필요한 지침을 제공하며, 담당자가 바뀌는 과정에서 업무의 인수인계를 명확하게 할 수 있다. 다만 교회 내에 존재하는 모든 개별 직무에 대해 직무 기술서와 직무 명세서를 갖추려면 그에 따른 초기 작업이 너무 많아질 수 있기 때문에, 일단 부서 단위의 업무 기술서와 업무 명세서를 작성하고 필요에 따라 부서 안의 중요 직무에 대해 직무 기술서와 직무 명세서를 점진적으로 작성해 가는 것이 현실적이라 할 수 있다.

우선, 개별 직무의 업무 내용 파악은 현재 해당 직무를 맡고 있는 책임자 혹은 직전에 그것을 맡은 경험이 있는 사람들로 하여금 교회 전체의 비전에 비추어 그 부서가 왜 존재해야 하며 그 핵심 역할은 무엇인지에 대해 생각해 보도록 하는 것으로부터 시작할 수 있다. 이 때 중요한 것은, 개별 부서의 존재 목적과 역할은 교회 전체의 존재론적 비전 및 사명론적 비전과 맥을 같이해야 하며 교회 내 여타 다른 부서들과 연합하여 교회 전체의 선을 이룰 수 있어야 한다는 점이다. 그럴 때 비로소 '핵심 목적의 성취' 원리 및 '유기적 연계성과 공유' 원리가 실현될 수 있다. 이러한 원칙이 적용되지 않으면, 부서 이기주의가 만연하게 되고, 자기 만족적인 사역으로 끝날 가능성이 높아지며, 교회 전체 차원에서 부분 최적화(sub-optimization)[1] 현상이 지배하게 된다.

다음으로, 존재 목적과 핵심 역할이 제대로 실현되어 가고 있을 경우 어떠한 구체적 결과물이 나오게 될 것인지 정리해 보도록 요청한다. 그 결과물은 주 단위, 월 단위, 분기 단위, 반기 단위, 년 단위 등과 같이 장단기 기간별로 분류하여 정리해 두는 것이 좋다. 물론 각 기간별로 반드시 무슨 결과물이 있어야 하는 것은 아니지만, 기간별로 정리하다 보면 그 내용이 한결 명확해질 수 있기 때문이다.

모든 내역을 정리하고 나면, 그러한 결과물을 실현하는 데 가장 효과적인 방안이 무엇인지 생각하는 차원에서 현재 그 부서 안에서 수행되고 있는 업무 내용들을 검토하고, 혹 더 좋은 방안이 없는지, 빠진 내용은 없는지 등을 확인하여 직무 기술서를 종합적으로 정리해야 한다.

한편, 개별 부서의 업무 내용을 정리한 후에는 해당 부서 책임자가 수행해야 할 역할과 그 역할을 효과적으로 수행하기 위해 요구되는 자격 요건이 무엇인지 정리할 필요가 있다. 여기에서 말하는 자격 요건은 대체적으로 개인

부서명	기획위원회	담당 책임자	
상위부서명	제직회, 당회, 운영협의회		
하위부서명	리더십 훈련팀, 운영 시스템 진단팀		
핵심목적 및 핵심역할	교회의 비전, 목표, 핵심가치에 비추어 교회 운영의 전반에 대해 점검하고 통합적 관점에서 지속적으로 개선 방안을 모색하여 건의함으로써 교회의 비전과 목표가 효과적으로 달성되도록 돕는다.		
주요 결과물	운영협의회 회의 자료 및 회의록, 진단 평가 보고서, 의견 조사분석 보고서, 특별과제 연구 보고서, 리더십 훈련 프로그램, 특별 행사 기획안 등		

주요 업무	• 운영협의회 지원
	  - 운영협의회의 주요 의제를 정리하여 운영협의회에 제출한다.
	  - 개별 위원회의 활동 사항을 종합적으로 정리·검토한다.
	• 운영 시스템 개선
	  - 교회 운용 시스템을 수시 점검하고, 개선 방안을 수립, 실행한다.
	• 교회의 비전 달성 진척도 점검
	  - 교회의 비전과 목표가 원활하게 실현되어 가는지를 점검하고 개선 방안을 마련한다.
	• 개별 부서 사역의 효과성 평가
	• 교인 의견 조사
	• 특별 과제 연구: 당회와 각 기관으로부터 의뢰받은 특별 과제를 연구, 검토, 보고한다.
	• 리더십 훈련: 리더십 훈련 프로그램을 기획, 운영한다.
	• 교회 특별 행사 주관: 창립 기념 행사를 포함하여 개별 사역 단위에서 감당하기 어려운 교회의 특별 행사를 기획, 실행한다.		

〈표 9.1〉 부서 직무 기술서 예시

이 보유하고 있는 다양한 역량과 성경이 말하는 은사를 기준으로 생각해 볼 수 있다. 예를 들면, 분석력, 판단력, 계획 수립 능력, 실행 능력, 문제 해결 능력, 대인 관계 능력, 의사소통 능력, 팀워크 개발 능력, 시스템 진단 및 분석 능력, 컴퓨터 프로그램 개발 능력, 특정 분야에 대한 전문 지식이나 기술 등과 같은 역량과 영적 분별력, 가르치는 은사, 섬기는 은사, 중보기도, 치유의 은사 등과 같은 다양한 영적 은사 등이 이 범주에 속한다고 볼 수 있다. 이상의 내용을 취합한 후 최종적으로 정리하여 직무 명세서에 담을 수 있다.

직책명	기획위원회장
주요 업무	• 기획위원회의 업무를 총괄하고, 당회와 운영협의회에 보고한다. • 기획위원회 의제를 설정하고, 기획위원회 회의를 주관한다. • 교회 특별 행사를 기획하고, 당회와 운영협의회에 보고한 후 실행한다. • 유관 부서와 유기적 업무 협력 관계를 유지한다. • 기획위원회 산하 조직 진단팀과 리더십 훈련팀을 지원한다. • 기획위원회 내에서 부서 운영 원칙이 충실히 지켜지도록 이끈다. • 기획위원회 위원 및 산하 팀원들이 팀웍을 이룰 수 있도록 이끈다.
자격 요건	• 복음에 대한 확신과 이해　　• 의사소통 기술 • 교회에 대한 이해　　　　　• 대인 관계 기술 • 교회 비전/핵심가치에 대한 공감　• 조직에 대한 이해 • 계획 수립/기획 능력

〈표 9.2〉 부서장 직무 명세서 예시

은사 및 역량 관리 시스템

교회 공동체를 건강하게 세우는 데 귀하게 사용될 수 있는 무수히 많은 은사와 역량들이 사장되고 구성원들이 자신의 은사와 역량을 개발할 엄두를 못 내는 것은, 대부분 각 구성원이 역량 및 은사를 개발하고 발휘할 수 있게 하는 시스템과 여건이 마련되어 있지 않기 때문인 경우가 많다. 그 결과, 교회 내에서 소수의 구성원들은 여러 가지 책임을 한꺼번에 맡아 일에 짓눌려 허덕이게 되는 반면, 그 외 대다수 구성원들은 거의 책임을 맡지 않는 등 구성원들 사이에 사역 불균형 현상이 매우 두드러지게 나타난다.

은사 및 역량 관리 시스템은 교회 내에서 다양한 사역을 수행하는 데 필요한 은사 및 역량이 무엇인지 체계적으로 정리하고, 아울러 구성원 개개인이 자신이 보유하고 있는 은사 및 역량을 발견하고 개발할 수 있도록 도움으로써 은사 및 역량에 따른 사역 배치가 원활하게 이루어질 수 있도록 지원하는 시스템을 일컫는다.

이 시스템은 교회 공동체가 효과적으로 비전을 이루어 나가는 데 중요한 밑거름이 된다. 교회 구성원의 사역 배치가 체계적으로 이루어지고 그들의 은사와 역량을 지속적으로 개발하는 교회와 그러한 것들에 무관심한 교회 사이에는 비전 달성의 측면에서 엄청난 차이가 있을 수밖에 없다. 은사 및 역량 관리는 교회 구성원 개개인의 교회 생활 만족도나 교회 공동체에 대한 헌신도를 높이는 데도 중요한 역할을 한다. 구성원 각자가 자신의 은사와 역량을 최대한 개발하고 활용하여 예수 그리스도의 몸 된 교회를 건강하게 세우는 일에 기여할 때 느끼는 보람이 매우 크기 때문이다.

은사 및 역량 분류 체계

은사 및 역량 관리가 효과적으로 이루어지기 위해서는, 교회 공동체 내에 존재하는 다양한 부서의 사역 내용을 분석하고 그것의 성공적 수행을 위해 요구되는 자격 요건들을 도출해야 한다. 그리고 그 내용을 일정한 분류 기준에 따라 체계적으로 정리해야 한다.

은사 및 역량 분류 체계를 도출하는 과정은 직무 명세서의 작성 과정과 깊이 연계되어 있다. 직무 명세서를 작성하는 과정을 통해 도출된 사역(혹은 업무)내용과 자격 요건들을 가지고 일정한 분류 기준에 따라 종합적으로 정리하는 과정을 거쳐야 한다. 분류 체계는 어떠한 기준을 적용하느냐에 따라 다양한 결과가 도출되는데, <표 8.3>은 활용 가능한 분류 체계를 예시로서 보여 준다. 이 분류 체계는 모든 부서 책임자에게 공통으로 요구되는 '공통 역량 및 은사', 유사한 사역들에서 공통적으로 요구되는 '사역군별 공통 역량 및 은사', 사역에 따라 달리 요구되는 '사역별 고유 역량 및 은사' 등으로 역량과 은사를 구분하여 분류하였다.

이와 같은 분류 체계가 확보될 때 비로소 체계적으로 은사 및 역량 발굴의 기준을 설정하고 개발 프로그램을 계획, 실행할 수 있으며 은사 및 역량에 따라 인원을 적재적소에 배치할 수 있다.

분류		구체적 은사 및 역량
전체 공통 역량 및 은사		복음에 대한 확신, 정직성, 비전 및 핵심가치의 내면화, 하나님과의 친밀한 관계 유지, 영적 민감성 등
사역군별 공통 역량 및 은사	선교 및 전도	복음에 대한 이해, 복음 전파에 대한 열정, 중보기도, 대인관계 기술 등
	교육 및 훈련	영적 성숙, 학습 원리에 대한 이해, 프리젠테이션 능력, 돌봄의 은사 등
	기획,행정,지원	서비스 정신, 계획 수립 및 집행 능력, 운영 시스템에 대한 이해 등
사역별 고유 역량 및 은사	가정 사역팀	가족심리학 이해, 상담 기술 등
	리더십 훈련팀	리더십에 대한 이해, 훈련 원리에 대한 이해 등
	재정 회계팀	대차대조표 이해, 예산 운영에 대한 이해, 금융 원리 이해 등

〈표 9.3〉 은사 및 역량 분류 체계(적용 범위에 따른 분류 체계) 예시

은사 및 역량 관리 시스템

은사 및 역량 관리는 크게 은사 및 역량의 발견, 개발, 활용으로 이루어진다. 우선, 교회는 구성원 개개인이 자신의 은사와 역량을 발견하도록 도와야 한다. 기존에 보급되어 있는 은사 및 역량 발견 체크리스트를 활용할 수도 있고, 다양한 사역에 참여할 수 있는 기회를 제공함으로써 경험적으로 발견하도록 도울 수도 있다. 그러나 많은 교회에서 은사 발견 체크리스트를 사용하여 교회 구성원 각자 안에 내재된 은사를 발견하도록 돕지만, 체계적 은사 관리로 이어지지 못하고 그것으로 끝나 버리는 경우가 대부분이다. 그 근본 원인은 은사 발견 프로그램이 교회 전체적 체계와의 연계성이나 사역 배치와의 유기적 연계성을 갖지 못한 채 1회성으로 실시되기 때문이다. <그림 9.1>은 은사 발견 프로그램이 은사 및 역량 관리 시스템 속에서 제대로 작동하기 위해 갖추어야 할 연결 관계를 보여 주고 있다.

다음 단계는 은사 및 역량의 개발이다. 교회는 구성원들이 교회에서 진행되는 다양한 사역에 효과적으로 기여하기 위해서 갖춰야 할 은사와 역량이 무엇인지 파악하고 그것들을 기준으로 자신의 잠재적 은사와 역량을 개발할

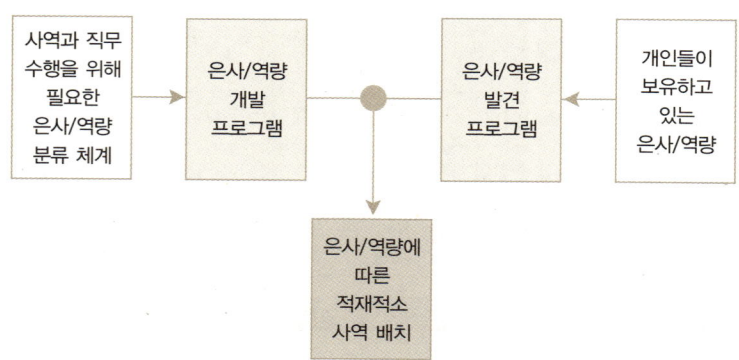

<그림 9.1> 은사 및 역량 관리 시스템의 개념도(발견-개발-배치 간 연결도)

수 있도록 프로그램을 개발하여 시행할 필요가 있다. 은사 및 역량 분류 체계에 기초한 적절한 훈련 프로그램을 자체적으로 개발하거나(제6장에 예시된 리더십 역량 향상 훈련 프로그램 참조) 외부 훈련 프로그램과 연계하여 성도들의 은사 및 역량 개발을 도울 수 있다. 물론 이는 훈련 과정을 통해서만 이루어지는 것은 아니다. 직접 사역을 수행하는 과정을 통해 전수되고 개발되는 효과가, 교육 훈련을 통해 습득하는 것 못지않게 효과가 크다. 따라서 교회 내에 있는 다양한 직책을 그 성격과 필요한 은사 및 역량의 난이도 등을 감안하여 몇 개의 군으로 나누어 계단식으로 배열하고 그 경로를 따라 성도들을 임명함으로써 성도들이 단계식 사역 수행 과정을 통해 역량을 키워 가도록 할 필요가 있다.

다음으로 교회는, 구성원들이 보유하고 있는 은사와 역량을 따라 그것이 가장 효과적으로 사용될 수 있는 사역의 장(場)에서 활용될 수 있도록 해야 한다. 이를 위해서는 개별 사역을 담당하는 부서별로 필요로 하는 은사와 역량이 무엇인지 확인하고, 그것을 구성원 개개인이 보유하고 있는 은사 및 역량과 연계시킬 필요가 있다. 이를 위한 하나의 방안으로서 교회 내에서 정기적으로 개별 사역들을 소개하는 사역 박람회를 개최함으로써 교회 내에 존재하는 다양한 사역들을 구성원들에게 소개하고 자신에게 적합한 사역에 참여할 수 있는 기회를 제공하는 것을 고려해 볼 수 있다.

교회 구성원의 은사 및 역량 개발과 사역 배치는 교회 구성원 개개인과 교회 조직 중 어느 쪽이 주도하느냐에 따라 그 효과에 차이가 날 수 있다. 교회 조직이 주도적인 위치에 서서 이끌어 나갈 경우 자칫 교회 구성원들은 수동적 위치에 놓이게 되고, 그 결과 또한 기대에 못 미치는 상태에 머물 수 있다. 반면, 개별 교회 구성원에게 전적으로 맡겨 둘 경우 교회 전체의 비전 및 원칙과 사역 간에 일관성이 사라질 수 있다. 따라서 교회 공동체 구성원이 각각 주도적인 자세로 자신의 은사와 역량을 발견하고 가장 적합한 사역을 찾도록 격려하되 그러한 사역들이 교회 전체의 비전 및 원칙과 조화될 수 있도록 도와줄 필요가 있다.

와싱톤한인교회는 조직에서 사역이 시작되는 '위로부터의 사역'(top-down) 방식에서, 부르심에 응답하는 헌신자들로부터 사역이 시작되고 발전되어 나가는 '아래로부터의 사역'(bottom-up) 방식으로 전환하였다. 사역을 크게 행정 사역, 예배와 찬양 사역, 돌봄과 양육 사역, 복음 증거와 선교 사역, 차세대 사역, 속회 사역으로 구분하고, 평신도 사역이 아래로부터 일어날 수 있도록 이를 뒷받침할 평신도 사역 개발원을 설치, 운영하였다. 하나님의 인도를 따라 새로운 사역을 시작하고자 하는 교인이 3명 이상의 헌신자를 발굴하고 사역의 내용과 목적을 명시한 사역 신청서를 평신도 사역 개발원에 제출하면, 평신도 사역 개발원은 해당 사역이 교회에 덕이 되고 주님께 영광이 되는지 검토한 후 관련된 사역 영역에 접목시켜 주고 지원해 준다.

평가 시스템

서울 당산동에 소재한 두레교회는 매년 말 목회 평가제를 실시하고 있다.[2] 설문 내용은 성도 개인들의 경건 생활, 예배와 설교, 양육, 친교, 구제와 봉사, 지역 사회에 대한 이해와 필요 인식도 등의 요소들에 대한 여러 문항들로 구성되어 있다. 윌로우크릭 교회 역시 평가 시스템을 잘 구축하여 실행하고 있다.[3] 매년 장로들은 다른 장로들의 성과를 평가한다. 사역자들에 대한 평가도 있는데 사역의 열매와 개인적 성취도에 대한 것을 묻는다. 그리고 빌 하이벨스 목사는 매주 자기 설교에 대해 평가받고 장로들로부터 피드백을 받는다. 그리고 모든 예배는 녹화를 하여 사역자들로부터 평가를 받게 한다.

왜 평가를 해야 하는가

일반 기업 조직에서는 구성원들의 업적이나 역량을 평가하는 것이 보편화되어 있으나, 교회 조직에서는 전임 사역자나 평신도 사역자들의 업적이나 역량을 평가하는 것이 보편화되어 있지 않다. 그 근본 원인은 시장에서의 생존 경쟁을 위해 높은 효율성과 생산성을 중시하는 기업 조직에 비해 그러한 경쟁 압력을 거의 받지 않는 교회 조직의 특수성 때문일 수도 있고, 평가한다는 것이 누군가를 판단하는 것으로 인식되어 "남을 판단하지 말라"는 성경 말씀의 권고에 익숙한 대다수 성도들이 평가에 대해 심리적 거부감을 갖고 있기 때문일 수도 있다. 뿐만 아니라, 누군가로부터 평가를 받는다는 것을 달갑게 받아들일 사람이 거의 없다는 점을 감안하면, 평가하는 위치나 평가받는 위치에 있는 사람 모두로부터 환영받지 못하는 평가 제도가 교회 조직에서 도입, 시행되기를 기대하기가 어려운 것이 사실이다. 그러나 이러한 현상은 평가에 대한 편견 때문에 기인한다고 볼 수 있다.

평가에는 '판단적' 요소가 강하게 작용하는 관리 통제 목적의 평가가 있는가 하면, 개발 목적과 진단 목적으로 이루어지는 평가가 있다. 최근 일반 조직에서는 후자의 평가가 점차 확산되어 가고 있는 추세다.

우선, 개발 목적의 평가는 평가를 통해 구성원들의 은사 및 역량을 파악하고 그것을 토대로 구성원들의 자기 개발 노력을 지원하고 촉진시킬 목적으로 이루어지는 평가다. 따라서 개발 목적의 평가 제도에서는 평가자나 평가 대상자가 관리 통제적 목적의 평가 제도에서보다 훨씬 더 개방적이고도 건설적인 자세로 평가 과정에 임할 수 있다. 물론 개발 목적의 평가도 말처럼 쉬운 것은 아니어서 원래의 목적에 충실하도록 하려면 선행적으로 갖추어야 할 조건들이 있다. 평가자가 목적에 충실한 방식으로 평가 대상자를 정확하게 평가할 수 있어야 하며, 평가된 내용을 토대로 당사자들의 은사 및 역량 개발을 구체적으로 지원할 수 있는 후속 절차와 시스템이 뒷받침되어야 한다. 아울러 평가를 받는 입장에 있는 개인이 자신의 은사 및 역량이나 개인적 특성에 대해 누군가로부터 판단받고 있다는 느낌을 받지 않도록 세심한 주의를 기울일 필요가 있다.

한편 진단 목적의 평가는 조직 내 각 부문과 시스템이 얼마나 효과적으로 작동되고 있는지 점검하고 문제점이 발견될 경우 그 원인을 진단하여 처방할 목적으로 수행하는 평가를 일컫는다. 뿐만 아니라, 특정한 목적이나 목표를 달성하기 위해 실행 계획이 수립되고 그러한 실행 계획이 당초의 목적이나 목표에 비추어 얼마나 효과적으로 실행되었는지 평가하고 개선 방안을 마련하려는 취지에서 이루어지는 평가도 이 범주에 속한다고 볼 수 있다. 진단 목적의 평가는 제11장에서 다룰 주제이기 때문에 본 장에서는 생략하기로 한다.

평가 대상과 주기

교회에서의 평가는 교회 전체, 교회 내 부서와 각 부서를 책임지고 있는 사역자와 직분자 등이 그 일차적 대상이 될 수 있다. 교회 내 부서로는 예배, 선교, 교육, 봉사, 친교 등 교회의 5대 사역을 담당하고 있는 부서들과 기획, 재정, 미디어, 행정 등의 지원 기능을 맡고 있는 부서들이 여기에 해당한다. 평가 주기는 짧을수록 좋으나 현실적으로 자주 하기에 어려움이 있을 수 있으므로 교회 현실을 감안하여 반기 혹은 년 단위로 할 수 있다.

평가 기준 및 내용

평가 기준 설정은 구성원들이 어느 방향으로 자신들의 에너지를 집중해야 할지 그 과녁을 설정해 주는 것과 같기 때문에 평가 제도의 핵심에 해당한다. 평가 기준이 잘못될 경우 구성원들로 하여금 역량을 엉뚱한 방향으로 발휘하도록 오도하는 부작용을 초래할 뿐만 아니라, 그것을 기준으로 평가한 결과가 현상에 대한 잘못된 결론에 이르게 함으로써 구성원 개개인과 교회 조직의 발전에 걸림돌이 될 수도 있다.

평가의 기준은 크게 성과 평가 차원과 역량 평가 차원의 기준으로 나눌 수 있으며, 일반 영리 조직에서는 보통 두 가지를 모두 평가 기준으로 설정하고 일정한 비율로 평가에 반영한다. 그렇다면 교회에서는 어떠한 평가 기준을 설정하여 사용하는 것이 바람직할까? 교회에서는 일반 영리 조직에서처럼 평가를 강제할 수도 없고 평가 받는 것에 대한 심리적 거부감이 존재할 수 있기 때문에 조심스럽게 접근할 필요가 있다. 개별 부서의 사역 목표가 교회 전체의 비전이나 목표 달성에 기여할 수 있는지, 그리고 회계년도 초기에 세운 사역 목표가 어느 정도 달성되고 있는지 등에 초점을 맞춰 기준을 정하되, 교회 내 부서의 사역 목표를 다양한 각도에서 평가할 수 있도록 균형잡힌 기준을 설정하는 것이 필요하다.

평가자

평가자가 되기 위해 갖추어야 할 자격 요건은 평가 대상자를 관찰할 수 있는 위치에 있는지 여부와 정확하게 평가할 수 있는 안목과 목적 의식을 명확하게 가지고 있는지 여부다. 기업에서는 전통적으로 보고 절차에서 윗자리를 점하고 있는 사람이 아래에 위치한 사람을 평가하도록 해 왔다. 그러나 최

작성 연월일:　년　월　일

부서 및 직책명		작성자:	
부서 본연의 업무 목표 달성도	업무 수행 목표	업무 수행 실적	
	부서의 비전과 목표는 효과적으로 달성되고 있는가?(1~10점)		평점 (1~10점)
	평가 내용		
비전 및 가치 적합성	• 업무 목표는 교회의 비전 달성에 기여하는 목표인가?		
	• 타 부서와 교회의 목표 달성을 위해 원활하게 협력하는가?		
	• 업무 수행 과정에서 원칙이 충실하게 지켜지고 있는가?		
고객 만족도	• 업무 수행 상 긴밀하게 연계되어 있는 부서들의 필요를 잘 충족시켜 주고 있는가?		
	• 사역을 통해 수혜받은 자들이 만족하는가?		
내부 프로세스 효율성	• 업무 수행 프로세스의 체계화 및 효율화가 이루어지고 있는가?		
	• 교회의 문화 변화나 향후 조직 운영 발전에 기여했는가?		
부서원들의 역량 개발과 만족	• 부서원들이 부서 활동 참여를 통해 영적으로 성장하고 있는가?		
	• 부서원들의 업무 수행 역량이 향상되고 있는가?		
	• 부서원들에게 사역 참여 후의 기쁨과 만족이 있는가?		
전체 종합	• 전체적으로 보았을 때 업무가 만족스러운가?		

〈표 9.4〉 부서 평가 양식 예시

근에는 평가 대상자에 대한 한층 정확한 정보를 얻기 위해 평가자를 상사로 국한하지 않고 다원평가제도(다면평가제도 혹은 360도 평가 제도라고도 함)가 확산되고 있다. 상사 한 사람이 평가 대상자의 모든 면을 정확하게 평가하기는 사실상 불가능하기 때문에 다원평가제도 하에서는 평가 대상자를 둘러싸고 있는 사람들(상사, 동료, 부하, 고객 등)이 각자 자신의 위치에서 그 사람을 평가하게 함으로써 종합적인 면모를 파악하려는 것이다. 특히 이 다원 평가는 평가를 통해 한 사람의 역량을 파악하고 그것을 토대로 역량을 개발할 수 있도록 지원하고자 할 때, 즉 개발 목적으로 활용될 때 효과적인 평가 방식이라 할 수 있다.

교회에서의 평가는 일반 조직에서의 평가와 상황이 좀 다르다. 교회에서의 역할 수행은 대부분 자원자에 의해 이루어지기 때문에 지나치게 업적만을 추구한다든지 사람을 통제할 목적으로 평가 제도를 운영해서는 안 된다. 교회와 사람을 건강하게 세우고 그럼으로써 교회의 비전을 한층 효과적으로 달성하는 데 기여하자는 것이 근본 취지여야 한다. 교회와 사람을 건강하게 세우기 위한 사랑의 마음으로 정직하고 공정하게 평가할 평가자가 없다면, 그리고 그 평가 결과를 평가 대상자가 긍정적으로 받아들이지 않는다면, 평가 제도를 운영할 경우 자칫 득보다는 실이 클 수도 있다. 따라서 일단 평가 대상자 본인이 자기 평가 양식에 따라 스스로를 평가하도록 돕는 것이 바람직하다. 그리고 교회 내에서 인격적으로 존경받는 이들을 중심으로 평가 위원회를 구성하여 그 위원회가 다양한 사람들로부터 해당 대상자에 대한 의견을 수렴한 후 본인에게 종합 평가 의견을 제공함으로써 스스로 자신을 되돌아보고 필요한 역량 개발 계획을 수립하도록 도울 수 있다. 아울러 평가 위원회의 평가 결과는 추후 은사별 배치에 활용될 수 있도록 카드에 기록하여 데이터베이스화하는 것도 고려해 볼 수 있다.

평가 분위기 형성

그러나 평가에 있어서 가장 중요한 핵심은 평가 대상자가 평가 결과를 얼마나 긍정적으로 이해하고 받아들여 자신의 역량 향상을 위해 활용하는지 여부다. 그리고 교회 내에 그러한 자세를 형성할 수 있는 분위기를 만드는 것이 중요하다. 한편으로 평가의 분위기를 형성하는 데 매우 중요한 역할을 하는 사람은 담임 목사라 할 수 있다.

거룩한 빛 광성교회의 정성진 목사는 교회 규약에 따라 본인이 재신임을 받아야 하는 2006년을 계기로 활용하여 스스로 평가를 요청하여 받았다. 평가는 전 성도를 대상으로 하여 설문 형식으로 이루어졌으며, 재신임 여부, 담임 목사로서의 포괄적 자질, 영적 리더십, 교회의 목표와 비전 추진력, 목회 철학의 적용과 실천, 섬기고 세우는 리더십, 의사 결정 방식, 신뢰성, 접근성 등의 내용을 중심으로 이루어졌다. 재신임의 기회를 통해 성도들의 눈에 비친 자신의 목회 역량을 성찰하려는 적극적 자세를 가지고 스스로 평가를 요청하고, 개발 목적의 평가를 교회 내에 확산시키는 데 솔선수범하는 모습을 보인 것이다. 그러나 평가에 대한 긍정적 분위기와 조건이 성숙되지 않았다면 무리하게 개인 평가 제도를 운영할 필요는 없다. 대신 개인들로 하여금 자기 평가의 기회를 갖도록 계기를 마련하는 선에서 평가 제도를 운영하는 것이 하나의 현실적 대안이라 할 수 있다.

급여 관리 시스템

2002년 12월 24일 높은뜻 숭의교회 자유게시판에 '억대 연봉의 목회자와 구유에 누우신 주님'이라는 제목의 글이 올라오면서 목회자의 급여가 사회적 이슈로 떠올랐다.[4] 목회자 급여수준의 적정성과 급여 총액을 계산할 때 어떠한 항목을 포함시켜야 하는지 등을 둘러싸고 일부 논란이 진행되었지만, 담임 김동호 목사의 요청으로 '목회자 사례 연구회'가 구성되어 목회자 사례비 지급의 원칙과 기준 등을 정함으로써 일단락되었다. 높은뜻 숭의교회에서는 당사자였던 김동호 목사의 자기 성찰적 자세와 제기된 문제를 발전의 계기로 삼으려는 의지로 인해 건설적 방향으로 문제가 해결되었지만, 아직도 대부분의 한국 교회 내에서 목회자의 급여 문제는 원칙이 없고 불투명한 상태로 운영되고 있으며, 교회 내에서조차 공론화의 대상으로 삼기 어려운 금기 사항으로 취급받고 있는 것이 현실이다.

왜 급여 관리를 해야 하는가

일반 조직에서 급여는 개인에게는 중요한 생활 수단을 제공함과 동시에 자신의 존재 가치를 확인하게 해주는 역할을 하고, 조직에게는 급여 대상자들의 만족도와 의욕을 향상시킴으로써 업무 성과 향상을 유도하는 중요한 정책 수단이다. 급여와 관련된 이슈는 매우 다양한데, 교회 조직에서 급여는 일단 그 주 대상이 사역자로 한정되는 면이 있고, 고용 관계의 주 매개 수단으로서 갖는 의미보다는 사명을 주 연결 고리로 맺어진 관계의 보조적 수단으로 머물러 있기 때문에 그 동안 급여와 관련된 논의가 본격적으로 이루어지지 않은 것이 사실이다.

대부분의 교회에서 사역자에 대한 사례비 책정이 원칙 없이 이루어져 왔으며, 그 결과 교역자들의 사례비가 일관성과 적정성, 공평성을 상실한 채 지급되어왔다. 사역자들의 급여 수준이나 급여 형태, 사역자 간 급여 차이 등에 대한 표준이나 기준이 명확하게 마련되어 있지 않은 것이 대부분 한국 교회의 현실이다. 이러한 현실적 배경을 감안할 때 사역자에 대한 급여 문제는 한 번쯤 정리하고 넘어가야 할 이슈임에 틀림없다.

한국 교회 중 매우 예외적으로 급여 관리가 전혀 문제되지 않는 교회가 있다. 평신도들이 모여 교회를 시작한 강동교회에는 성직자와 평신도의 구분이 없으며, 전임 사역자도 없다. 모두 같은 신분의 그리스도인으로서 각자 하나님께 받은 은사대로 자발적으로 섬긴다. 따라서 사역이나 봉사의 대가로 그 누구도 급여를 받지 않으며, 최소한의 경비를 제외하고는 모든 헌금이 선교비와 구제비로 사용된다. 이는 지나치게 제도화되고 조직의 논리가 크게 작용하는 기존 교회에 던지는 시사점이 있으며, 교회 공동체의 새로운 대안적 실험으로서 의미가 있는 사례다. 그러나 이런 경우는 매우 예외적이고 대부분의 교회에서는 급여 관리의 필요성을 안고 있다.

급여의 구성 내역과 지급 원칙

급여는 보통 어떻게 구성되는가? 사역자들에 대한 급여는 사역자를 동기부여하려는 목적보다는 하나님께 부름받은 소명자로서 하나님 나라의 확장을 위해 전념할 수 있도록 생활 상의 필요를 채워 주고 사역 활동에 필요한 비용을 지원해 주는 성격이 강하다고 볼 수 있다. 따라서 전임 사역자의 전형적인 급여는 생활급적 성격의 기본 사례비와 가족수당 및 복리후생비, 역할급적 성격의 목회활동비, 사회보장급적 성격의 보험료(예를 들면, 건강보험료, 연금보험료, 퇴직충당금) 등으로 구성된다.

급여 지급의 원칙으로는 공헌도와 노력에 비례하여 지급하는 공정성(equity)의 원칙, 자격을 갖춘 사람에게는 누구에게나 동일한 급여를 지급하는 균등성(equality)의 원칙, 그리고 생활의 필요에 따라 지급하는 필요성(needs)의 원칙 등이 있다.[5] 그렇다면 교회에서는 어떠한 원칙을 적용하는 것이 바람직할까? 이를 위해서는 사역자들에게 지급되는 급여가 갖는 의미와 기능이 무엇인지를 생각해 볼 필요가 있으며, 위 세 가지 원칙 중 하나를 배타적으로 선택하여 적용하기보다는 급여의 구성 내역별 기능과 특성들을 감안하여 상호 보완적으로 적용할 필요가 있다.

우선, 교회에서의 급여는 사역자의 생활 보장이라는 의미와 기능을 갖는다. 초대교회 시대에 바울 사도는 스스로의 선택에 의해 생활비를 벌며 자비량으로 복음 사역을 수행했지만, 교회로서는 전임 사역자의 생활을 보장해 주는 것이 마땅하다고 볼 수 있다. 사역에 전념하는 사역자가 생활에 필요한 급여를 받는 것은 사역자의 권리라는 측면도 있지만, 사역자가 생활의 문제에 얽매이지 않고 사역에 전념할 수 있도록 교회가 일정한 수준의 재정 지원을 해주는 것은 당연하다고 볼 수 있다.

이러한 생활급적 의미에 주안점을 둘 경우 목회자 급여 지급 시 '필요성의 원칙'을 적용할 수 있다. 안정적 생활을 위한 소득 수요가 작을수록 낮은 급여를, 소득 수요가 클수록 높은 급여를 지급받도록 하는 것이다. 총 급여 중에서 기본급과 몇몇 부가 급여가 기본적인 생활 안정을 위한 급여의 성격을 갖는다고 볼 수 있다. 급여 생활자의 연령이 높아질수록 생활비 지출이 많아지고 그에 따른 소득 수요가 높아질 것을 감안한 연령 비례 기본급 지급(예를 들어, 연령에 근거한 호봉제), 가족 수에 비례한 가족수당 지급, 고등학교 이상 재학 중인 자녀의 등록금 일부 지원, 주거비 지원 등은 급여의 생활급적 성격을 반영하여 필요성의 원칙을 적용한 것으로 이해할 수 있다. 높은 뜻 숭의교회가 나이와 목회 경력을 기준으로 35호봉(나이 31세에 목회 경력 1년이면 1호봉)으로 나누고 그에 따라 기본급을 차등 지급하기로 한 것은 기본급의 생활급적 성격을 반영한 것으로 볼 수 있다.

사역자들에게 지급되는 기본급은 생활급적 성격 외에도 수고와 공헌에 대한 사례 및 보상의 의미를 갖는다고 보는 견해도 있다. 하나님 나라와 교회를 위해 전적으로 헌신하는 사역자들의 수고와 공헌에 대한 보상이라고 보는 것이다. 기본급이 이와 같은 의미를 갖게 될 때에는 사역에 대한 수고와 헌신을 이해하는 성경적 관점이 기본급 지급 원칙 속에 살아 있어야 한다. 수고와 공헌에 대한 보상의 경우 일반 기업에서는 공헌도에 비례한 '공정성 원칙'을 적용하는 것이 보편적이다. 교회 내에서 전임 사역자들을 직급으로 구분하여 그에 따라 기본급을 차등적으로 지급하는 경우도 이러한 원칙을 적용한 것으로 볼 수 있다. 담임 목회자의 수고와 공헌이 부교역자보다 훨씬 크기 때문에 더 높은 급여를 받아야 한다는 식이다. 대부분의 한국 교회가 이러한 원칙을 적용하고 있다.

그렇지만, 하나님 나라의 확장과 교회를 위한 사역에 헌신하고 있는 사역자들의 공헌도에 대해서는 외형적 차이에 근거한 우리의 판단과 하나님의 판단이 크게 다를 수 있기 때문에 '공정성의 원칙'을 곧바로 적용하기에는 무리가 따를 수 있다. 하나님으로부터 받은 소명과 그에 근거한 사역은 우리 눈으로 보기에 크든 작든 상관없이 하나님 앞에서는 모두가 동일하게 중요할 수 있기 때문이다. 따라서 교회를 위한 수고와 공헌을 급여에 반영할 경우 '공정성의 원칙' 못지않게 '균등성의 원칙'을 적용하는 것을 적극 고려해 볼 필요가 있다. 인간적 판단 기준으로 보면 아흔아홉 마리의 양이 더 크게 보이고 그것들을 돌보는 목자가 더 높은 대우를 받아야 한다고 생각할 수 있지만, 잃어버린 양 한 마리를 찾아 나선 목자의 기준에서 보면 결코 그렇지 않다. 일부 교회가 모든 목회자와 간사에게 동일한 금액의 기본급을 지급하는 것은 하나님 앞에서 받은 사역의 동등성을 받아들이고 그것의 의미가 살아 있도록 하기 위한 조치라고 볼 수 있다.

전임 사역자에게 지급되는 급여의 또 다른 의미와 기능은 사역 활동을 위한 비용의 지원이다. 통상적인 목회 활동비가 여기에 해당한다. 이는 목회자별 책임 영역의 차이를 반영한다고 볼 수 있기 때문에 책임 정도의 차이에 따라 활동비에서 격차가 생겨날 수 있으며, 그 점에서 '공정성의 원칙'이 적용될 수 있다고 볼 수 있다. 그러나 목회 활동비가 급여로 분류되어야 하는가에 대해서는 논란의 여지가 많다. 목회 활동비는 사역을 위해 공적으로 쓰이는 비용이기에 전임 사역자에게 사적인 편익을 가져다주는 급여로 보기 어려운 점이 있다. 목회 활동비를 실비 정산 방식이 아닌 일괄 지급 방식으로 지급하고 사용에 따른 지출 명세서라든지 증빙 자료 제출을 부과하지 않을 경우 사

항 목	세부 항목	산출 근거	대상과 차등화
기본 사례비	연급여	일정 금액×12월	• 직위별 차등화
	상여금	월 급여의 400%	• 연급여에 준함
제수당	휴가비	월 급여의 50%	• 연급여에 준함
	목회비	일정 금액×12월	• 전임 사역자에 한정 • 직위별 차등화
	가족수당	일정 금액×가족수×12월	• 모든 사역자에 해당 • 모든 사역자 동일 금액
복리비	학자금	실비 정산	• 본인 혹은 자녀 • 모든 사역자에 해당
	사택 관리비	일정 금액×12월	• 전임 사역자에 한정 • 담임 목사 차등
	차량 유지비/ 교통비	일정 금액×12월	• 모든 사역자에 해당 • 담임 목사 차등
	의료보험	실비 정산	• 모든 전임 사역자
퇴직충당금	퇴직충당금	(급여+제수당)의 10%	• 모든 전임 사역자

〈표 9.5〉 사례비 구성과 산출 근거 예시

적으로 전용될 수 있는 여지를 두게 됨으로써 오해를 받을 가능성이 높다. 이러한 점을 감안하여 높은뜻 숭의교회는 새로운 급여 원칙을 정하면서 목회 활동비(접대비, 지원비, 도서비, 차량 관련 비용, 교육비 등)의 사용 금액을 원칙적으로 영수증 처리하도록 규정했다. 이를 위해 교회는 목회비를 사용하는 목회자를 위해 법인카드를 발급하도록 하고, 소액 지원비 등 법인카드 사용이 불가능하거나 영수증 처리가 곤란한 경우에는 목회자가 사용일자 및 사용 용도를 기재한 서면을 영수증으로 대체할 수 있도록 했다.

그렇다면 위에서 살펴본 '필요성의 원칙'이 적용되는 생활급적 급여 요소와 '균등성의 원칙'이 적용될 수 있는 수고에 대한 사례 측면의 급여 요소, 그리고 '공정성의 원칙'이 적용될 수 있는 목회 활동비의 상대적 비중을 어느 정도로 하는 것이 바람직할까? 이에 대한 정답은 없다. 그 상대적 비중을 어떻게

항 목	세부 항목	지급 원칙
기본 생계비	기본급	• 목회자와 간사 모두에게 동일한 정액 지급
	가족수당	• 부양 가족 1인당 모두 동일한 정액 지급
직무 수행비	직무 활동비	• 직무에 따라 차등 지급
	교통비/유류대	• 목회자는 실비, 간사는 정액 지급
	휴대폰	• 목회자와 간사 모두에게 실비 지급
	도서 구입비	• 목회자 모두에게 동일한 정액 지급
복지비	생명보험	• 목회자, 간사 모두 동일한 정액 적용
	식 대	• 간사에게 정액 지급
	사택 관리비	• 정액으로 담임 목사와 차등 지급
상여금		300%
• 4대 보험(의료, 산재, 고용, 국민연금)은 일반기업과 같이 개인, 교회가 각기 50%씩 부담
• 모든 급여에 대해서는 세금 납부 |||

〈표 9.6〉 사례비 구성 내역 및 지급 원칙 예시

하느냐가 그 교회의 지향점과 문화를 반영한다고 볼 수 있으며, 총 급여 면에서 사역자 간 급여 격차를 키울 수도 있고 줄일 수도 있다. 다만, 교역자 간 급여 격차를 키울 경우 공동 사역을 담당하는 동역자들 사이에 팀워크가 약화될 우려가 있는 반면, 교역자 간 급여 격차를 최소화할 경우 더 큰 책임을 지고 많이 수고하는 교역자의 의욕을 꺾을 수 있다는 점은 고려할 필요가 있다.

급여의 수준

일반 기업에서 급여 수준을 결정할 때에는 자사의 지불 능력, 노동시장에서 형성된 시장 급여 수준, 자사 제품이나 서비스의 가격 경쟁력 등을 감안하여 결정한다. 자사 제품이나 서비스의 시장 가격 경쟁력을 고려하지 않고 급여 수준을 결정하게 되면 제품이나 서비스 시장에서 경쟁력을 상실할 수 있고, 노동시장에서 형성된 급여 수준을 고려하지 않고 급여 수준을 낮게 책정하면 양질의 우수 인력을 확보하고 유지하는 데 어려움을 겪을 수 있다. 또한 자사의 지불 능력을 고려하지 않고 급여 수준을 과다하게 책정할 경우에는 지나친 인건비 부담으로 인해 기업의 재정 상황이 악화될 우려가 있다.

교회의 경우는 일반 기업과 달라 제품이나 서비스에 대한 가격 경쟁력 개념을 적용받지는 않는다. 하지만 전임 사역자들이 사역에 전념할 수 있도록 하기 위해 생활의 안정과 사역 활동을 지원할 수 있는 수준의 급여를 지급해야 할 필요성이 있다. 그런데 그 수준이 구체적으로 어느 정도인가? 이에 대한 절대적 기준을 설정하기는 쉽지 않다. 교회마다 재정 상황이 다르고, 교회가 속해 있는 지역의 생활비가 다르기 때문이다. 한 가지 방법은 사회적 기준을 적용하는 것이다. 높은뜻 숭의교회가 예배 처소로 사용하고 있는 숭의대학 교수의 연봉을 기준으로 하여 목회자의 급여를 설정한 것이 대표적인 예다. 높은뜻 숭의교회는 교회가 목회자의 사택을 제공한다는 점을 감안하여 숭의대학 교수 연봉의 85퍼센트 수준에서 목회자의 급여를 결정했다. 그러나 사회적 기준을 적용하는 것은 어디까지나 고육지책에서 나온 방안일 뿐이지, 그것이 모든 교회들이 따라야 할 방안은 아니다.

또 하나의 방법은 소속 교인들의 평균 생활 수준을 감안하여 급여 수준을 정하는 것이다. 전임 사역자들이 성도들의 아픔과 어려움을 함께 짊어지면서 목양해야 하는 특수한 입장에 서 있다는 점을 감안하여, 전임 사역자의 급여 수준이 너무 높아 어려운 형편의 성도들에게 상처를 주거나 위화감을 느끼게 하는 일이 발생하지 않도록 배려하는 차원에서 나온 방안이라 할 수 있다. 그러나 성도들의 평균 생활 수준을 파악하기도 쉽지 않거니와 이것 역시 자의적인 기준이어서 보편적으로 적용되기는 쉽지 않다. 결국은 교회의 재정 능력, 지역의 생활비 수준, 지역 교회들의 급여 수준 등 다양한 요소들을 종합적으로 고려하여 결정해야 하지만, 중요한 것은 교회의 성도들과 지역 사회가 공감하고 납득할 수 있는 적정 수준을 찾아 나가는 것이다.

한편, 한국 교회가 반드시 짚고 넘어가야 할 이슈는 대형 교회와 중소형 교회 간 목회자 급여 수준 격차 문제다. 대도시 지역의 대형 교회들은 목회자 급여 수준과 관련하여 사회적 공감을 얻을 수 있는 수준을 찾기 위해 고민하고 있지만, 농촌 지역이나 저소득층 밀집 지역에 있는 소형 교회들은 목회자 급여 지급의 원칙을 가지고 고민할 여유가 전혀 없다. 예수 그리스도 안에서 모든 지역 교회들이 하나임에도 불구하고 현실적으로 하나임을 확인하지 못하고 있다. 따라서 교단을 통해서든 다른 방식을 통해서든 교회 간 급여 격차를 해소할 수 있는 실질적 방안을 모색할 필요가 있으며, '보편적 교회' 원리에 따라 이를 위해 지속적으로 노력해야 할 것이다.

토론 질문

1. 교회의 5대 사역(예배, 교제, 교육, 선교, 봉사)을 기준으로, 각 사역을 제대로 수행하는 데 필요한 핵심 은사와 역량이 무엇인지 논의해 보라.

2. 교회의 제반 사역이 효과적으로 수행되고 있는지 평가하고자 할 때 가장 큰 장애 요인은 무엇이고, 교회 내에서 평가를 긍정적으로 활용할 수 있는 방안은 무엇이며, 교회 내에 긍정적 평가 분위기를 조성할 수 있는 효과적 방안은 무엇인지에 대해 논의해 보라.

3. 교회 전임 사역자에 대한 급여 원칙을 함축하고 있는 성경 구절을 찾아보고, 교회 간 규모 차이와 전임 사역자의 직급 차이를 급여에 어떻게 반영하는 것이 바람직할지, 성도들의 소득 수준과는 어떠한 관계를 설정하는 것이 바람직할지 등에 대해 논의해 보라.

10장
운영 시스템 2

재정 | 회계 및 정보 시스템

조직모형: 교회 조직의 필수 구성 요소인 리더십, 구조, 운영 시스템 및 문화와 이들 간의 상호 관계

이 장에서는 앞 장에서 다루지 못했던 재정/회계 시스템과 교회 정보 시스템을 다루고자 한다. 이는 다른 운영 시스템과 함께 교회가 실질적으로 운영되는 데 필요한 기본적인 동력을 제공해 주는 것들이다. 돈은 하나님과 동일한 선상에서 섬김의 대상으로 거론되는 대상인 만큼 그리스도인으로서 거룩하고 신중하게 다루어야 하는 실체이고, 정보 시스템과 홈페이지는 최근 기술의 발전이 교회에도 영향을 끼친 것을 반영하는 것으로 기술과 사역을 연계시킬 수 있는 중요한 영역이다.

재정/회계 관리 시스템

한국 교회의 재정 및 회계 관리 시스템"과 관련하여 제기될 수 있는 몇 가지 문제가 있다. 먼저, '핵심 목적의 성취' 원리와의 부합성 여부다. 많은 경우 목적과 관련된 뚜렷한 방향 감각 없이 재정 및 회계 관리가 이루어진다.

둘째, 성령 하나님에 대한 민감함의 부족과 재정/회계 관리와 관련된 의사 결정의 비민주성이다. 헌금을 하나님의 뜻에 합당하게 사용해야 한다는 것은 누구나 인정하지만, 그것을 위해 구체적인 노력을 잘 기울이지 못하는 것이 사실이다. 나아가 예산 설정, 집행 및 결산 과정에서 일부 구성원의 의견이 지배하거나 전횡하여 왜곡된 의사 결정을 하는 경우가 많다.

세 번째 문제는 일관성의 부족이다. 보통 교회의 재정 보고는 대외적이기보다 개교회에서 거의 독립적으로 이루어진다. 이런 관습으로 인해 교회마다 제각기 다른 재정 관리 및 회계 보고 시스템을 가지고 있어서 이론적·실무적 발전이 매우 느린 것이 사실이다.

넷째로 재정 및 회계 정보의 불투명성을 지적하지 않을 수 없다. 불투명성이 발생하는 데는, 재정과 관련된 의사 결정을 은밀히 하거나 권한이 허락되지 않은 상태에서 편의상 집행하고, 정보를 공개하지 않거나 왜곡된 정보를 제공하는 등 다양한 원인이 있다.

마지막으로 감사 제도와 책임 의식의 결여를 들 수 있다. 합리적인 견제와 균형이 이루어지지 않는 상태에서 적당히 넘어가는 것이다. 내부 감사를 시행하더라도 형식에 그치고, 감사가 지적하는 내용을 다음 해에 반영하여 바꾸는 교회는 많지 않다.

사기업은 수익과 비용을 가지고 사업 활동의 결과를 평가하지만, 비영리 조직이나 종교 단체는 예산을 잘 짜고 그대로 집행을 잘 했느냐를 평가해야 한다. 교회의 존재이유는 물질적인 이익을 내는 것이 아니기 때문에 이런 재정과 회계 시스템을 갖추는 것은 교회의 본질적인 사명을 더 잘 감당하기 위한 것이다. 그러므로 우리는 하나님의 교회를 세워가는 데 있어 물질의 낭비와 무절제를 용납해서는 안 된다. 또한 사역의 우선 순위를 무시한 채 급하다는 이유로 아무 곳에나 물질을 사용해서도 안 된다. 이제 이런 맥락에서 예산의 편성, 집행 및 결산의 과정이 어떠해야 되는지를 살펴보자.

예산 편성

예산 편성에는 내용적 측면, 형식적 측면 및 과정적 측면이 있다. 내용적 측면이란 예산이 어떤 내용을 담아 내야 하느냐와 연관된다. 내용 측면에서 중요하게 다루어야 하는 것은 교회 비전과의 일치성 및 '핵심 목적의 성취'다. 교회의 존재이유와 사명에 연계되도록 하고 한 해의 목표와 목회자의 목회 방침 등이 고려되어야 할 것이다. 혹시 목회자가 재량으로 사용할 수 있는 예산이 없다면 예산을 편성할 때 목회 방침이 잘 반영되도록 할 필요가 있다.

또 한 가지 고려해야 하는 것은 교회의 본질적인 사역과 인건비를 포함한 행정 운영비 간의 균형, 내부 사역과 외부 사역 간의 균형을 추구해야 한다는 점이다.

예산을 편성할 때 많은 교회에서 전년도에 준해서 일률적으로 증가시키는 방법을 사용하는데, 이 방법보다는 '원점 기반 예산법'(zero-based budgeting)을 사용하여 모든 사역이 처음 시작하는 것으로 가정하여 예산을 세우는 것이다. 이렇게 하여 특정 사역의 목적이나 필요성을 다시 점검하여 관행적으로 예산 편성을 하는 것을 막고 본질적 사역에 집중할 수 있다.[2]

두 번째는 형식적 측면으로, 예산 편성은 가능하면 간단하게 하는 것이 좋다. 너무 복잡하여 전문가들이나 이해하도록 구성되거나 용어 이해가 되지 않는 것은 의사소통이나 정보공유의 관점에서 많은 문제를 야기한다. 매년 가능하면 항목(계정)의 이름을 통일하고, 각 지회별로 통일된 양식과 용어를 사용하는 것이 전체의 비교와 관리상 유익할 것이다.

마지막은 과정상 측면이다. 예산 편성에는 참여와 공유가 중요하며, 의사소통의 수직적인 측면과 수평적인 측면이 함께 이루어져야 한다. 위에서 예산을 일방적으로 작성하여 내려 주는 것과 밑에서 일방적으로 올린 예산을 그대로 수용하는 것은 모두 바람직하지 않다. 수직적 측면에서는, 우선 위에서 원칙을 제시하고 그것에 따라 의견을 수렴하고 예산을 받아 다시 조정하고 결정하는 과정이 필요하다. 또한 수평적 측면에서는, 각 부서의 책임자가 참여하도록 유도하고 부서 간 협조를 위한 대화를 해 나가야 한다. 예산 편성 시기도 중요한데, 어떤 교회에서는 예산 편성이 부서 책임자나 1년 목회 방침 및 방향성이 결정되기 전에 이루어져 실제 일하는 사람들의 의견 및 실제 사업과 동떨어질 소지가 있다.

샘물교회는 2005년까지 11월 초에 예결산위원회가 차년도 예산 가이드라인을 제시하면 이에 따라 각 부서가 예산안을 제출하고 예결산위원회가 이를 심의, 조정한 후 당회 및 제직회, 공동의회를 거쳐 예산 편성이 결정되는 방식을 취했다. 그러다 2006년부터는 먼저 조직과 신임 부서장을 12월에 결정하고 그 후 예산을 수립하는 3월 결산 체제로 변경하였다. 이는 조직 편제와 예산 반영 시점의 불일치로 인한 번거로움을 해결하기 위해서다. 또한 예산 조정은 위원회별 총 예산을 먼저 제시한 후 사역위원회 자체에서 팀 예산을 결정하는 방식을 취하고 있다.

예산 편성을 위한 핵심 원리

예산을 세우고 재정 전략을 수립할 때 최소한 다음 몇 가지 원리를 가지고 접근하는 것이 필요하다. 첫째는 건강한 교회의 핵심 원리 중 '성령 하나님에 대한 민감함' 원리다. 이것은 실제로는 "성령 하나님에 대한 민감함과 합리적 계획의 균형"으로 나타난다. 이 원리와 관련하여 논의되는 핵심 내용은 과연 교회에서도 예산 제도가 필요한가 하는 것이다. 믿음으로 그때 그때 사용하면 되지 꼭 합리적으로 예산을 편성하여 그대로 집행하는 것이 맞는가에 대한 문제 제기다. 잘못하면 성령에 민감하지 못하게 헌금을 사용할 수 있다는 우려도 나타낸다.

강동교회나 감자탕교회로 알려진 서울광염교회의 경우는 예산을 잘 짜서 그것에 따라 집행하기보다 필요한 곳에 즉각적으로 사용되도록 하고 있다. 강동교회는 예산이 별도로 없다. 헌금 중에서 40퍼센트 정도를 선교에 쓰고, 나머지는 교회당 월세, 식사 및 성도들의 가정 구제 등으로 쓰고 있다. 청장년이 50여 명밖에 되지 않지만 현재 6명의 선교사를 돕고 있다. 교회가 재산을 소유하는 것에서 문제가 발생한다고 보고 일체의 재산 소유를 거부하고 있다. 이런 재정 관리 측면에서 강동교회는 아주 독특한 모델을 가지고 있는 교회다. 반면 서울중앙교회나 언덕교회의 경우 정확한 예산을 확립하고 그것에 따라 집행하는 방식을 채택하고 있다. 어떤 경우든 성령 하나님에 대한 민감함을 유지하는 것은 중요하다.

이 원리와 연관된 또 다른 문제는 담임 목사의 헌금 사용 재량권이다. 어떤 교회에서는 담임 목사가 별 제약 없이 혹은 형식적인 절차만 거친 후 헌금을 거의 마음대로 사용할 수 있다고 한다. 또 다른 교회는 담임 목사가 마음대로 사용할 수 있는 부분이 전혀 없는 경우도 있다. 전자의 주된 논리는 담임 목사가 영적으로 민감하기 때문에 하나님이 원하시는 곳에 언제든지 사용할 수 있어야 한다는 것이다. 후자의 경우는 역으로 담임 목사도 재정 문제와 관련해서는 실수와 오류가 있을 수 있기 때문에 하나님의 헌금을 함부로 사용할 수 없으며 성령 하나님의 역사도 질서와 계획 속에 나타나는 것이지 즉흥적으로 이루어지는 것은 아니라는 논리를 펼친다. 우리는 이 두 가지 극단적 논리의 의미를 잘 반영하는 방향으로 균형 있게 수용할 필요가 있다.

둘째, '핵심 목적의 성취' 원리가 적용되어야 한다. 이것은 실제로 "효율성과 효과성의 균형"이라는 지침으로 연결된다. 예산은 반드시 사용해야 하는 곳에 사용해야 하며 가능하면 검소하게 효율적으로 사용해야 한다는 점을 동시에 추구해야 한다. 효과성을 제고하기 위해서는 교회의 본질과 기능을 충분히 이해하고, 나아가 교회의 비전을 수립하고 이에 따라 재정을 운영해야 한다.[3] 다운교회는 재정 운영에서도 교회가 마땅히 해야 할 일에 힘을 쏟아야 한다는 원칙을 지키기 위해 전도 및 선교에 교회 재정의 18퍼센트를 쓰고 있다.

셋째로는 '유기적 연계성과 공유'의 원리다. 예산을 편성할 때 전체 교회의 방향성을 놓고 집중해야 하는 곳이 어디인지 논의하고 합의함으로써 교회 전체를 하나의 공동체로 세워 가야 한다. 특정 장소나 물건이 공유가 가능

> **부채를 낀 예배당 건축, 어떻게 볼 것인가?**
>
> 예산 편성과 관련해서 한가지 이슈가 되는 것은 부채를 가지고 교회 건축을 하는 경우다. 교회가 성장하면서 새로운 예배당을 건축하는 경우 대개 부채를 통해서라도 현재 헌금 수준 이상으로 예산을 짜게 된다. 무리하게 건축을 추진해 가는 과정에서 갈등이 생기기도 하고, 욕심이 생겨 시험에 빠지기도 하며, 성도들이 교회를 옮기는 사례도 발생하곤 한다. 이런 이유로 인해 강동교회의 경우 교회가 재산을 가지는 것 자체를 거부한다. 또한 나들목교회, 주님의교회, 삼일교회, 한영교회, 언덕교회 등은 학교를 빌려 주일 예배를 드린다. 교회가 부채를 허용해서라도 건축을 하는 것은 바람직한가? 우리는 부채 없이 교회 건축을 하는 것이 가장 바람직하다고 생각한다. 가능한 한 부채를 발생시키지 않고 교인들의 헌금으로만 건축을 진행하는 것이다. 헌금이 부족하면 충분한 헌금이 적립될 때까지 건축을 미루고 헌금은 자원하는 마음으로 기꺼이 동참하는 형식이 바람직하다. 그러나 혹 부채를 지게 될 경우 최소한 다음의 조건을 충족하는 것이 필요하다.
>
> 첫째로, 의사 결정 하나하나에 성령 하나님에 대한 민감함을 지녀야 한다. 건축이 필요한지 혹은 왜 건축해야 하는지에 대한 바른 생각이 있는지 확인해야 한다. 교회당 건축의 영광은 그 화려함에 있지 않다. 솔로몬의 성

한데도 하나의 부서에서 독점적으로 사용되거나 배타적인 입장으로 의사 결정이 되면 불필요한 낭비와 비효율성을 초래하게 될 것이다.

> 전은 자태가 참으로 아름다웠지만 바벨론에 의해 완전히 파괴되었다. 포로 귀환 이후 스룹바벨의 성전은 외양은 초라했지만 마음에 감동을 받은 사람들의 즐겁게 드리는 예물로 준비되었고 이 성전을 여호와께서는 기뻐하셨다. 세 번째 성정인 헤롯 성전은 훨씬 아름다웠지만 예수님은 돌 하나도 돌 위에 남지 않고 무너질 것이라 말씀하셨고 그것은 로마에 의해 무너졌다.[4]
> 따라서 예배당은 그 크기나 화려함에 의미가 있는 것이 아니다. 따라서 하나님이 진실로 기뻐하시는 건축은 어떤 것인가 질문해 보아야 한다.
>
> 둘째로, 교회당 건축이 교회의 비전을 이루고 핵심 목적에 부합하는 것인지 확인할 필요가 있다. 또한 건축으로 인해 이런 핵심적인 목적이 상실되지 않도록 해야 한다.
>
> 셋째로, 건축을 미룰 만한 시간적인 여유가 없거나 시급할 때는 극히 제한적으로 부채를 차입한다. 단 몇 년 이내(예를 들어 3년)에 상환할 수 있는 여력이 있을 경우에만 예외로 부채를 허용한다. 이 때에도 성도들의 공동체성을 깨뜨리지 않는지 물어야 하고, 또한 성도들의 동의와 합의가 반드시 있어야 한다.
>
> 마지막으로 사후 관리가 철저해야 한다. 재산 관리와 소유에 대한 명확한 정리가 필요하고, 부채를 상환하는 과정에서 정보를 공유하고 성도들이 기꺼이 짐을 서로 져야 한다.

예산 집행

　예산과 관련한 두 번째 과제는 예산의 집행이다. 여기에 적용될 내용은 정직성, 정확성, 안정성, 투명성 등이다. 정직성은 영수증 처리 문제, 탈세 문제, 애매한 항목 처리 문제 등에서 요구되며, 항목의 분류나 기록에서는 정확성이 요구된다. 현금 관리와 기록 문서의 보관 등에서는 안정성이 요구된다. 또한 내부 통제 시스템이 필요한데, 장부상의 잔액과 통장상의 잔액 일치 여부 등을 얼마나 자주 그리고 누가 감독할지 등에 대한 정확하고 안전한 방법이 있어야 할 것이다.

　회계 기록 부서와 현금 관리 부서의 분리도 필요하며, 승인 절차와 관련해서는 전결 사항을 정해 놓은 상태에서 예산 범위 내 집행 문제와 예산 초과 시 금액에 따라 어디서 혹은 누가 승인해야 하는지 등에 대한 분명한 내규 지침이 있는 것이 좋다. 조직이 사역 기반 위원회 형태에서 소그룹 기반 셀형으로 변해 갈수록 예산 집행은 점점 분권화된다. 또한 예배, 선교 등의 사역별 항목도 소그룹 내에서 통합적으로 진행되면 집행 항목의 조정도 필요해질 수 있다.

　샘물교회 예산 집행의 경우 이미 앞에서 언급했지만 팀장이 최종 결재권을 가지고 있다. 예산이 초과된 경우 또는 사역위원회 내에서 부서 간 예산을 전용해야 할 경우만 책임장로가 결재하게 되며, 예산 항목에 없는 비용 지출은 제직회의 동의를 거치게 되어 있다. 서울중앙교회의 모든 예산 집행은 팀장과 해당 위원장의 결재와 재정위원장의 확인을 필요로 한다. 예산을 초과하는 경우나 예산에 없는 비용 지출은 제직회 동의가 필요하다. 예산에 있지 않은 경우는 담임 목사도 전혀 지출을 하지 못하게 되어 있다. 거룩한 빛 광성교회의 예산 집행은 팀장과 상위 위원회 위원장의 결재를 얻은 후 재정위원장의 확인 과정을 거쳐 진행된다.

　재정을 집행하고 관리하는 입장에서 몇 가지 지켜야 할 원칙이 있는데, 첫째로 '청지기 원리'가 필요하다. 개인의 재산이든 하나님께 바친 헌금이든 우리는 청지기로서 그것을 사용해야 한다. 헌금을 사용하고 관리하는 데 도덕적으로 해이해져서는 안 되며 우선적 사역이 아님에도 불구하고 관례대로 예산을 편성하는 일이 없도록 해야 한다.

　또한 '투명성의 원리'도 필요하다. 특정 개인이 많은 정보를 독점하고 많은 성도들은 전혀 정보를 접하지 못하는 정보 불균형 상태를 제거하고, 나아가 정보 공유의 확대를 통해 다각적 참여를 이루어야 할 것이다. 이 때 세 가지를 고려하는 것이 중요한데, 정보를 발생시키는 원천, 정보를 명시화하는 과정, 정보의 활용 등이다. 정보의 원천에는, 선교 지원에 대한 결정, 교육관 건립을 위한 의사 결정, 사회 봉사 활동 등이 속할 것이다. 이런 정보를 발생시키는 제반 정보 원천은 객관적인 사실 자체인데 여기서 투명성이라는 개념이 개입되는 것은 정보의 기록 단계라고 볼 수 있다. 이 명시화 단계에서는, 의사 결정이나 회의 등에 꼭 필요한 시점에서 정보가 제공되어야 하며(적시성), 일부의 정보만 제공하여 왜곡된 의사 결정이 일어나지 않도록 해야 하며(완결성), 비교 가능하며 일관된 정보 제공이 이루어져야 하고(일관성), 제공하는 정보가 미래의 의사 결정에 도움이 되도록 해야 하며(예측성), 정보는 믿을 만한 속성(신뢰성)이 있어야 한다. 마지막으로 정보의 활용 측면에서는 정보에 접근이 가능해야 하고(접근성), 그것을 볼 수 있어야 하며(가시성), 그리고 그것이 이해되어야 한다(이해가능성). 이 세 요소들은 거쳐 나가는 하나의 과정이다. 즉 정보의 원천으로부터 정보가 창출되는 것에서부터 그것이 기록되고 또한 공시되어 그것을 필요로 하는 자들에게 전달되

는 일련의 과정에서 투명성이 확보될 수 있어야 할 것이다.[5]

높은뜻 숭의교회, 다니엘 교회 및 언덕교회는 재정 지출과 관련된 일체의 보고서를 홈페이지에 올려 누구나 볼 수 있도록 하고 있다. 서울중앙교회는 3개월마다 있는 정기 제직회에서 유인물로 모든 제직이 볼 수 있도록 제시하고 필요 시 언제든지 열람할 수 있도록 하고 있다. 다운교회의 경우 재정 운영과 집행의 건전성을 유지하기 위해 교회 재정은 복식부기[6]로 관리하고 있는데 이는 한국 교회에서 매우 드문 일이라 할 수 있다. 또한 예결산은 기업 회계 기준에 준할 만큼 철저하게 정리하여 모든 성도에게 공개하고 있으며 모든 교회의 비품 및 자산, 차입금이나 자매 교회의 지원금 등 교회 전체 재산과 부채 금액까지 철저하게 관리하고 있다. 교회 통장도 담임 목사의 이름이 아닌 교회 명의로 개설하고 있어서 세법상 교회가 법인으로 간주되어 향후 이자 수입이 있을 경우에 대해 원천 징수당한 법인세까지도 환급할 수 있게 되어 있다. 또한 목회자의 갑근세와 4대 보험을 신고하고 납부도 한다.

예산 결산, 보고 및 감사

예산(혹은 재정)과 관련된 세 번째 과제는 결산, 보고 및 감사와 관련된 것이다. 필요한 보고서로는 대차대조표, 수지계산서, 운영계산서 등이 될 것이다. 재무 보고서를 어느 정도로 자세히 할 것인지, 또한 어떤 정보를 누구에게까지 공개할 것인지 등에 대한 사전 지침이 필요할 것이다. 최근 홈페이지에 재무 보고를 올리는 교회들이 있는데 여기서도 기본적으로 투명성이 필요하지만 개인을 보호하고 덕을 세우기 위해 어느 선까지 공개할지를 결정할 필요가 있다. 또한 교회 외부 사람들에게 공개될 부분과 교인들만 보아야 할 부분, 혹은 제직들만 볼 부분 등이 구분될 수 있는지 등에 대한 사전 합의가 필요할 것이다. 마지막으로 재무 보고서에 대한 감사인의 인증이 필요하다. 형식적인 감사가 아니라 실질적인 감사가 되기 위한 노력들이 요구된다.

한 사례 교회의 예산 지출에 대한 감사는 2인의 내부 감사를 두어 매년 공동의회에서 감사 보고를 하며 분기별 제직회에서도 수입과 지출 상황에 대한 상세한 자료를 공유하고 있다. 재정 회계의 경우 복식 부기를 도입하여 투명성과 재정 관리의 효율성을 높이고 있다. 각 부서는 예산 항목, 부서 총 예산 및 현재의 예산 잔고를 기록하는 지출 결의서와 영수증을 반드시 첨부한 후 비용을 수령하고 있으며 모든 지출은 통장으로 하고 있다. 또한 통장과 장부는 별도로 관리되고 있으며 재무 회계 행정은 전임 재정 간사가 담당하고 있다. 2006년도에 정비된 웹 기반 정보 시스템에 의해 각 성도는 언제라도 본인의 헌금 현황을 알 수 있으며, 정회원, 당회원, 팀장, 부서장, 교역자 등 직분에 따라 매월 재정의 결산 현황을 볼 수 있도록 할 예정이다.

또 다른 사례 교회의 예산 결산/감사와 관련해서는 우선 가을에 추가 경정을 한 번 하여 조정하게 된다. 연말/연초에 가서는 내부 감사들이 최종 감사하여 제직회와 공동의회에 감사 보고를 하게 된다. 본 회계에서 지원된 모든 지회와 제직회 위원회들이 감사 대상이 되며, 감사에서는 장부 기록, 영수증 보관, 보고서의 투명한 기록, 예산과 일치한 집행 여부 등을 꼼꼼히 살펴 지적하고 시정하도록 하고 있다. 필요에 따라서 재정 위원회에서 각 지회의 회계들을 교육시켜 장부 기록과 보고서 작성법을 교육하기도 한다. 내부 통제 시스템과 관련해서는 회계 기록자와 현금/통장 관리 업무가 엄밀하게 구분되어 있지는 않다. 매 주일 부회계가 수입을 정리하여 회계에게 전달하면 회계는 전표와 금액을 확인한 후 기록하고 은행에 입금한다. 지출의 경우 교회 제직회 해당 위원회나 지회에서 전표가 오면 회계가 인터넷뱅킹을 통해 입금을 시킨다. 재정 위원장은 이런 과정에서 일일이 확인을 하도록 되어 있다. 현재 재정위원장이 도장을 가지고 있고, 회계가 통장을 가지고 있지만 최근 인터넷뱅킹이 가능해지면서 도장을 따로 보관하는 것의 의미가 상실된 측면이 있어서 다른 방안의 모색이 필요해 보인다. 회계 정보 투명성과 관련해서는 모든 재정의 수입 및 지출 사항을 보고서로 정리하여 제직회 때마다 문서로 보고하고 있어서 투명하게 관리되고 있으며, 교인들이 원하기만 하면 언제든지 재정 보고서를 확인할 수 있다.

예산 집행에 대해 결산을 하고 보고를 하는 단계에서는 책임성(accountability)의 원리가 강조되어야 한다.[7] 이 원리는 결산과 보고와 밀접하게 관련되어 있다. 모든 일을 행한 후에 반드시 결산을 해야 하며, 또한 그 결과를 제대로 보고해야 한다. 이 회계보고는 정직하게 행해져야 하며, 또한 그 결과에 대해서는 책임을 져야 하는 것이다. 나아가 그 책임성을 더해주기 위해 실질적으로 효과가 있는 감사가 필요할 것이다.

교회 정보 시스템과 홈페이지 관리

교회 운영 시스템의 요소인 직무 관리, 은사 배치 및 훈련, 평가와 보상, 재정 및 회계 시스템 등은 교회 정보 시스템(church information systems: CIS)[8]에 의해 통합될 때 한층 효과적으로 운영될 수 있다. 교회 정보 시스템이란 교회와 교인 관련 자료를 수집, 보관, 유지 및 활용하는 체계적인 절차를 의미한다. 과연 모든 교회에서 이런 정보 시스템을 갖추고 홈페이지를 관리해야 하는가?

우리는 모든 교회가 간단하든 복잡하든 정보 시스템은 가지고 있다고 생각한다. 즉 정보 시스템은 조직이 갖추어야 할 필수적인 요소다. 그러나 그 구체적인 형태나 수준은 다양할 수밖에 없다. 교회의 크기, 연령 및 여러 특성에 따라 필요한 정보의 종류나 복잡성에 차이가 있기 때문이다. 또한 재정적인 뒷받침이 얼마나 되느냐에 따라서 CIS의 도입과 홈페이지의 전문성 정도는 차이가 날 수 있다. 따라서 운영 시스템은 필수적일지라도 그것이 꼭 CIS나 홈페이지의 형태일 필요는 없을 것이다.

한국 교회에서는 그 동안 CIS와 홈페이지 등에 외형적으로 많은 발전이 있어 왔다. 그러나 실제 그 내용을 들여다보면 여러 가지 미비한 점들이 나타나고 있다. CIS의 경우 많은 교회에서 그 역할이 무엇이어야 하는지에 대한 분명한 방향이 결여되어 있다. 따라서 어떤 방향성으로 수정해 가야 하며 어떤 자료를 더 입력해야 할지 막연한 경우가 많다. 또한 담당자의 비전문성과 잦은 인력 교체 등으로 일관성과 전문성을 유지하면서 교회 행정을 지원해 주지 못하고 있다. 그리고 어떻게 필요한 정보를 획득해야 하는지에 대한 분명한 체계가 수립되어 있지 않기 때문에 정보가 지속적으로 갱신되지 않는다는 문제를 안고 있다. 또한 보안 문제와 정보 공유의 범위 문제가 정리되지 않아 혼란과 갈등의 소지를 안고 있는 부분도 있다.

교회 정보 시스템(CIS)

CIS의 역할

컴퓨터화된 CIS가 성립되려면 하드웨어, 소프트웨어, 데이터베이스 그리고 운영자 등이 필요하다. 하드웨어의 경우 개인용 컴퓨터와 서버용 컴퓨터가 사용될 수 있다. 소프트웨어의 경우 교인 인적 사항 정도의 정보를 관리해 주는 아주 간단한 것에서부터, 앞서 제시한 교인, 재정, 훈련, 직무 등 다양한 정보를 서로 연결하여 사용하는 복잡한 소프트웨어도 있다. 어떤 소프트웨어를 사용할 것인가는 교회의 형편을 고려하여 가장 적합한 것을 고르는 것이 필요하다. 또한 교회의 성도의 수나 재정 규모 등을 고려하여 CIS의 수준도 결정할 필요가 있다. 처음부터 완벽한 정보 시스템을 구축하는 것은 비용도 많이 들고 활용 가치도 낮을 수 있으므로 처음에는 교적 관리 중심으로 하다가 나중에는 다양한 하위 시스템을 연결하여 더 통합적인 시스템을 구축하고 활용하는 것이 합리적일 것이다. 데이터베이스의 경우 어떤 정보와 자료가 입력되어야 하는지에 대한 결정과 관리가 필요하다.

CIS는 다음과 같은 네 가지 역할(4Cs)을 할 수 있다. 첫째는 행정 운영 상의 편의성(convenience)과 효율성을 추구할 수 있다. 효율성이 높아지는 이유는 많은 정보를 필요한 형식으로 용이하게 활용할 수 있고 행정/사무 직원들의 일손을 줄여 줄 수 있기 때문이다. 이전에 비해 정보나 지식의 양이 많이 늘어나서 이제 수동으로 처리하는 것 자체가 거의 불가능해졌다. 따라서 정보 기술을 활용하여 체계적으로 자료를 정리하고 정보를 활용할 수 있는 방법을 찾아가는 것이 더욱 필요해지고 있다.

두 번째로 CIS는 성도들 개개인이 적극적으로 사역에 헌신(commitment)하도록 하는 데 도움을 줄 수 있다. 교회 정보 시스템이 제대로 갖추어지면 교회의 사역 내용을 파악하고, 평가된 내용들을 확인할 수 있고, 자신의 사역 내용을 추가할 수도 있어 개인이 사역에 더욱 적극적으로 참여하는 계기가 될 것이다. 샘물교회의 경우 사역을 맡은 자들이 직접 사역 보고서를 입력하고 정보를 공유하게 되어 자신의 사역에 더 집중하는 계기가 되었다.

세 번째로 CIS를 포탈 시스템화 한다면 이를 통해 건강한 공동체

(community)를 세울 수 있다. 특히 수도권에 소재한 교회에서는 물리적 만남의 횟수가 적고 직접적인 대면을 통한 의사소통 기회가 점점 줄어들고 있다. 이런 상황에서 사이버 공간을 통한 대화와 삶의 나눔 및 친밀감의 형성은 건강한 공동체 형성을 하는 데 도움이 될 수 있는 것이다. 비록 사이버 공동체가 물리적 공동체를 대체해서는 안 되지만 보완적인 활용은 오히려 공동체를 세우는데 도움이 될 것이다.

CIS의 마지막 네 번째 역할은 교회 비전 실현 즉 사명(commission)의 달성에 기여한다는 점이다. 이는 교회가 비전 실현을 위한 전략적인 의사결정을 하는 데 필요한 정보를 제공해 주기 때문이다. 많은 경우 객관적인 자료가 뒷받침되지 않은 채 대략적인 느낌으로 정책 결정을 하는 경우가 많은데, CIS의 구축은 교회의 전략적 의사결정을 하는 데 필요한 정보를 제공하여 그 목적을 제대로 실현하는 데 도움을 줄 수 있게 된다.

필요한 자료와 정보

CIS에 들어갈 수 있는 자료는 대단히 광범위할 수 있는데, 앞서 설명한 운영 시스템의 내용을 중심으로 정리하면 <표 10.1>과 같다. 여기서 언급한 필요한 자료들이 교적을 중심으로 상호 연결되어 교회의 중요한 사역들이 서로 연계될 수 있어야 한다.

어느 사례 교회의 정보 시스템은 교적 관리, 헌금 및 재정 관리 등을 통합한 시스템으로 운영되고 있다. 교적 관련 사항은 교역자뿐 아니라 목자, 필요에 따라서는 성도 개인도 접근할 수 있도록 웹 기반으로 구축하였다. 현재 교적 관련 사항은 목자 이상에게는 ID부여를 통해 공개되고 있으며, 목자는 매주 목장 모임을 비롯하여 목장 소속 성도들의 기도 제목을 포함한 사역 보고

시스템	자료/정보 내용
교인 기본 정보	• 개인 정보: 이름; 성별; 생년월일(주민등록번호); 가족 사항; 직업: 주소 • 교회 관련 정보; 직분(연도별); 신급; 교회 출석 시작 년월일; 타교회 출석 경력
직무와 직분	• 해당 직무의 직무 기술서 • 필요 역량
은사와 훈련	• 교회의 훈련 프로그램과 로드맵 • 훈련 과정별 수료자 명단 • 직무의 필요 역량별 관련 훈련
평가와 보상	• 각 위원회의 연도별 평가 내용 • 보상 원칙과 정책
재정 및 회계	• 개인 헌금 • 재무 보고서(월별, 연도별)
그 밖의 자료	• 각종 회의 자료; 위원회 보고서

〈표 10.1〉 교회 정보 시스템에 포함될 수 있는 자료의 내용

서를 직접 입력하도록 하고 있다. 또한 각 성도는 자신의 교회 생활과 관련된 모든 이력인 신상 명세, 헌금 내역, 교회에서 훈련받은 과정 등을 웹에서 확인할 수 있다. 홈페이지는 성도 간의 의사소통 채널로 중요한 역할을 하고 있다. 홈페이지에서 제공되는 각종 카페는 셈터, 동호회, 사역 부서 등이 교제하는 중요한 공간이 되고 있다. 이 교회 정보 시스템은 전임 사역자가 있어서 교회 정보 관리 및 전문적인 홈페이지 사역을 하고 있다.

또 다른 사례 교회에서는 2000년도에 처음으로 당시 행정 위원회 산하에 전산부를 신설하여 교회의 행정 전산화와 홈페이지 운영을 담당케 하였다. CIS의 기본 방향은 기본 자료의 저장과 업무의 효율성을 위한 목적으로 사용

되고 있고, 사용 범위는 교적 관리, 개인별 헌금 관리 및 교회 기초 자료 저장 등이다. 그러나 아직 재정 관리를 함께 사용하는 것은 실험 중이며 향후 통합해서 사용하려고 준비 중이다. 시스템적으로는 자체 서브를 활용해 여러 대를 사용할 수는 있으나 현재는 사무실 컴퓨터로만 사용하게 되어있고, CIS에 접근할 수 있는 사람은 목회자와 사무장 및 담당 사무 직원 등이다. CIS는 소프트웨어를 구입하여 사용하고 있으며, 정보 통신팀이 담당하고 있고 전임 담당자는 없다.

교회 정보 시스템의 설계 및 구축 과정

CIS를 설계하고 구축하는 과정에서 기본적으로 점검해야 하는 사항들이 있다. 우선 CIS의 설계상 필요한 질문들은 다음과 같다.

- 어떤 정보가 필요하고 어떤 정보가 획득 가능한가?
- 정보가 어떤 사용목적으로 활용될 것인가?
- 다른 시스템이나 컴퓨터 프로그램과 호환성이 있는 결과 형식(output format)은 어떤 것인가?
- 누구에게 정보에 대한 접근성(accessibility)을 허용할 것인가?
- 언제 그리고 얼마나 자주 정보가 필요한가?

외부 업체를 통해 CIS를 구축하여 관리하려면 다음과 같은 단계들을 고려해 볼 필요가 있다.

- 교회 정보 시스템 개발을 주도하게 될 태스크포스 팀(taskforce team)의 구성
- 개발을 위한 제안 요구서(request for proposal : RFP) 작성

- 여러 개발 업체에서 제안서(proposal)를 받은 후 평가하여 최종 개발 업체를 선정
- 업체 개발팀과 교회 태스크포스 팀의 협력 개발: 각 사용자 그룹을 만나면서 요구사항 조사, 분석 및 설계 과정을 거쳐서 구현에 이르기까지 함께 협력하여 개발
- 교회 정보 시스템 관리팀의 구성

CIS의 구축과 관리상의 주요 과제와 제안

첫째로 CIS의 구축에 있어서 가장 중요한 부분은 교회 내 의사 결정을 할 수 있는 사람들이 CIS의 역할을 어떻게 정의하느냐는 것이다. 교회는 기업과 같은 큰 조직에 비해 많은 비용을 투자할 수 있는 여건이 잘 되지 않기 때문에, 이런 제약 하에서 CIS를 통한 의사 결정 및 업무 처리의 효율성을 높이고자 하는 분명한 의지가 있어야 할 것이다. 두 번째는 CIS에 들어갈 정보를 어떻게 획득할 것인가에 대한 분명한 체계가 구축되어야 한다. 그렇지 않으면 필요한 자료를 적시에 확보하여 갱신하지 못하게 되어 자료의 활용 가치가 떨어지게 된다. 예를 들면, 매주 모이는 소그룹 모임 보고서의 경우 형식이 분명하고 필수적인 자료가 기입되어 기간 내 제출이 되어야 의사 결정에 도움이 될 수 있을 것이다.

셋째로, 여유가 된다면 전문 인력의 확보와 담당 교역자의 지속적이고 책임 있는 지원이 매우 도움이 된다. 교회 행정 및 재정에 대한 전문적인 인력이 교회 내 책임 있는 의사 결정 기관의 통제 속에 지속적으로 관리를 받아야 지속적인 데이터의 입력과 관리가 가능하다.

마지막으로, 정보의 공유 범위에 대한 결정을 잘 정리해 두어야 한다. 모

든 정보를 모든 사람이 알아야 된다는 원칙이 한 극단이라면, 모든 정보를 소수에게만 집중시키는 경우는 다른 극단이다. 물론 대부분의 교회는 이들 극단의 중간 어디에 속하겠지만 중요한 것은 어떤 정보에 대한 접근성을 어떤 사람들에게 허용할 것인가를 결정해야 한다는 점이다. 가능하면 정보의 성격을 고려한 공유 범위를 합의해서 공유하는 것이 좋지만, 또한 개인의 사적 정보가 불필요하게 공유되어서는 안 될 것이다. 개인 정보 유출이나 사생활 침해 문제가 발생하지 않도록 해야 한다. 그러한 차원에서 개인 헌금에 대한 구체적인 내용을 많은 사람에게 공개하는 것은 바람직하지 않다.

홈페이지 관리

최근 많은 교회가 홈페이지를 가지고 있으며 이를 유용하게 활용하고 있다. 이제 문제는 홈페이지를 만들어야 하느냐 아니냐의 문제가 아니라 어느 정도의 수준에서 어떻게 활용할 것이냐의 문제다. 이 수준을 결정하는 여러 요인이 있는데, 우선 목회자들의 인식이 큰 영향을 미친다. 홈페이지에 중요성을 두는 담임 목사는 예산 배정이나 담당자 물색 및 개인적 활용 등에서 매우 적극적인 모습을 보일 것이다. 어떤 교회는 홈페이지 관리를 할 수 있는 기술적 역량을 가진 담당자만 세워 놓고 끝나는 경우가 있는 반면, 다른 교회는 팀을 구성하고 예산을 정규적으로 지출하고 유지 관리하며, 다양한 목적을 위해 활용하기도 한다. 물론 교회 예산의 규모가 이런 수준을 결정하는 데 영향을 줄 수 있다. 그러나 예산이 큰 교회도 이것에 우선 순위를 두지 않으면 자원 배분이 쉽지 않을 수 있다. 예산 배분이 적고 관리하는 사람도 적은 경우는 보안 문제도 심각할 수 있다.

홈페이지의 역할도 첫 글자가 모두 C로 시작되어 4C로 부를 수 있다. 첫째는 내용 전달(content delivery) 기능이다. 필요한 정보와 지식을 창출, 제시하여 관련된 사람들이 알 수 있도록 하는 것이다. 교회의 광고 내용, 교회의 사역에 대한 정보, 일정이나 진행되고 있는 프로그램에 대한 홍보, 칼럼 등은 내용 전달에 목적이 있다. 개인이 필요할 때 언제든지 홈페이지에 들어가 볼 수 있다는 특징 때문에 편리성이 있는 것이다. 한국의 많은 교회는 교회를 알리는 부분(홍보용 메시지나 설교 방송 등)에서는 상당한 발전을 해왔다. 따라서 이 첫 번째 목적은 나름대로 성공했다고 볼 수 있다.

두 번째 역할은 의사소통(communication)이다. 개인의 의견을 제시하고 교제하며, 사역에 힘을 더해 줄 수 있으며, 해외에 있는 선교사들이나 유학생들과도 쉽게 교제할 수 있다는 측면에서 홈페이지의 역할은 매우 크다고 할 수 있다. 물론 앞서 지적한 바와 같이 이것이 대면하여 교제하는 것을 완전히 대체해서는 안 되고, 상호 보완적으로 활용되어야 할 것이다.

세 번째 역할은 공동체(community)의 형성이다. 작게는 소그룹 활동 멤버들 간의 공동체 형성이고, 크게는 교회의 다양한 그룹들과의 공동체 형성이다. 따라서 '상호적 섬김과 공동체성' 원리가 잘 드러나도록 설계할 필요가 있다. 또한 이런 사이버 공동체는 물리적으로 만나는 공동체를 강화시키는 역할을 할 수도 있다. 소그룹의 공동체를 통한 성도들의 참여를 독려한 후, 온/오프라인을 연계한 다양한 프로그램이 개발되어야 할 것이다. 나아가 교회간 네트워크 형성을 통한 공동체 형성이 가능하다. 대형 교회가 자기 교회만 자랑하는 장이 아니라 자원이 부족한 작은 교회들을 섬기고 세워 가는 그런 장이 되어야 한다. 이를 통해 '보편적 교회' 원리를 실현할 수 있게 된다.

마지막으로, 하나님이 주신 사명(commission)의 수행이다. 홈페이지는 또 다른 사역의 장이 되어야 하며, 더 적극적으로 기술 기반 선교를 수행해 갈 필요가 있다. 예수 그리스도를 알리고, 복음을 선포하며, 그리스도를 알고 세상에서 승리하기를 소망하는 거룩한 욕심을 가진 성도들의 고민을 풀어주는 장이 되어야 한다. 따라서 교회 내의 소그룹에서 출발한 것이 교회 전체로, 나아가 세상 밖으로 뻗어가는 놀라운 교량 역할을 할 수 있는 것이다. 이것을 통해 교회가 '영적 성장과 "세상 속의 그리스도인"' 원리를 잘 수행해 나갈 수 있게 된다.

샘물교회 홈페이지(www.smcc.or.kr)는 성도의 자발적인 헌신을 통해 시작되었다. 98년 교회가 설립된 후 이듬해 겨울에 기본 무료 게시판을 토대로 홈페이지가 개시되었다. 당시 홈페이지의 목적은 외부로 교회를 알리는 기능보다는 성도 간의 교제와 정보 교환에 중점을 두었다. 이러한 목적을 담은 차별적 구성을 가진데다 교회에 젊은 층이 상대적으로 많다는 점으로 인해, 당시 일반적인 형식만 갖춘 교회 홈페이지보다 월등히 많은 방문수를 보였다(당시 게시판 일일 새글 수는 평균 30개, 댓글 수는 약 100여 개였다).

샘물교회 홈페이지는 3단계 정도의 발전 단계를 거쳤다. 첫 단계는 홈페이지 시작 단계이며, 두 번째 단계는 홈페이지 안정화, 세 번째 단계는 개인별 맞춤 서비스 구축 단계라고 할 수 있다. 홈페이지 개발 기술과 디자인 기술이 발달하면서 샘물교회 홈페이지도 2005년부터 새롭게 변화되었다(실제로 구축을 하는 단계에서는 디자인 개발과 같은 전문적이고 많은 시간을 요구하는 것은 외주 제작을 하였다. 일반적으로는 서버를 외부 호스트에서 통합 관리하는데, 샘물교회는 작은 서버별로 평신도 중에 있는 전문가들이 서버를 쪼개어 데이터를 관리하도록 하여 비용을 줄이고 있다). 이 당시까지만 해도 전문 전임 사역자가 없었기 때문에 관련 업종에 종사하는 성도들로 팀이 구성되고 긴 시간의 토론과 의견 수렴을 통해 홈페이지에 대한 몇 가지 중요한 원칙이 결정되었다.

첫 번째, 샘물교회의 가장 큰 특징으로 볼 수 있는 소그룹 활동을 적극 돕는 방법으로 재구축을 진행한다. 두 번째, 유지 및 보수가 쉬운 방법으로 홈페이지를 개발한다. 세 번째, 홈페이지 내 의사 결정은 미디어부 내에서 합의 결정한다. 네 번째, 비그리스도인을 위한 컨텐츠를 만드는 데 힘쓴다.

현재 샘물교회 내 소그룹 활동을 지원하기 위해 약 150여 개의 카페가 활동하고 있고, 그 중 약 60여 개는 매우 활발하게 활동하고 있다. 주일 설교 및 수요예배, 간증과 같은 모든 샘물교회 공적 예배에 대해 오디오 및 비디오 파일로 서비스가 제공되며 개인의 필요에 따라 다운을 받거나 그 자리에서 들을 수 있다. 가정교회로 전환한 뒤 가정교회 섹션을 새롭게 개발하여 게시판과 앨범 기능을 갖춘 목장 게시판을 모든 목장에 제공하고 있으며, 교회 내 목장을 검색할 수도 있다. 목자는 매주 목장 모임을 비롯하여 목장 소속 성도들의 기도제목을 포함한 사역 보고서를 직접 입력하도록 하고 있다. 또한 샘물교회 교인이면 누구나 자신의 교적 사항과 헌금 현황 및 교회에서 훈련받은 과정 등을 확인할 수 있으며, 개인적 카페 활동과 자신이 속한 목장 게시판 현황을 한 화면에서 확인할 수 있다. 각 제직부서장은 해당 부서의 재정 지출 현황도 실시간으로 확인할 수 있다. 샘물교회는 온라인 사역의 증가로 2006년부터 전문 사역자를 세워 교회 내 전산 관리 및 홈페이지 관리를 하고 있으며 관리자가 기본적인 자료 갱신 및 사이트 기획과 개발의 일부를 맡고 있다.

그렇다면 교회 홈페이지가 제대로 구축되고 활용되려면 어떻게 해야 하는가? 첫째, 교회 최고 리더십이 이것의 중요성을 인식해야 한다. 특히 담임 목사의 의지가 중요하다. 교회 리더십은 교회 홈페이지가 어느 정도 수준으로 구축되어야 하는지 나름대로 판단하고, 예산을 확보하고 필요한 담당자나 팀을 구축하고 관리하도록 독려해야 한다. 뿐만 아니라 자주 홈페이지에 들어와 직접 활용하면서 성도들이 어떤 생각을 가지고 무슨 일에 관심을 가지고 있는지를 감지해야 한다. 어떤 목사는 자신의 하루 일정을 매일 홈페이지에 시간대별로 올려놓아 교인들이 알고 기도로 협력하고 있다.

둘째로, 홈페이지 관리는 비중 있는 사람을 책임자로 맡기는 것이 필요하다. 단지 기술적인 역량이 있다고 젊은 사람에게 모든 책임을 맡길 것이 아니라 교회 사역의 종합적 시각을 가진 사람을 책임자로 세우는 것이 필요할 것이다. 홈페이지 관리는 기술의 문제가 아니라 영적인 전투요 사역의 현장이기 때문이다. 주일날 모여 예배드리고 교제하는 것 이상으로 일주일 동안 매일 사역할 수 있는 곳이 사이버 공간이다. 단지 자기 교회 성도뿐 아니라 다른 교회 신자들과 비그리스도인들을 대상으로 하는 선교 사역도 이 사이버 공간에서 가능한 것이다. 설교나 찬양을 올려 또 다른 예배가 되게 할 수도 있고, 묵상의 말씀을 나누는 장이 되기도 하며, 기도 제목을 나누고 위로해 주는 친교의 공간이기도 하고, 좋은 지식의 글을 통해 교육할 수도 있고 상담도 가능하다.

셋째로 다양한 지회별로 각각의 홈페이지가 있을 수 있는데, 획일적으로 하나로 만들 필요는 없지만 조정과 통합 및 연결을 지향하는 것은 중요한 것이다. 실제 공간에서도 계층 간, 지회 간으로 분리되어 있는데, 사이버 공간에서의 분리는 더욱 심각하다. 연령대가 높은 세대로 갈수록 아직 한 번도 홈페이지에 들어와 본 적이 없는 분도 있을 수 있고 컴퓨터를 사용하지 않은 분도 있을 수 있다. 반면 청년들의 경우 그들만의 공간이 확보되어 있으며, 그들만의 용어나 약어로 독특한 공동체를 형성해 가고 있다. 이런 것들이 필요 없다고 말하려는 것이 아니라 잘못하면 물리적 공간에서보다 더 큰 괴리가 생길 수 있으므로 다양한 방법을 통해 한 교회라는 인식을 가지고 사이버 공간을 만들어 가는 것이 필요할 것이다.

청년들은 장년들에게 기술적인 측면을 가르치는 기회를 마련하여 교제할 수도 있고, 장년들은 이런 기술 문화적 변화를 수용하면서 그것을 공동체 세움에 좋은 방편이 되도록 노력해야 할 것이다. 가끔 교회 내에서 개인 홈페이지 혹은 지회별 홈페이지를 어떤 내용으로 어떻게 운영하는지에 대한 발표회를 가지는 것도 도움이 될 수 있다. 서울중앙교회에서는 상반기와 하반기에 전산 팀이 주체가 되어 교회의 장년 성도들을 대상으로 전산 교육을 한다. 이것을 통해 장년 성도들이 홈페이지를 사용하는 계기도 되지만 청년들과 교류할 수 있는 장이 되기도 한다.

마지막으로 합리적인 예산 확보가 중요하다. 일반적으로 홈페이지를 처음 구축할 때는 예산을 많이 확보하지만 유지 관리하는 것에는 인색한 편이다. 기술적 유지 관리도 매우 중요한 요소이지만 더 중요한 것은 홈페이지를 기획하고 새로운 내용을 창출하는 것이다. 단순히 있는 내용을 올리는 것이나 단순한 간증거리를 올리는 것은 큰 어려움이 없겠지만, 성도들의 성장이나 교제에 필요한 전문적인 내용들은 때로는 스스로 창출해야 한다. 따라서 이런 모든 것들을 기획하고 정리하여 또 다른 사역의 공간으로 활용하는 것은 매우 의미 있는 일이라고 할 수 있다.

토론 질문

1. 잘 된 예산 편성을 무엇으로 판단할 수 있는가?

2. 출석하는 교회의 올해 예산을 분석하여 5대 사역별로 어떤 비율로 사용되고 있는지를 조사해 보자. 균형 있는 예산 편성이라고 판단되는가? 그 이유는 무엇인가?

3. 예산을 치밀하게 짜는 것이 중요한가, 아니면 개략적으로 짜고 그때 그때 하나님의 인도하심을 받는 것이 더 바른 태도인가?

4. 홈페이지의 적극적 활용이 교회공동체에 미치는 긍정적 측면과 부정적 측면은 무엇인가? 또 교회가 세상과의 관계에서 긍정적인 측면과 부정적인 측면은 무엇인가?

5. 출석하는 교회 홈페이지는 4C의 역할 중에서 어떤 역할을 가장 잘 수행하고 있다고 생각하는가? 잘 수행되지 못하는 것이 있다면 왜 그렇다고 생각하는가?

11장
교회 문화

조직모형: 교회 조직의 필수 구성 요소인 리더십, 구조, 운영 시스템 및 문화와 이들 간의 상호 관계

문화란 무엇인가? 사실 교회의 역사 속에 문화라는 단어만큼 포괄적이고 애매하게 사용된 단어도 드물다. 그 이유 중 하나는 문화를 하나님의 창조와 대비되는, 인간의 손길이 덧붙여진 모든 활동을 의미하는 것으로 사용해 온 오랜 전통 때문인 것 같다. 그러나 이 장에서는 문화라는 말을 이런 전통보다는 좁은 의미로 사용하려고 한다. 예를 들어 우리가 흔히 이야기하는 '보수적이다'라는 표현도 교회 문화를 드러내는 하나의 표현으로 생각할 수 있다. 좀더 구체적인 예를 들면 찬양 예배 때 어느 악기까지 마음 놓고 사용할 수 있는지를 보는 것도 문화의 한 척도가 될 것이다. 드럼을 대예배실 앞에 상시 설치해 놓을 수 있는 교회가 있고, 찬양 때만 사용할 수 있는 교회가 있을 수도 있으며, 지하실이나 다른 공간에서만 사용이 허용될 수도 있을 것이다. 물론 문화는 사회적으로 형성되는 것이기에 상대적으로 변하기 마련이다.

교회에서 왜 문화를 논해야 하는가? 문화란 우리 눈에 잘 보이지는 않지만 우리의 사고 및 태도, 행동에 중요한 영향을 미치기 때문에 그렇다. 개인이 아무리 바른 의사 결정을 하고 건강한 공동체를 세워 나가려 노력해도 교회 문화가 그것을 방해해서 개인의 뜻을 방해하는 경우가 허다하다. 그 이유는 교회 문화의 세속화가 여러 영역에서 나타나고 있기 때문이다. 예를 들면 영적으로 하나님과 깊은 교제를 갖고 성실히 교회를 섬기는 사람보다는 세상에서 유망한 사람을 교회에서도 인정해 주는 분위기가 강한 것을 들 수 있다. 교회 관련 일에서 행정적 처리가 필요할 때도 원칙대로 하기보다는 세상에서 통하는 방식을 그대로 적용하는 경우도 많다. 무엇보다도 현실적인 복의 개념이 지배하는 것도 한국 교회의 큰 부담이 되고 있다.

이러한 교회 문화의 세속화는 건강한 교회를 위한 핵심 원리 중 성도의 성장과 '세상 속의 그리스도인' 원리에 비추어 보았을 때 상당한 도전이 된다.

교회가 바른 문화를 가지고 그것으로 세상의 문화를 선도하고 선한 영향을 끼쳐야 하는데, 반대로 세상의 문화가 교회에 깊숙이 침투하여 온전한 교회 형성에 타격을 주고 있다.

교회 문화란 무엇인가?

교회 문화란 개인이나 교회 전체의 태도나 행동에 영향을 주는 공유된 가치와 규범 및 그것들로 인해 표출된 모습을 의미한다. 여기서 가치는 어떤 조직에서 중요하거나 유용한 어떤 것을 말한다. 보통 조직의 핵심가치가 문화 형성의 출발점이 된다. 규범이란 수용 가능한 조직의 태도와 행동에 대해서 사회적으로 창출된 기대를 의미한다. 즉 특정 교회에서 어떤 태도와 행동은 수용되고 어떤 것은 거부되는지에 대한 방향을 제시해 주는 것이다. 어떤 교회에서는 회의를 할 때 나이 어린 사람이 마음대로 토론에 참여할 수 있지만 다른 교회는 그렇지 않을 수 있다. 따라서 문화는 교회의 독특성을 드러내는 하나의 지표가 된다.

여기서 태도나 행동에 영향을 준다는 것은 의사 결정, 사역의 수행과 임하는 자세, 의사소통, 자원 배분, 리더의 선정과 임명 등 교회에서 일어날 수 있는 일체의 행동에 영향을 주는 것을 의미한다. 그러므로 교회의 행동에 영향을 주는 가치와 규범은 교인들 간에 공유되어야 하고, 나아가 공유한 내용의 이해가 동일해야 한다.

가치와 규범은 비가시적이지만 그 표출된 결과물들은 가시적인 문화를 나타낸다. 예를 들어 예배당 건물 구조도 문화의 표출이다. 어떤 교회는 강단의 높이를 낮추고 강단 의자를 평범한 것으로 대체하기도 한다. 어떤 교회는 찬송을 할 때 마음껏 박수를 치고 설교 시간에 아멘을 외치고 큰 소리로 기도하지만 또 어떤 교회는 그렇지 않을 수 있다. 이것도 문화의 차이라고 할 수 있다(<표 11.1> 참조). 비가시적 수준의 문화는 기본 전제, 세계관, 가치와 규범 등과 관계된 내용이다. 이것 자체를 관찰하기는 어렵고, 우리는 이것들이 표출되어 말로 표현되거나 행동으로 나올 때 알아낼 수 있다.

수준	의미와 특징	예시
가시적 수준	• 보고 들을 수 있는 행동 양식으로 관찰이 가능함 • 인공적인 창작물 • 교회의 전체적인 인상과 이미지를 형성하는 요소가 됨	• 교회 건축물 • 예배 드리는 양식(박수, 악기, 찬양 선곡, 기술의 활용 방식 등)
비가시적 수준	• 당연한 것으로 간주되고 관찰이 불가능 • 기본 전제와 세계관 • 가치와 규범	• 교회의 핵심가치 • 전통과 관행

〈표 11.1〉 문화의 수준별 의미와 특징 [1]

문화의 관리: 문화 형성의 과정과 방법

문화가 중요한 의미를 지니는 것은 이것이 조직 구성원들의 태도와 행동에 영향을 미치기 때문이다. 그리고 문화는 때로는 바람직한 방향으로 때로는 바람직하지 않은 방향으로 영향을 미친다. 조금 실수가 있더라도 여러 가지 실험과 새로운 시도가 허용되는 교회에서는 개인이나 부서 차원에서 어떤 새로운 프로그램의 시도가 비교적 용이할 것이다. 개방성이 있고, 개혁 의지가 형성된 문화라면 개인이 교회의 갱신을 위해 노력하는 것이 지극히 자연스러울 것이다. 반대로 그렇지 않은 문화에서는 개혁이 매우 어렵고 많은 저항에 부딪치게 될 것이다. 따라서 개인의 의지나 역량도 중요하지만 조직적으로 어떤 문화를 가지고 있느냐에 따라서 개인이나 집단의 태도와 행동이 매우 다르게 전개될 수 있다. 이런 관점에서 보면 좋은 문화를 형성한다는 것은 매우 중요한 의미를 지닌다. 조직적 차원에서 문화를 구축하는 것은 크게 두 범주로 나누어 생각해 볼 수 있다. 하나는 개척교회가 새로운 문화를 형성하는 것이고, 다른 하나는 기존 문화를 새로운 문화로 대체해 가는 것이다. 어떤 경우든 존재론적 비전의 핵심가치와 일치시키는 것은 중요하다.

문화가 의미가 있으려면 세 가지의 특징을 가지고 있어야 한다. 첫째는 문화의 방향성(direction)이다. 조직이 어떤 가치와 규범을 강조하느냐에 따라서 문화의 방향성이 결정된다. 어떤 조직은 창의성을 강조하여 자유로운 토론과 새로운 발견에 비중을 두고 조직을 운영할 수 있고, 다른 조직은 질서와 규칙의 준수에 더 관심을 가질 수 있다. 두 번째 특징은 문화의 합의성(consensus)이다. 이것은 특정 가치와 규범이 구성원들 간에 얼마나 광범위하게 공유되어 있는가에 대한 문제이다. 좋은 방향성을 가지고 가치와 규범을 채택하였다고 해도, 구성원들이 제대로 이해하지 못하거나 일부의 구성원만 공유한다면 제대로 작용하지 못할 것이다. 마지막 특징은 강도(intensity)다. 즉 좋은 가치와 규범을 가지고 광범위하게 공유된 문화는, 조직의 행동에 강하게 작용해야 제 역할을 할 수 있다. 조직이 새로 형성되어 어떤 문화를 강조하거나 혹은 기존 조직이 문화를 바꾸려고 할 때 초기에는 항상 강도가 약한 것을 발견할 수 있다.

핵심가치의 구현 과정

서울중앙교회는 2002년에 다섯 가지 핵심가치를 도출하였는데, 그것은 다음과 같다. 1) 신앙의 정통과 교회의 거룩, 2) 사랑과 존경의 아름다운 공동체, 3) 지속적인 성장과 인재 양성, 4) 영원한 젊음과 부단한 개혁, 5) 봉사와 선교를 통한 이웃 사랑.

교회에서는 이를 설교 시간이나 주보 칼럼 혹은 행사 시에 간헐적으로 강조하고 있는 편이다. 그러나 아직 이 핵심가치의 구체적 지침 원리나 행동 방향이 정확히 정리되어 있지 않아 의사 결정이나 사역에 구체적으로 실현되지 않은 상태다. 또 한 가지 문제는 다섯 가지 핵심가치가 전 성도에게 적용되어야 하는데, 청년 대학생은 특정 핵심가치(예, 영원한 젊음과 부단한 개혁, 봉사와 선교를 통한 이웃 사랑)에 더 주목하고, 어른들은 다른 핵심가치(예, 신앙의 정통과 교회의 거룩, 사랑과 존경의 아름다운 공동체)를 더 강조하는 경향이 있다는 점이다. 따라서 모든 성도들이 이 가치의 의미를 깨닫고 실천할 수 있도록 돕는 것이 과제라고 할 수 있다.

조직의 핵심가치를 구현하기 위해서는 가치의 설정, 개별 가치에 대한 가이드라인 제시, 가이드라인의 구체적 의미와 구체적 실천 방안 제시 등의 일련의 절차를 거쳐야 한다. 왜 핵심가치만 제시해서는 실현이 어려운가? 그것은 해석에 자의성이 있고 무엇을 어떻게 실천해야 할지 모를 수 있기 때문이다. 같은 핵심가치를 제시해도 그 단어를 해석하고 받아들이는 내용이 각자 다를 수 있다. 이렇게 되면 핵심가치로서의 기능을 제대로 발휘할 수 없다. 또 한 가지 이슈는 비록 같은 해석을 한다고 하더라도 어떻게 행동해야 하는지에 대한 구체적 실천 방안을 모를 수 있다는 것이다.

미국의 텍사스 인스트루먼트(Texas Instrument) 기업은 세 가지 핵심가치를 1) 온전성(integrity), 2) 혁신(innovation), 3) 헌신(commitment)으로 선택했다.[2] 또한 여기서 한 단계 더 내려가서 세 가지 가치에 대한 가이드라인을 제시하였다. 그 중에서 온전성을 예로 들면 '남을 존중하기'와 '정직'을 제시하였다. 그 다음 단계로 이 구체적인 가이드라인의 정의와 실천 방안을 제시하였다 '남을 존중하기'의 정의는 '남에게 대우를 받기 원하는 방식으로 남을 대우하는 것'이고, 구체적 실천 사항으로 '남에게 해가 될 만한 행동이 무엇인지 인식하고 회피하기' 등을 제시하였다.

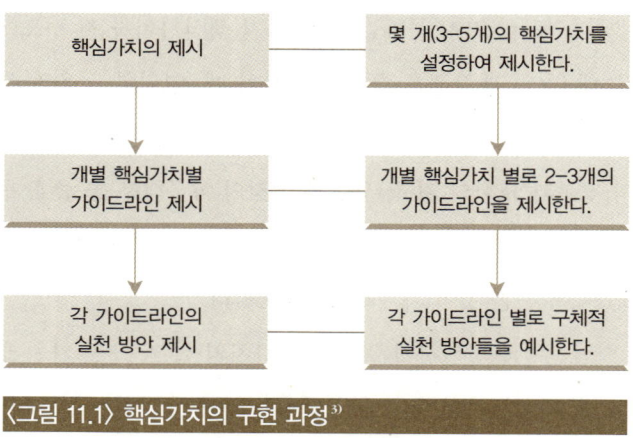

〈그림 11.1〉 핵심가치의 구현 과정[3]

이렇게 구체적인 실천 방안을 제시해야 핵심가치가 조직에서 동일하게 해석되고 실천 될 수 있는 것이다. 그렇지 않고 핵심가치만 제시하게 되면 각 핵심가치에 대한 자의적 해석으로 서로 상이한 인식과 이해를 하게 될 가능성이 있다. 그렇게 되면 가치의 공유를 바탕으로 강력한 문화를 형성하여 조직의 행동에 영향을 미치는 것이 불가능하다.

문화 형성의 방법

그러면 어떻게 문화를 형성할 수 있는가? 일반적으로 사용되는 세가지 방법은 1) 참여와 헌신, 2) 분명한 메시지를 전달하는 리더의 행동, 3) 인정하고 사례하는 제도를 통한 접근 등이 있다.[4]

첫째, 참여와 헌신을 통한 문화 형성의 방법으로는 우선 본인이 선택하게 하는 방법이 있다. 예를 들어 직분을 맡기 위해서는 특정 훈련 프로그램을 이수해야 한다고 정해 놓았다면, 본인들이 훈련 프로그램을 선택하게 하여 서서히 헌신의 자리로 가게 하는 것이다. 이것이 일종의 문화가 되어 교회에서 직분을 맡을 경우 어떠한 준비가 필요하다는 판단을 하는 데 도움을 주게 된다. 다음으로는 교인들에게 가시적으로 보여 주는 행사를 마련하는 것이다. 교회에서 임직식이나 훈련 프로그램을 수료할 때, 혹은 교사나 소그룹 리더로 임명을 받을 때 교인들 앞에서 서약하거나 수료증을 전달하는 의식을 가지는 것도 공식적인 발표를 통한 가시성을 확보하여 함께 의식을 공유하고 담보해 가는 과정이다. 세 번째 방법은 철회 불능의 단계를 두어, 그 단계에서는 참여와 헌신을 돌이킬 수 없음을 확실히 상기시키는 것이다. 참여하지 않을 자유도 있지만 참여하기로 결정하면 굉장한 희생이 따를 수도 있고 단기간에 돌이킬 수 없는 선택이 되는 것이다.

미국 한 대학의 사회학과에서 포스트모더니즘과목을 가르치는 교수가 있었다. 그는 강의 첫 시간에 10권이 넘는 책을 들고 들어왔고, 강의 계획서와 매주 주어지는 엄청난 과제를 설명하고는 커피를 마시러 나갔다. 그리고 나가기 전에 이런 설명을 남겼다. 만약 자신이 돌아왔을 때 그대로 자리에 앉아 있는 학생들은 그 과목을 들을 학생들이며 자기가 설명한 그 계획대로 기꺼이 따라올 사람들이라고 판단하겠다는 것이다. 그리고 자신 없는 사람은 그 동안 조용히 자리를 떠나라고 일러 두었다. 그 교수가 다시 들어왔을 때 남아 있는 학생들은 서로 얼굴을 쳐다보면서 얼굴에 긴장을 감추지 않았다. 그들은 한 학기 동안 열심히 할 수밖에 없는 선택을 스스로 내리는 과정을 거친 것이다.

여호수아는 죽기 직전에 이스라엘 백성들로 하여금 여호와 하나님과 이방 신 중에서 하나를 선택할 것을 촉구하여 여호와를 섬기는 것을 더욱 분명하게 선택하게 했다. 이런 선택이 있은 이후에 이스라엘 백성 안에는 여호와를 섬기는 방향으로 더 견고해지는 문화가 형성되었다.

> 만일 여호와를 섬기는 것이 너희에게 좋지 않게 보이거든 너희 조상들이 강 저 쪽에서 섬기던 신들이든지 또는 너희가 거주하는 땅에 있는 아모리 족속의 신들이든지 너희가 섬길 자를 오늘 택하라. 오직 나와 내 집은 여호와를 섬기겠노라 하니, 백성이 대답하여 이르되 우리가 결단코 여호와를 버리고 다른 신들을 섬기기를 하지 아니하오리니(수 24:15-16).

세이비어 교회의 교인이 되기 위해서는 오랜 기간에 걸쳐 다양한 교육과 서약을 해야 한다. 그 과정들을 소개하면 그리스도인의 삶을 위한 학교(신구약과 그리스도인의 성숙, 기독교 교리 및 기독교 윤리 과목을 이수), 후원자와의 관계, 필독서[5] 읽기, 영적 자서전 쓰기, 기도 모임 참석(서약 1주일 전부터 매일 한 시간씩 교회에 모여 기도), 공식적인 서약 등이 있는데, 이 때 사역 공동체 멤버들로 둘러싸인 가운데 회중 앞에서 서약을 하게 된다.[6] 이렇게 엄격한 과정을 통해 교회 공동체의 순수성과 교회다움을 유지해 나가고, 세속에 물들지 않은 가운데 세이비어 교회가 관심 가지는 사역들에 몰입하게 해준다.

　문화를 형성하는 두 번째 방법은 리더의 상징적 행동을 활용하는 것이다. 리더의 중요한 역할 가운데 하나는 중요한 '신호 창출자'로서의 기능이다. 리더의 상징적 행동에 포함되는 것은 조직의 분명한 비전을 제시하는 것, 말과 행동의 일관성의 유지, 사역을 통해 내재적 가치를 유지하게 하는 시스템의 구축 등이 있다. 사실 어떤 조직이든 그 조직의 문화를 형성하는 데 결정적인 역할을 하는 사람은 그 조직의 최고 리더. 그러므로 교회에서는 목회자와 장로의 리더십 스타일이나 말과 행동 하나하나가 교회 문화 형성에 결정적으로 영향을 미친다.

　목회자의 경우 설교를 통하여 특정 가치를 강조할 수도 있고, 당회나 기타 각종 회의나 의사 결정을 통해 방향성과 분위기를 조성할 수 있다. 긍정적으로 보면 조금 의도적으로 계획하고 노력만 기울인다면 교회 문화를 바람직한 방향으로 형성해 가는 데 중요한 계기를 마련할 수 있다. 그러나 반대로, 교회의 핵심가치나 성경에 기반한 핵심 원리를 무시한 채 목회자 개인의 성향이나 리더십 스타일대로 교회가 움직일 가능성도 있다. 이런 경우에는 리더십 갱신 없이는 바른 교회 문화 구축이 어려울 수 있다.

　가정 사역으로 잘 알려진 '칠성섬유'의 주수일 회장은 오래 전에 기업 운영 이념으로 다음 세 가지를 설정하였다.

1) 기독교 정신에 입각하여 기업 구성원 모두가 풍성한 삶을 누릴 수 있는 아름다운 생활 터전을 만든다.
2) 개인의 능력을 최대한 개발하여 회사를 발전시키고 이를 통하여 모든 종업원들의 존재 가치를 극대화한다.

3) 회사의 건전한 운영을 통하여 온 국민이 더불어 행복한 삶을 살아갈 수 있는 복지 국가를 이룩한다.

이와 더불어 인화, 근면, 창의 등의 사훈을 가지고 월요일마다 가지는 직원 조회(예배)를 통해 이런 가치를 반복해서 강조하여 직원들로 하여금 이런 가치에 따라 회사를 만들어 가고 생활화하도록 노력하고 있다.

문화를 형성하는 세 번째 중요한 방법은 보상과 인정을 활용하는 것이다. 교회에서는 전문 사역자를 제외하고는 금전적인 보상을 주지 않지만 사역의 결과로 나타나는 분명한 열매들을 확인하고 인식할 수 있는 여러 가지 과정을 만들어 가는 작업이 필요하다. 담임 목사가 팀장들이나 훈련 참여자들에게 개인 편지나 엽서를 보낸다면 그저 복사해서 대량으로 보내기보다는 직접 쓴 개인적 편지를 보내는 것이 효과적일 수 있다. 또한 칭찬과 인정을 해 주어 다른 성도들이 알게 함으로써 그것을 통해 배울 수 있는 계기를 가지는 것도 특정 문화를 형성하는 데 중요하다.

교회 문화의 유형

교회 문화를 유형별로 분류한다면 어떻게 할 수 있을까? 다양한 기준으로 다양한 문화의 유형을 도출할 수 있을 것이다. 여기서의 분류 기준은 핵심가치와 같은 근본적인 것이라기보다 좀더 표면적인 기준이다. 따라서 여기서 시도하는 교회 문화의 유형은 교회 문화를 이해하기 위한 예시적인 성격이 강하다. 이제 그런 이해를 위해서 다음 네 가지 차원에서 교회 문화를 분류해 보고자 한다.

일 중심-사람 중심 차원

교회 리더십의 스타일에 따라서 교회마다 다른 문화를 가질 수 있는데, 어떤 교회는 일 중심이고 다른 교회는 관계 중심이 강하다. 일 중심이라는 것은 위원회 중심의 조직을 효율적으로 운영하며, 회의가 규칙대로 진행되며, 프로그램을 잘 기획하여 깔끔하게 진행시키고, 그것에 대한 평가를 통해서 다음에 반영하기도 한다. 반면 관계 중심형은 그런 것들에는 약하지만 사람과의 관계를 중시하여 사역을 진행시키고, 일이 조금 덜 완벽하게 되더라도 사람이 우선되는 특징을 지닌다.

사람 중심의 문화를 가진 어떤 사례 교회는, 좀 부족하더라도 사람을 세우고 그들에게 섬길 기회를 가능한 많이 부여한다. 이는 담임 목사가 관계형에 가까운 리더십 스타일이기 때문에 영향을 받은 것이다. 반면 또 다른 사례 교회는 일 중심 문화가 더 우세한데, 새로 교회를 방문하거나 등록한 사람들이 처음 갖는 인상은 많은 일과 프로그램이 정신 없이 돌아간다는 점이다. 이런 문화는 담임 목회자의 리더십 스타일과도 관련성이 있다.

합리성-'은혜 중심' 차원

이 차원에서 합리성은 우리의 이성과 지식을 마음껏 활용하여 사역에 사용하는 경우다. 목적 의식이 분명하고 효율성을 중시하며, 계획과 성취 의식이 뚜렷하여 실리적이고 결과를 중시하는 문화다. 은혜 차원이라는 것은 개인 영성을 강조하며, 어떤 일을 해도 기도와 성령의 인도를 더 중시하여 일을 계획하기보다는 기도에 의존한다. 너무 합리적으로 계획하는 것은 은혜가 되지 않는다고 생각하기도 한다.

개혁성-전통성 차원

개혁성 차원은 말씀대로 새롭게 회복되는 방향으로 지속적으로 변화를 추구하는 특성을 말한다. 전통 차원은 보수적이며, 전통적 가치를 중시하고, 의사 결정이 특정 리더 그룹에 집중되는 경향을 보이며, 서열과 질서 의식이 뚜렷하며, 규정과 절차가 중시되는 특징을 지닌다. 신앙의 본질을 지키고 세속에 물들지 않는다는 측면에서의 전통을 지키는 부분은 매우 바람직한 것이라고 할 수 있다. 그러나 전통화되어서 성령에 대한 민감함을 떨어뜨리는 방향으로 가는 것은 건강한 교회를 세우는 핵심 원리에 벗어난다고 할 수 있다. 이런 경우에는 개혁성을 가지고 본질적인 성경적 원리를 회복하는 것이 필요하다.

샘물교회는 전통을 중시하기보다는 개혁 성향에 가깝다. 한국 교회에서 가장 보수적인 교단 중 하나인 고신에 속하지만 전통에 크게 매이지는 않는다. 목사와 장로의 임기제, 다양한 주일 예배 형식 도입, 주일 저녁 예배를 가정 예배로 대신하고 가정교회를 도입하는 등 교회에 유익하다고 판단되는 새로운 제도와 프로그램을 도입하는 데 크게 어려움을 겪지 않는다. 이는 담임 목사의 개혁 성향도 있거니와 성도들이 교파를 초월하여 구성되어 있기 때문이기도 한데 이로 인해 어떤 경우에는 혼란스럽다는 말을 듣기도 한다.

나들목교회는 전통적인 예배 형식을 과감히 버리고 매주 "찾는이 중심"의 예배를 드리고 있다. 이 예배의 가장 큰 특징은 다양한 문화 활동을 통해 비그리스도인들이 자연스럽게 예배에 임할 수 있도록 도와주는 점이다. 예를 들면 영상물, 음악, 연극 등 기존 문화에 대한 개방성이 있으며, 또한 이들 문화적 활동의 활발한 활용을 통해 자연스럽게 찾는이들에게 접촉하고 있다. 예배 중에 영화의 장면을 틀어 준다든가 뮤지컬 가수의 공연 등을 하다가 자연스럽게 복음의 메시지가 나오는 등의 형태를 취하는 것이다. 이런 개방성은 예술과 문화를 우리가 즐거움을 얻고 누릴 수 있는, 주님이 주신 고귀하고 아름다운 선물로 인식하는 데서 온 것이다.

서울중앙교회에서 2002년도와 2004년도 설문 조사를 한 결과를 보면 총 109문항 중에서 가장 안 좋은 점수를 받은 5개 질문 중 세 개가 문화와 관련된 질문들이다. 점수가 좋지 않은 문항들은 '우리 교회는 마음에 맞는 사람들끼리 어울리는 경향이 있다'(4.0), '나는 우리 교회가 전통과 관행을 중시하고 있다고 생각한다'(3.80), 그리고 '나는 교회에 세상적인 가치 기준이 많이 들어와 있다고 생각한다'(3.35)등이다." 이런 문화적 특성은 교회가 새로운 변화를 꾀하거나 비전을 추구하는 데 매우 냉소적으로 작용할 가능성이 있다. 또한 전통에 집착하기 때문에 새로운 개혁이 추진되는 데 어려움을 겪기도 한다. 이런 문화로 인해 기존에 잘 알던 성도들끼리는 잘 어울리지만 새로 오는 성도들이 어울리기에는 큰 어려움이 있다.

서울중앙교회는 보수적 문화와 개혁적 문화가 공존하고 있다고 볼 수 있다. 전통과 신앙의 본질과 관련된 부분에 대해서는 매우 보수적이지만 새로운 열망과 미래 지향적 사고는 가지고 있는 편이다. 예를 들면 교회 차원에서 성도들의 친목과 교제를 위하여 2년에 한 번씩 전 교인 체육대회를 개최하는데, 2003년 10월 3일에도 체육대회 행사가 잡혀 있었다. 그런데 그 시기에 태풍 매미가 한반도를 엄습하여 결국 체육대회를 취소하고 청년 27명이 10월 2일부터 4일까지 경남 창녕 지역에 수해 복구 봉사에 참여하였고, 따로 헌금을 하여 수재민을 돕기도 하였다.

권위 중심-참여 중심 차원

권위 중심 차원은 수직적이며, 하향식 의사 결정이 진행되고 성도들의 참여가 약한 문화를 의미한다. 반면 참여 중심 차원은 수평적이며, 상향식 의사 결정이 허용되고, 성도들이 적극적으로 교회 일에 참여하는 것이 자연스러운 문화다.

서울 중심에 있는 한 교회는 권위가 아주 강하게 존재하지만 한편 성도들의 의사를 반영하려는 노력도 상당히 기울이는 편이다. 교회에 중요한 정책적 이슈가 있을 때마다 광범위한 의견 수렴 과정을 거친다. 예를 들면 2001년 11월 11일 주일 오후에 "교회 재정 정책 및 봉사자 사례 지급에 관한 공청회"가 네 사람의 발제와 함께 거행되었다. 그 외에 "바른 교회 교육을 위한 연석회의"도 2001년 12월 16일 주일에 교역자, 교사 및 교회 교육에 관심 있는 이들이 참석하여 진행되었다. 2002년 6월 23일에는 "교회 2부 예배 시행과 교회 공간 활용을 위한 공청회"를 가졌다. 또한 2003년 5월 11일에는 희년집담회를 가졌는데 교회 설립 50주년 행사 중 하나로 교회 구성원들 중 지회 대표들이 강단의 강대상을 들어내고 그 자리에 자리를 배치하여 교회의 과거, 현재 및 미래에 대한 자유로운 토론회를 가졌다. 교회 강단의 강대상을 옮기고 이런 행사를 할 수 있었던 것은 보수적이고 오래 된 교회에서는 매우 이례적인 것이었다.

문화적 유형의 시사점

이런 문화적 유형이 주는 시사점은 무엇인가? 몇 가지 이슈를 정리하면 다음과 같다. 첫째로 이런 네 가지 차원의 문화적 가치들이 어떻게 조합을 이루느냐에 따라서 개별 교회의 문화적 유형이 달라질 수 있다는 점이다. 즉 위에서 언급한 네 가지 차원들 중에서 한 가지의 선택이 아니라 각 차원의 성격들이 모여서 전체적 문화를 형성하게 된다. 따라서 문화는 교회마다 독특해서 똑같은 문화를 가진 교회는 하나도 없다.

두 번째, 문화는 맞고 틀리는 문제가 아니라는 점이다. 그런데 사람들은 두 가지 짝을 대비시켜 상반된 것으로 인식하는 경향이 있다. 그러나 어느 한 가지를 틀렸으니 바꾸라고 하거나 그것으로 인해 갈등을 일으켜서는 안 될 것이다. 그럼에도 불구하고 특정 시점에서 더 강조되어야 하는 문화적 가치가 대두될 수는 있다. 예를 들어 권위 중심과 참여 중심 문화는 '권위와 자율의 균형' 원리에서 보면 모두 중요하다. 그러나 한국의 현실을 보면 그 동안 너무나 목회자 혹은 당회 중심의 권위적 형태에 익숙하여 평신도의 능동적 참여가 약했던 측면이 있기 때문에 참여 중심 문화가 강조될 필요가 있을 것이다.

셋째로, 특정 시점에 처한 상황에 따라서는 문화가 순기능과 역기능을 모두 가질 수 있다는 것이다. 전통을 중시하는 문화는 신앙을 지킨다는 측면에서, 또한 세속에 물들지 않게 한다는 점에서 탁월한 순기능을 할 수 있다. 그런데 문제는 교회가 환경의 변화에 적응하여 지역 사회를 돕는 방식을 바꾸고 젊은 청년들을 교회에 모아서 교육을 시킬 때는 유연하지 못한 방식으로 대처할 가능성이 높아서 역기능을 나타낼 소지가 있다. 따라서 어떤 부분이 현재 개별 교회가 처한 역사적 혹은 지리적 특성 속에서 역기능을 하는지 파악하여 대처해 가는 것은 참으로 중요하다. '핵심 목적의 성취' 원리에 따라서 이런 역기능을 가지는 문화가 있으면 그것을 규명하여 그에 대처하는 것이 교회의 회복에 필요한 과제다.

여기서 우리는 문화의 순기능과 역기능 차원과 문화의 강도에 따라서 네 가지 상황을 상정해 볼 수 있다. 문화가 강하다는 것은 성도들이 대부분 핵심 가치와 규범을 이해하고 있으며, 실제로 그런 모습으로 체화되어 지속적으로 실천되고 있는 경우를 말한다. 역기능을 하지만 약한 문화인 경우는 크게 문제되지는 않는다. 그러나 강한 문화이면서 역기능을 하는 경우는 빨리 바른 가치와 규범으로 대체해야 한다. 반면 순기능을 하지만 강하지 않다면 성도들의 사고방식, 태도 및 행동에 선하게 영향을 미치지는 못할 것이다. 따라서 순기능을 하면서 강한 문화를 가져야 건강한 교회를 세우고 핵심 목적을 이루어 가는 데 촉매 역할을 할 수 있다.

네 번째 시사점은 비전 및 다른 조직모형의 요소들과의 적합성이 중요하다는 점이다. 이것은 '유기적 연계성과 공유'의 원리를 이루어 가는 측면이다. 비전에 맞는 문화를 구축하는 것이 필요한 것이다. 그렇지 않으면 부정적인 시너지가 생성되어 도리어 문화가 비전 실현에 방해가 될 소지가 있다. 나아가 현재 교회 문화의 유형이 어떤 것인지 파악하여 조직모형의 요소들인 시스템과 구조 등과 일관성이 있는지를 확인하는 것도 필요하다. 또한 어떤 제도나 프로그램의 도입 시 문화의 특성을 반영하여 도입할 필요가 있다. 제도의 문화적 정합성이 있는지를 확인해야 한다는 것이다.

가령 전통적인 문화가 지배적인 경우는 어떤 일을 진행할 때 리더들과 상의하고 그들의 인정을 받는 작업이 중요할 수 있다. 조직 구조와 연계해 보면, 사역 기반 위원회 조직에서는 일-합리성-전통 중심 문화를 지니고 있어도 별로 문제가 안 될 가능성이 있다. 그러나 소그룹 기반 셀형이 이런 문화를 가지고 있을 경우에는 소그룹을 진행하고 세워 가는 데 매우 어려울 수 있다. 왜냐하면 소그룹이 자발적으로 예산 집행과 행사 진행 및 통합적 사역을 수행할 때 일일이 전통을 중시하여 절차를 밟게 되면 소그룹의 역동성이 사라져 버릴 가능성이 있기 때문이다.

　이런 비전과의 정합성이 있는 문화와 시스템을 구축하고 있는 대표적인 기업이 3M이다. 3M은 세계에서 가장 혁신을 추구하는 회사 또는 가장 창의적인 기업으로 알려져 있다. 3M은 그 존재이유가 "미해결된 문제의 혁신적 해결"이다. 이 핵심 목적을 달성하기 위해 3M은 혁신, 절대적인 정직성과 윤리적 온전성, 개인의 주도성과 성장의 존중, 선의의 실수에 대한 용납, 제품의 질과 신뢰성 등의 핵심가치를 두고 있다. 이런 핵심가치 때문에 실험을 장려하고 선의의 실수에 대해 관용해 주며 개인의 창의성과 주도성을 장려하는 문화를 형성하였다. 따라서 누구나 새로운 아이디어가 있으면 그것을 가지고 실험하여 무엇인가 새로운 것을 창출해 나가고자 노력한다. 이런 노력을 하려면 시간이 필요한데, 이 기업에서는 직원들이 하루의 업무 시간 중에서 15퍼센트 정도를 본인의 창의적인 아이디어를 실현하기 위해 노력하는 데 쓰도록 자유와 여유를 허락하고 있다. 또한 시도를 하다가 실수를 하거나 실패를 하여도 결코 그것이 개인의 경력에 지장을 주지 않고 다른 조직 구성원들에게 받아들여진다고 생각하기 때문에 주저함 없이 새로운 시도를 한다. 이런 문화는 "미해결된 문제의 혁신적 해결", 그리고 "우리의 진정한 사업은 문제 해결"이라는 그들의 비전과 잘 부합하고 있는 것이다.[8]

　마지막으로 이러한 문화 유형은, 문화가 바뀌어야 할 필요가 있을 때 현재의 문화 유형과 바꾸고자 하는 문화 유형을 잘 파악하여 어떤 방향과 어떤 방법으로 추진해야 할지에 대한 시사점을 도출하는 데 유용하다. 미래 지향적 문화를 형성하는 것은 기존 문화에 익숙한 성도들에게는 아무래도 저항과 불편함을 던져 줄 수 있기 때문에 이에 따른 변화 관리를 잘 해주어야 한다.

교회 내의 다문화 존재 유형

교회 문화와 관련하여 최근 중요한 이슈 중 하나는 교회 내 다문화의 존재 방식이다. 이것은 세대나 성도들의 특성에 따른 집단 간 갈등, 단절 혹은 통합과 관련된 이슈다. 우리는 여기서 교회 내의 그룹 간에 핵심가치를 얼마나 어떻게 공유하느냐의 정도에 따라서 교회 문화 존재 방식의 유형을 나누어 보고자 한다. 즉 한 교회 내에서 여러 문화가 어떻게 존재하느냐에 따라 다음과 같은 네 유형을 분류할 수 있다. 1) 단일 문화 모형, 2) 분리 문화 모형, 3) 지배-하위 문화 모형, 4) 통합 문화 모형.

단일문화 모형

단일문화 모형은 한 조직 혹은 교회에 하나의 문화가 존재하는 것을 의미한다. 기본적으로 비교적 동질적인 성도들이 모여 있을 때 효과적일 수 있다. 여기에서 다시 대별해 보면 (1) 청년/대학생 중심 단일 문화 모형과 (2) 장년 중심 단일 문화 모형 등이 있을 수 있다. 전자의 경우 선교단체나 청년 대학생 중심의 교회에서 나타날 수 있는 유형이다.

삼일교회의 경우 2007년 현재 1만 5천 명 정도의 출석 교인 중 대다수가 청년 대학생들로 구성되어 있어서 청년 중심의 문화가 형성되어 있다. 이 교회의 문화를 단어로 나열한다면 젊음, 열정, 도전, 개방성, 다양한 실험 등이 될 수 있다. 예를 들면 예배 중 찬양과 함께 하는 율동의 형식이 상당히 자유롭다. 따라서 청년 중심의 단일모형이라고 할 수 있다. 그럼에도 불구하고 12진(陣)으로 구성되고 진 밑에는 15개 전후의 팀으로 구성되어 있으며, 각 팀에는 30-50여 명으로 구성되어 있는데 간사로 불려지는 팀장에 따라서는 매우 자율적이고 다양한 팀 운영이 진행된다. 나들목교회의 경우 비록 연령대별 구성은 다양하지만 교회의 공유된 가치와 규범은 개방적이고 젊은 분위기다. 또한 전문성을 강조하여 목회자가 아닌 전문사역자를 여럿 두어 기획실장, 홈페이지 등 미디어 총괄, 관리(공간 및 재정) 지원, 음악 등을 관장하도록 하고 있다. 이런 측면에서 전문성, 개방성 및 개혁성 등의 특징을 갖는 단일모형이라고 볼 수 있다.

후자의 경우는 신도시의 개척교회나 장년 중심으로 목회하는 교회에서 흔히 볼 수 있는 문화 유형이다.

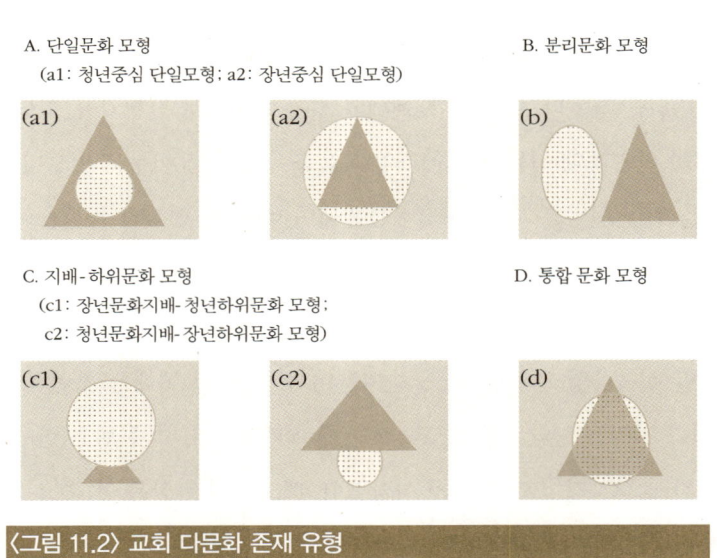

〈그림 11.2〉 교회 다문화 존재 유형

분리 문화 모형

분리 문화 모형은 두 개 혹은 복수의 문화가 대등하게 공존하는 경우를 말한다. 복수의 문화가 전혀 융합되지 못하고 각 해당 그룹끼리 별도의 예배와 활동이 이루어지는 경우다. 전형적인 예를 들면 (1) 외국의 이민 교회에서 영어와 우리말 예배를 구분하여 드리는 교회나 (2) 청년 대학생과 기성 교인이 비슷한 숫자로 공존하는 교회 등이 있다.

전자의 경우 미국의 샴페인-어바나 한인 교회를 예로 들 수 있다. 한국에서 태어나 한국어와 한국 문화에 익숙한 이민 1세대들과 유학생들이 참여하는 예배는 한국어를 사용하고, 대학생 이하 이민 2세들이 참여하는 예배는 영어를 사용한다. 언어가 달라 찬양과 설교에서 공유가 잘 되지 않으며 같이 행사를 하더라도 쉽게 교제가 이루어지지 못하는 한계가 있는 것이다.

후자의 사례는 한국에서 비록 같은 한국어를 사용하지만 장년 세대와 젊은 세대의 문화가 달라서 청년 대학생 교회와 장년 교회가 따로 하나의 교회 안에 공존하는 경우다. 이런 경우 예배와 행사가 별도로 진행되며, 장년 성도의 예배는 찬송가와 전통적인 곡조의 복음송이 주류를 이루고 있으나, 젊은 성도들을 위한 찬양은 대개 밴드가 동원되며 빠른 곡 중심의 특성을 지니게 된다. 함께 찬양 예배를 드릴 경우 곡 선정부터 여간 까다로운 작업이 아닐 수 없다.

한동안 서울중앙교회에서는 노숙자들이 함께 주일 예배를 드린 적이 있다. 숫자가 많지는 않았지만 성도들과 함께 예배를 드렸다. 한번은 한 사람이 설교 시간에 갑자기 소리를 내기 시작했다. 배고픈데 점심은 안 주고 예배를 오래 드린다며 다른 사람들이 다 들리도록 이야기한 것이다. 그 때 설교를 하던 담임 목사는 그냥 두라고 했고, 그 사람은 다시 잠잠해졌고 예배는 계속되었다. 그 후 별도로 예배를 드리기 시작했는데, 현재는 약 50여 명이 모이고 있으며, 이 때 은퇴 장로와 권사들이 돌아가며 참석하고 있다. 예배 후 점심과 옷 등을 나누고 이발을 하기도 한다.

지배-하위 문화 모형

지배-하위 문화 모형은 어느 하나의 문화가 지배하고 다른 문화는 하위 문화로 약하게 공존하는 형태를 띠는 것을 의미한다. 이런 경우는 대개 어느 특정 그룹의 성도들의 수가 지배적이어서 그들에게 맞는 문화가 형성되어 오다가 다른 그룹이 형성되어 별도의 문화가 조금씩 형성된 경우가 보통일 것이다. 여기에는 (1) 장년 문화 지배-청년 하위 문화 모형과 (2) 청년 문화 지배-장년 하위 문화 모형이 있을 수 있다. 전자의 경우는 주로 장년 중심의 문화가 주류를 이루고 있으나 청년 문화가 부분적으로 형성되어 공존하는 경우를 말한다. 후자의 경우는 역으로 청년 중심으로 사역하던 교회가 그 청년들이 나이가 들어 서서히 장년 문화가 자리매김하는 경우를 들 수 있겠다. 일산에서 급성장한 한 교회는 신도시 아파트에 사는 주민들이 많이 찾아오지만 청년 대학생들은 많지 않은 교회다. 따라서 이 교회에서는 설교의 방향이나 행사의 주류가 기존 성도들에게 맞추어져 있다. 일부 참석하는 청년들을 위해서는 설교 시간에 이따금 그들에 맞는 예화를 사용하고, 적절한 프로그램을 행사에 일부 반영하는 정도에 그친다.

통합 문화 모형

통합 문화 모형의 경우는 균형적 공존 모형이라고도 할 수 있는데, 이 모형의 경우는 핵심가치를 중심으로 공통된 문화가 형성되어 모든 교회 성도들이 공유하는 주류 문화가 있고, 부분적으로 각 그룹에 필요한 하위 문화가 여러 개 형성되어 있는 경우를 말한다. 지배-하위 문화 모형과 다른 점은 전체가 공유하는 문화가 있으면서도 개별 그룹의 다양한 문화를 인정한다는 점이다.

서울중앙교회의 경우 청년 대학생이 교인의 약 절반을 차지하고 있어 장년들과 문화적으로 차이가 큰 것이 특징이다. 전체적으로 이런 다양한 그룹들을 통합하기 위해 핵심가치를 강조하고, 주일 예배 동시 참석과 주일 낮 예배 시간에 공동체의 고백 함께 읽기 등으로 한 교회의 교인 됨을 확인해 가고 있다. 그러나 예배 시 찬양 선곡의 문제, 신앙 스타일, 세상에 대한 인식 등에서 다양성을 가지고 있는 편이다. 매년 성탄절 전후로 가지는 중고등부의 작은 음악회의 경우 어떤 성가곡은 락 음악에 가까워서 장년 성도들이 매우 어색해한다. 결국 2007년에 들어서는 청년 대학생들을 위한 별도의 예배를 오후에 드리게 되었다.

거룩한 빛 광성교회에서의 각 세대 문화는 비교적 조화롭게 공존하고 있다. 주일 대예배는 성년 예배와 청년 예배가 분리되어 있으며 각 문화가 독립적으로 형성, 발전해 가고 있지만, 청년들의 문화에 대해 교회 전체적으로 수용도가 높은 편이다.

교회 다문화 유형의 함의

교회 다문화 유형에 대한 논의는 어떤 시사점이 있는가? 다문화 관리가 전혀 문제가 되지 않는 특수한 상황에 있는 교회들이 있는 것도 사실이다. 예를 들면 농촌의 교회, 군 부대에 있는 교회 등은 사실 동질적인 특성을 가진 성도들이 대부분이어서 환경의 특성상 다양한 문화의 존재가 어려운 경우들이다. 농촌의 경우는 장년 중심 단일모형(a2)이 적합할 수 있고, 군부대 교회의 경우 청년 중심 단일 모형(a1)이 지배적일 수 있다.

신앙의 기본만 통일되면 되는가 아니면 문화도 통일되어야 하는가? 신앙의 본질적 측면은 동일하게 유지하고 문화는 다양할 수 있다면, 그 다양성과 통일성을 어떤 수준에서 결정해야 하는가? '상호 섬김과 공동체성' 원리의 관점에서 봤을 때 비가시적 문화의 경우는 공통된 것을 많이 가지는 것이 좋을 것이다. 그렇다고 하더라도 각 그룹의 특성에 맞는 다른 가치를 형성하는 것은 필요하다. 장년 그룹과 청년 그룹이 동일한 교회의 핵심가치를 지향하더라도 각 그룹의 독특한 집단 특유적 가치를 추구하는 것은 중요하다. 나아가 동일한 핵심가치를 가지고 있다고 하더라도 가시적 수준에서는 집단별로 다양하게 표현할 수 있을 것이다.

그런데 이런 핵심가치의 공유를 통한 통일성을 이루지 못하면 분리 문화 모형으로 가게 되어 궁극적으로 건강한 교회의 모습을 상실할 수 있다. 앞서 예를 든 샴페인-어바나 한인교회의 경우는 언어적·정서적 차이로 노력을 해도 통합에 한계가 있다. 서울 서대문에 소재했던 S교회는 전통적으로 대학부가 강했다. 80년대 중반에 150-200명 정도의 대학생들이 대학부에서 신앙교육을 받았는데, 전체 교회와의 융합에 실패하여 대학부 수료 이후에는 결국 흩어지게 되었다.

개별 교회는 탄생, 성장, 정체 및 쇠퇴 혹은 재도약 등의 생명 주기를 경험한다. 따라서 하나의 문화가 지속되는 것이 바람직하지 않은 경우가 있다. 교회의 생명 주기 상 적합한 문화 변화가 필요한 것이다. 교회 환경의 변화나 생명 주기 상의 문제 혹은 교인 구성의 변화로 인해 역동적 문화 경로를 찾아갈 필요가 생긴다. 예를 들면 청년 중심 단일 모형(a1)에서 성도들이 나이가 들어 가고 청년들의 숫자가 상대적으로 줄어들게 되면 분리 모형이나 장년 문화 지배-청년 하위 문화 모형(c1)으로 변해 갈 수도 있다. 혹은 청년 문화 지배-장년 하위 문화(c2)에서 장년들이 떠나고 청년 중심 단일 문화(a1)로 변해 버릴 수도 있다.

현재 단일 문화 모형을 가지고 있는 서울 삼일교회의 경우 청년 중심 단일 모형(a1)을 가지고 있다고 판단된다. 현재 담임 목사의 목회 철학이나 비전을 보면 이 방향이 큰 문제가 되지는 않을지 모른다. 그러나 10년 후 혹은 20년 후에는 어떻게 되는가? 지금의 20대가 30 혹은 40대가 되면 자연스럽게 성도 분포가 달라지고 교회 문화도 다문화가 될 것이기에 역동적인 문화 경로를 고려해서 전략적으로 관리해 주는 것이 필요할 것이다.

문화는 잘 보이지 않지만 사람들에게 강한 영향을 주고 있다. 따라서 한편으로는 다음 세대에 신앙을 계승시키고 좋은 신앙의 유산을 전수시키기 위해서는 세대 간 차이가 나는 문화적 성격을 잘 파악하여 상호 이해를 높이는 노력이 필요하다. 다른 한편으로는 교회 문화가 세속화되지 않도록 유의할 필요가 있다. 젊은 세대의 모든 문화를 수용하는 것만이 중요한 것이 아니라 그 문화 속의 세속화되어 가는 모습을 찾아내고 정화시키는 작업은 여전히 필요하다. 각 교회는 현재까지 어떤 모형으로 문화가 형성되어 있는지를 파악하고, 그것이 현재 우리 교회의 성도 분포나 특성 상 바람직한 것인지를 진단해 볼 필요가 있다. 나아가 향후 5년에서 10년이 지날 경우 어떤 변화가 예상되는지 그리고 그런 경우 문화는 어떤 변화가 필요한지 등에 대한 시나리오를 작성하여 준비하는 것이 필요하다. 그렇지 않으면 서로가 상처를 받게 되고 비본질적인 문제로 본질이 손상을 받게 되는 현상이 나타날 수도 있기 때문이다.

* * *

문화는 교회 조직 요소인 리더십, 구조 및 운영 시스템이 제대로 작동하도록 돕는 정신의 반영이다. 비전과 연관시켜 보면, 핵심가치의 내용이 문화로 녹아 들어가는 것이 가장 바람직하다. 따라서 교회는 핵심가치가 어떻게 교회의 문화로 형성될 수 있는지를 고민해야 한다. 특정 가치들에 대해 성도들이 같이 해석하고 이해하도록 도와야 하며, 나아가 그런 가치와 규범들이 교회의 의사 결정, 회의, 봉사, 교제 등에 그대로 반영되도록 노력해야 한다. 또한 신앙의 본질을 훼손하지 않고도 여러 문화를 인정하면서 함께 갈 수 있는 방식을 찾아가야 하며, 이런 과제를 이루어 감에 있어서 일곱 개의 핵심 원리가 문화 속에서 살아 숨쉬게 하는 것이 무엇보다 중요하다. 어떠한 문화 유형을 가지고 있다고 하더라도 그 속에 원리는 살아 있어야 하는 것이다. 또한 원리들이 현실에서 적용되는 방식에는 다양한 선택이 있을 수 있다는 것을 인정하고 대화해 나갈 때 한국 교회가 가진 많은 문화적 문제는 충분히 해결될 수 있을 것이다.

토론 질문

1. 문화의 유형은 그 자체로 틀리고 맞는 것은 아니다. 그렇다면 건강한 교회의 핵심 원리가 어떻게 다양한 교회 문화의 영역에서 살아 숨쉬게 만들 수 있는지 이야기해 보자.

2. 우주적 교회의 관점에서 볼 때 특정 지역 교회가 특정 문화를 가지고 특정 그룹만을 위한 목회를 하는 것이 바람직한가?

3. 우리 교회의 문화 유형은 어떠한지 네 가지 모형 중에서 찾아 보자. 이런 유형이 비전의 실현과 다른 조직 모형의 구성 요소와 정합성이 있는지 파악한 후, 문제가 있다면 해결 방안을 생각해 보자.

4. 우리 교회의 다문화 관리는 어떠한가? 향후 어떤 방향으로 변화될 것이라고 예상하는가? 그것을 대비하기 위해 할 수 있는 일들이 무엇인지 정리해 보자.

4부
목적 성취

12장 진단과 처방
13장 변화 관리

많은 교회가 사역을 한 후 평가를 잘 하지 않는다. 천국에 가서 한꺼번에 결산한다는 의식 때문인지, 평가가 별로 도움이 되지 않는다고 생각해서인지, 성과에 대한 정확한 평가와 그에 따른 개선의 노력이 별로 없어 보인다. 그러나 목적을 가지고 조직을 구성하고 그에 따라 사역을 수행하는 교회는 그 목적을 얼마나 성취했는지를 반드시 돌아보고 평가할 필요가 있다.

목적 성취의 기준은 세 가지 차원이 있다. 첫째는 하나님 나라 관점에서의 목적이다. 하나님 나라가 확장되고, 하나님의 뜻이 이루어지며, 그의 이름이 높아지는 것이다. 두 번째는 교회 차원으로, 공동체로서 영적 성장이 이루어지고, 건강성을 회복하며, 지속적으로 성장하는 것이다. 마지막으로, 개인적인 측면에서 성도들이 행복해야 한다. 하나님을 즐거워하고, 하나님의 교회의 구성원이 되는 것에 대한 무한한 자부심과 소속감을 지니며, 하나님의 한 자녀와 백성이 된 것을 즐거워할 수 있어야 한다.

제4부에서는 이와 같은 기준을 따라 각 조직 요소들이 건강하게 세워져 있는지 진단·평가하고 더 나은 목적 성취를 위해 변화를 추구하는 과정을 알아보자.

12장
진단과 처방

목적 성취: 사역을 건강하게 수행하고 조직을 효과적으로 관리할 때
얻게 되는 결과물

나들목교회는 분기마다 "나들목 건강지수 9"를 분석하여 성도들에게 발표한다. 이 건강지수는 나들목교회의 4대 핵심가치를 기반으로 가족, 가정교회, 예배 참석, 헌금, 양육 훈련, 교회 안팎에서의 관계 등에 관한 여러 자료를 수치화한 지표다. 이 지수를 3개월 단위로 "공동체 가족의 밤"때 나누고 있다. "나들목 건강지수 9"는 해당 항목에 대한 전체 데이터 중 의미 있는 데이터가 차지하는 비율을 도출한 것이다. 그에 포함되는 항목과 의미는 다음과 같다.

1. 회심 성장 지수: 새롭게 가족이 된 자 중 세례를 받은 자/분기 내 가족이 된 사람*
2. 공동체성 지수(익명성극복): 가족 수/찾는이와 함께하는 예배 참석 수
3. 공동체 소속 지수(가정교회 소속): 가정교회 소속 가족 수/전체 가족 수
4. 공동체 충실 지수(가정교회 출석률): 가정교회 참석/가정교회 소속
5. 훈련 참여 지수: 1년 1회 참여가족/가족 수
6. 교회 안 변혁 지수: 자원봉사자 수/가족 수
7. 교회 밖 변혁 지수: 대외지원금/총 지출
8. 예배 참석 지수: 주당 평균 예배 참석 인원
9. 십일조 충실 지수: 가족 십일조 참여 회수의 총합/(가족 명수×개월 수)

서울중앙교회의 비전기획팀은 2002년과 2004년 두 차례에 걸쳐 교회를 진단 평가하는 과정을 거쳤다. <표 12.1>의 내용으로 구성된 설문지를 만들어 대학부 이상 전 교인을 대상으로 실시하였다.

---

*여기서 가족이라 함은 교회에 회원으로 서약하고 적극적으로 참여하는 교인을 말한다.

구분	세부 항목	질문 문항 수
I. 일반 사항	출석연도, 신급, 성별, 연령, 소속 지회 등	5
II. 교회 건강 지수	비전 모형(교회 역사 및 교단 관련 문항 포함)	10
	사역모형(예배, 교제, 교육, 봉사, 선교)	49
	조직모형(리더십, 구조, 성도, 문화)	40
	종합결과	10
III. 현안 이슈	교회에서 풀어야 할 문제들에 대한 의견 수렴	10
IV. 제안 사항	교회에 하고 싶은 말이나 건의 사항	주관식

〈표 12.1〉 서울중앙교회 진단 평가 질문

답변을 수렴한 후 진단 결과 보고서를 작성하고 목회자, 당회 및 비전위원회 멤버들에게 배부하여, 향후 비전을 더 효과적으로 달성할 수 있는 방안을 모색하는 데 활용하도록 하였다. 보고서에는 각 개별 문항의 응답 분포와 평균 등 자세한 내용을 부록으로 수록하였으며, 점수에 따라 향후 처방과 변화 방향까지 제시하여 교회 사역과 실현에 도움이 되도록 하였다.

예수 그리스도의 몸된 교회로서 갖추어야 할 건강성을 유지하면서 주님이 주신 비전과 사명을 효과적으로 성취해 가고 있는지 주기적으로 점검하고, 문제점이 발견될 때 그 원인이 무엇인지 진단하여 해결 방안을 모색하는 과정은 조직 운영에서 매우 중요하다. 그러나 많은 교회들이 진단의 필요성을 못 느끼거나, 그 필요성을 느낀다 해도 진단을 꺼린다. 보통 진단 과정을 거치고 나면 드러내고 싶지 않은 문제점들이 표면화되고, 그것을 건설적인 방식으로 해결할 수 있는 내부 역량을 갖추고 있지 못할 경우 교회에 상처만 입힐 수 있다는 우려도 있다.

그러나 바쁜 일에 쫓기며 살아가는 사람이 자신을 되돌아볼 시간을 갖지 못하면 방향감각을 상실하는 것과 마찬가지로, 교회 조직도 주기적으로 자기 점검을 하지 않고 넘어가다 보면 건강성을 상실하고 여러 부문에서 한계점에 봉착하는 경우가 비일비재하다. 건강을 위해 정기적인 건강 진단이 필요하듯이 건강한 교회로 성장하기 위해 정기적 진단은 절실히 필요하다. 교회 조직 진단은 여유가 있을 때 시행하는 선택 사항이기보다 건강한 교회를 유지하기 위한 필수 사항이며, 지속적 발전을 위한 중요한 디딤돌이라 할 수 있다.

교회 건강성 진단 틀

교회가 건강하게 성장, 발전하고 있는지를 진단하는 데 필요한 진단 틀은 제3장에서 제시한 분석틀을 반영한 것이다. 우선 분석틀에 나오는 개별 요소(핵심 원리, 비전과 전략 방향, 5대 사역, 리더십, 구조, 운영 시스템, 문화, 목적 성취)에 대한 구체적 설문 내용은 이 책의 부록에 수록된 교회 건강성 평가 설문지 '체크'(CHEQ: Church Health Evaluation Questionnaire)에 담겨 있다. 교회 건강성 평가 설문지는 총 88문항으로 구성되어 있으며, 교회 내 다양한 영역에서 사역을 감당하고 있는 평신도 리더들과 항존직 직분자들을 대상으로 설문을 시행할 것을 전제로 하여 작성한 것이다.

개략적인 설문지 구성 내용은 <표 12.2>에 나타나 있는 바와 같이 건강한 교회를 세우는 핵심 원리가 교회 내에서 제대로 실천되고 있는지를 진단하는 내용, 비전이 명확하게 설정되어 성도들 사이에 널리 공유되고 방향타 역할을 제대로 감당하는지를 진단하는 내용, 5대 사역(예배, 교제, 교육, 선교 및 봉사)이 제대로 수행되고 있는지를 진단하는 내용, 조직모형을 구성하는 리더십, 구조, 운영 시스템, 교회 문화 등이 바람직한 방식으로 체계화되고 작동하는지를 진단하는 내용, 그리고 교회의 핵심 목적이 효과적으로 실현되고 있는지를 진단하는 내용 등이다.

교회 건강성 진단틀은 개별 요소에 대한 진단 이외에 개별 요소들 사이의 정합성에 대한 진단도 포함하고 있다. 5대 사역이 교회의 비전과 핵심가치에

진단 내용	세부 내용	문항 수
핵심원리	• 성령 하나님에 대한 민감함(2 문항: 1.1-1.2) • 핵심 목적의 성취(2 문항: 1.3-1.4) • 권위와 자율의 균형(2 문항: 1.5-1.6) • 상호 섬김과 공동체성(2 문항: 1.7-1.8) • 유기적 연계성과 공유(2 문항: 1.9-1.10) • 보편적 교회(2 문항: 1.11-1.12) • 영적 성장과 '세상 속의 그리스도인'(2 문항: 1.13-1.14) • 핵심 원리 총괄 평가(1 문항: 1.15)	15문항
비전	• 비전 내용의 적정성(1 문항: 2.1) • 비전의 명시적 형태로의 존재 여부(1 문항: 2.2) • 비전 공유정도(1 문항: 2.3) • 비전 실천 정도(1 문항: 2.4) • 비전 달성 정도(1 문항: 2.5) • 비전 성취를 위한 노력 여부(1 문항: 2.6) • 비전과 사역의 정합성(1 문항: 2.7) • 비전과 조직의 정합성(1 문항: 2.8)	8문항
사역	• 각각의 사역(예배, 교제, 교육, 선교, 봉사)에 대한 비전과의 적합성(1 문항) + 각각의 사역에 대한 5P(purpose, program, people, process, product)에 대한 진단(5 문항) 　- 예배 (3.1-3.6) 　- 교제 (3.7-3.12) 　- 교육 (3.13-3.18) 　- 선교 (3.19-3.24) 　- 봉사 (3.25-3.30) • 사역모형 내 5가지 요소 간의 정합성(1 문항: 3.31) • 사역모형과 핵심 원리와의 정합성(1 문항: 3.32)	32문항

조직	• 리더십:
	  - 자기 세우기(1 문항: 4.1)
	  - 사람 세우기(1 문항: 4.2)
	  - 비전 세우기(1 문항: 4.3)
	  - 조직 세우기(1 문항: 4.4)
	  - 리더 세우기 과정(1 문항: 4.5)
	
	• 조직 구조:
	  - 부서화 (1 문항: 4.6)
	  - 조정과 통합(1 문항: 4.7)
	  - 의사 결정(1 문항: 4.8)
	  - 핵심 사역 촉진(1 문항: 4.9)
	  - 핵심 원리 반영(1 문항: 4.10)
	
	• 운영 시스템:
	  - 직무 관리(2 문항: 4.11-4.12)
	  - 은사 및 역량 관리(2 문항: 4.13-4.14)
	  - 평가 및 보상(2 문항: 4.15-4.16)
	  - 재정 및 회계 관리(2 문항: 4.17-4.18)
	  - 정보 및 홈페이지 관리(2 문항: 4.19-4.20)
	
	• 교회 문화:
	  - 핵심 원리 반영(1 문항: 4.21)
	  - 문화의 공유 정도(1 문항: 4.22)
	  - 문화의 영향력 강도(1 문항: 4.23)
	  - 복수 문화 관리(1 문항: 4.24)
	• 조직모형 네 가지 요소 간 정합성(1 문항: 4.25)
	• 핵심 원리 반영(1 문항: 4.26)
		26문항

목적 달성	• 하나님 나라 확장(1 문항: 5.1) • 건강한 양적 성장(1 문항: 5.2) • 질적 성숙(1 문항: 5.3) • 성도들의 영적 성숙(1 문항: 5.4) • 거룩한 공동체 형성(1 문항: 5.5) • 행복한 성도(1 문항: 5.6) • 자부심(1 문항: 5.7)	26문항

〈표 12.2〉 교회 건강성 평가 설문지 및 진단 양식 구성 내용

어느 정도 부합하고 있는지, 조직모형을 구성하고 있는 리더십, 구조, 운영 시스템, 교회 문화 등이 교회의 비전과 핵심가치에 어느 정도 부합되고 있는지, 5대 사역은 상호 부합되는 방식으로 수행되고 있는지, 리더십과 교회 구조, 운영 시스템과 교회 문화는 어느 정도 상호 부합하게 돌아가고 있는지 등을 진단한다.

조직 구성 요소 진단

핵심 원리

교회의 건강성 진단은 한국 교회의 여러 문제점과 7대 핵심 원리에 비추어 교회의 상태를 점검하는 것으로 출발한다. 첫째, '성령 하나님에 대한 민감함'의 원리가 제대로 실천되고 있는지를 진단한다. 교회는 모든 사역과 의사 결정이 예수 그리스도의 뜻을 파악하고 그 뜻에 순종하는 과정 속에서 이루어질 때 비로소 하나님의 주권적 통치와 역사하심을 경험할 수 있다. 이를 위해, 교회 각 부문이 성령 하나님께 영적 주파수를 맞추고 그분이 계시하시고 인도하시는 바에 민감하게 반응하는지 여부를 점검하는 것은 교회 건강성 검진의 핵심에 해당한다고 볼 수 있다.

둘째, '핵심 목적의 성취' 원리가 제대로 실천되고 있는지를 진단한다. 교회 내에서 이루어지는 모든 사역과 프로그램의 궁극적 초점이 교회의 핵심 목적 중 하나인 하나님 나라 확장과 교회의 비전 실현에 맞춰져야 하며, 그에 부합해야 함을 의미한다.

셋째, 목회자와 평신도 간 역할 관계 차원에서 '권위와 자율의 균형' 원리가 적용되고 있는지 진단한다. 교회 운영에서 목회자의 독단적 의사 결정이 지배하고 있지는 않은지, 목회자의 영적 권위가 인정되면서도 평신도들이 하나님의 몸된 교회를 건강하게 세우는 일에 주도적으로 참여하고 있는지 점검한다.

넷째, 성도들 간에 '상호 섬김과 공동체성'이 유지되고 있는지 진단한다. 교회는 예수 그리스도의 몸이며, 구성원들은 몸의 지체들로서 신경 조직에 의해 연결되어야 한다. 따라서 서로를 돌아보며 섬기고 세우는지, 진실한 교제가 이루어지는지, 공동체의 건강을 위해 자신을 기꺼이 희생하려고 하는지 등을 점검한다.

다섯째, '유기적 연계성과 공유' 원리가 잘 적용되고 있는지를 진단한다. 개별적인 사역과 기능이 각각 효과적으로 이루어지면서도 그것들이 교회의 핵심 목적 성취를 위해 유기적으로 연계되고 협력하고 있는지 점검한다. 이 원리가 제대로 실천되지 않을 경우 교회 내에 부서 이기주의가 팽배하고 자원 활용의 비효율성이 높아진다.

여섯째, '보편적 교회'의 원리가 잘 실천되고 있는지를 진단한다. 즉 특정한 지역 교회가 하나님 백성들로 구성된 우주적 교회의 일원으로서 교회 간 유기적 연계와 협력에 적극적으로 동참하고 있는지 점검한다.

마지막으로, 교회 내에서 성도들의 영적 성장이 촉진되고 있는지를 진단한다. 교회 내에서 이루어지는 모든 활동의 핵심 열매 중 하나는 성도들이 그 활동에 참여함으로써 하나님과의 관계가 깊어지고, 하나님께 순종하는 믿음을 키워 나가는 것이다. 또한 구성원들이 영적 성숙을 통해 세상과 일상 속에서 빛과 소금의 역할을 감당하고 있는지 평가한다.

비전

비전과 관련된 진단은, 핵심 원리와 부합되는지, 전 교회 차원에서 교회가 지향하는 비전이 명확하게 설정되어 있는지, 그 비전이 성도들의 헌신을 이끌어 낼 수 있는 것인지, 성도들 사이에 잘 공유되고 있는지, 그 비전이 얼마나 효과적으로 실천되고 있는지 등을 점검하는 것이다. 건강한 교회는 소수가 아닌 전 성도의 공감대를 바탕으로 비전과 핵심가치가 실현된다. 교회는 예수 그리스도를 머리로 하고 개별 성도들이 몸의 각 지체를 형성하여 예수 그리스도의 형상을 닮아가며 하나님의 뜻을 이루어 가는 공동체이기에, 교회의 비전이 하나님이 주신 비전임을 성도들이 함께 확신하고 하나님이 기뻐하시는 방식을 따라 함께 나아가는 것이 매우 중요하다.

5대 사역

대부분의 교회는 예배, 선교, 봉사, 교제, 교육 등 5대 사역을 통해 하나님 나라의 확장에 기여하고자 노력한다. 따라서 그러한 사역들이 효과적으로 수행되고 있는지 진단하고 필요한 부분을 찾아 개선할 필요가 있다. 하나님의 백성들이 공동체로 함께 모여 하나님의 하나님 되심을 고백하고 그분을 높여 드리는 생명력 있는 예배가 드려지는지, 교회를 통해 예수 그리스도의 복음이 비그리스도인들에게 효과적으로 전파되고 그 사역에 성도들이 적극적으로 참여하고 있는지, 구성원들이 하나님의 자녀의 신분으로 이웃과 세상을 섬기고 교회가 그것을 적극적으로 권면하고 있는지, 한 몸의 지체로서 성도들이 서로를 세우고 격려하며 교회가 그것을 효과적으로 촉진하는지, 성도들의 영적 성장, 은사 및 역량 개발 등을 돕는 훈련과 후세대를 영적으로 훈육하는 교육이 효과적으로 이루어지는지 등을 진단하고 취약한 부분을 찾아 개선하는 것이다.

개별 사역이 효과적으로 이루어지고 있는지를 진단하기 위해 제5장에서 소개한 사역 설계의 5가지 요소(5P)를 기준으로 설문을 만들었다. 첫 번째 요소는 사역의 목적(purpose)으로, 개별 사역이 분명한 목적을 갖고 있는지를 진단한다. 두 번째 요소는 프로그램(program)으로, 개별 사역을 위해 활용되고 있는 다양한 프로그램들이 해당 사역의 목적달성에 적합한 내용들로 구성되어 있는지를 진단한다. 세 번째 요소는 사람(people)에 관한 것인데, 사역 수행에 필요한 은사와 역량을 갖춘 사람이 원활하게 확보되고, 은사와 역량에 맞는 역할이 체계적으로 주어지는지를 진단하는 것이다. 네 번째 요소는 사역의 과정(process)에 관한 진단으로, 개별 사역의 목적을 달성하기 위해 프로그램들을 기획하고 실행하는 과정이 적정한지 여부를 진단한다. 마지막으로 결과(product)에 관한 평가는, 사역을 수행한 결과가 사역의 원래 목적에 부합한지를 평가하고 진단하는 것이다.

조직 모형

다음으로는 조직모형의 개별 요소들(리더십, 조직 구조, 운영 시스템, 교회 문화 등)이 교회의 비전 및 핵심가치 실현을 위해 얼마나 효과적으로 갖추어져 운영되는지를 진단한다. 예를 들어 조직 구조에 관해서는 제7장에서 소개한 조직 설계 변수(부서화 방식, 부서 간 조정과 통합 방식, 의사 결정 방식)에 따르도록 구성되어 있다. 즉 직분별 역할이 분화되어 있지 않아 경계가 모호하거나 반대로 지나치게 세분화되어 있어 그것을 맡은 사람에게 의미를 주지 못하는 것은 아닌지, 업무 간 상호 연계성 등을 감안하여 부서화가 적정 단위로 이루어져 있는지, 부서간 조정과 통합이 원활하게 이루어질 수 있는 장치들이 마련되어 작동되고 있는지, 의사 결정 권한이 '권위와 자율의 균형' 원리에 맞게 적절히 분산되어 있는지 등을 진단한다.

목적 성취도

이 단계에서는 교회가 설정한 존재론적 비전과 사명론적 비전 그리고 비전을 달성하는 징검다리로서 설정한 중간 목표들이 어느 정도 달성되고 있는지를 진단한다. 중간 목표들이 하나님 나라 확장이라는 교회의 본질적 목적 달성에 어느 정도로 기여하고 있는지, 교회의 양적, 질적 성장은 어느 정도로 이루어지고 있는지, 교회 구성원들은 영적으로 얼마나 성숙해 가고 있으며 공동체 경험과 교회에 대한 자부심을 가지고 있는지 등을 측정함으로써 교회의 목적 성취도에 대한 진단이 이루어진다. 와싱톤한인교회가 수차에 걸쳐 5년 장기 계획을 수립, 추진하고 그 결과에 대해 평가한 후 다음 계획에서 미진했던 부분들을 반영한 것이 좋은 예라 볼 수 있다.

정합성 진단

정합성(fit)이란 여러 요소들 간에 상호 보완성 혹은 일관성을 갖는 정도를 일컫는다. 예를 들면, 교회의 비전과 사역 간 정합성이 높다는 말은 교회에서 이루어지는 다양한 사역들이 교회의 비전과 높은 상호 보완성 혹은 일관성을 가진다는 뜻이다. 따라서 정합성이 높을수록 사역들이 비전 달성에 효과적으로 기여하게 될 것이다. 조직을 구성하고 있는 다양한 요소들이 상호 정합성을 갖지 못하면, 개별 요소 차원에서는 효율적으로 기능하는 것 같지만 통합 수준에서 조직 전체의 효율성은 떨어질 수 있다. 반대로 상호 정합성이 높으면 다양한 요소들이 상승 작용을 일으켜 시너지 효과를 일으킬 수 있다. 이런 점에서 정합성 확보는 매우 중요한 문제라 할 수 있다.

비전-사역-조직 간 정합성 진단

5대 사역과 네 가지 조직 구성 요소들이 비전과 어느 정도 정합성을 확보하고 있는지를 진단하는 것으로서, <표 12.3>은 그러한 목적을 위해 활용할 수 있는 진단 평가표다. 평가표에는 우선 교회의 존재론적 비전과 사명론적 비전, 핵심가치를 평가자가 쉽게 확인할 수 있도록 명시하고 있다. 이어 5대

가로축에 제시된 사역모형과 조직모형의 개별 요소들이 아래에 명시된 우리 교회의 비전 (존재론적 비전 및 사명론적 비전)과 얼마나 부합되게 운영되고 있다고 판단하십니까?

교회의 존재론적 비전:

교회의 핵심가치:

교회의 사명론적 비전:

비전 정합성	사역모형(1~10점)					조직모형(1~10점)			
	예배	교제	교육	선교	봉사	리더십	조직 구조	운영 시스템	교회 문화
존재론적 비전과의 정합성									
핵심가치와의 정합성									
사명론적 비전과의 정합성									

<표 12.3> 사역모형과 조직모형의 비전 정합성 진단 평가표

사역이 각각 교회의 존재론적 비전, 사명론적 비전, 핵심가치와 얼마나 적합하게 수행되고 있는지를 1~10점 척도를 사용하여 평가하도록 하고 있다(1점: 전혀 부합하지 않는다/ 10점: 매우 부합한다). 아울러 리더십, 조직 구조, 운영 시스템, 교회 문화에 대해서도 그와 같은 기준으로 평가하도록 한다.

이와 같은 평가는 상당히 주관적이고 평가하는 사람에 따라 점수가 다를 수 있기 때문에, 특정 소수의 사람보다는 이런 질문에 답할 수 있는 위치에 있는 다양한 사람들의 평가를 받는 것이 좋다. 그리고 취합한 평가표로부터 평균 평점과 함께 개인별 평점 분포를 확인하는 것이 좋다. 평가자들 간 평점이 유사하면 그 점수가 어느 정도 신뢰할 만하다고 볼 수 있지만 평가자들 간 평점이 상이할 경우 그 원인을 논의해 보아야 한다. 그 원인으로는 평가자들이 접한 현실의 차이나 인식 수준 차이 등이 있을 것이다. 또한 이렇게 얻은 진단 평가 점수는 절대적이라기보다 주관적인 것이기 때문에, 그 자체에 지나치게 큰 의미를 부여하기보다 개선 방안을 모색하거나 성도들 간에 토론과 공감대를 형성하기 위한 기초 자료로 활용하는 것이 바람직하다.

사역 간 정합성 진단

사역 간 정합성은 교회 내에서 이루어지는 사역들 간에 얼마나 일관성이 있는지, 얼마나 상호 보완성이 있는지를 점검하는 작업이다. 예를 들어 예배와 선교 사이의 정합성을 점검한다면, 예배를 통해 선교에 대한 헌신이 얼마나 촉진되는지, 반대로 선교 사역에 동참하는 것이 감격적인 예배를 드리는 데 실제적 촉매 역할을 하는지 등을 점검하는 것이다. 이처럼 특정한 사역에 참여함으로써 또 다른 사역에 대한 이해의 폭이 더 넓어지고 깊어진다면 해당 사역 간 정합성이 높다고 볼 수 있다. 이것은 곧 건강한 교회를 세우는 핵심 원리 중 '유기적 연계성과 공유'의 원리와 맞닿아 있다. <표 12.4>는 5대 사역 간 정합성을 점검하기 위한 평가표다. 가로축에 있는 개별 사역들과 세로축에 있는 개별 사역들이 얼마나 순기능적으로 상호 기여하는지 평가한 점수(1~10점)를 공란에 적는다.

	예배	선교	교육	교제
선교				
교육				
교제				
봉사				

〈표 12.4〉 5대 사역 간 정합성(1~10점)

조직모형 구성 요소 간 정합성 진단

조직모형 구성 요소 간 정합성은 조직 구조, 리더십, 운영 시스템, 교회 문화 간에 얼마나 일관성이 있는지, 얼마나 상호 보완성이 있는지를 점검하는 작업이다. 예를 들어, 조직 구조와 리더십이 얼마나 상호 보완적으로 작동하는지를 점검한다. <표 12.5>는 조직모형 구성 요소 간 정합성을 점검하기 위한 평가표이며, 사용 방법은 <표 12.4>와 같다.

	리더십	조직 구조	운영 시스템
조직 구조			
운영 시스템			
교회 문화			

〈표 12.5〉 조직모형의 내적 정합성(1~10점)

진단에 따른 처방

전체적인 진단이 끝난 후에는 그로부터 도출된 문제점들에 대해 처방을 해야 한다. 교회를 진단하는 목적은 진단 후 적정한 처방을 통해 교회를 건강하게 세워 가는 데 있으며, 하나님의 교회를 개혁하고 하나님이 의도하신 수준의 교회를 이루는 데 있기 때문이다. 교회 진단의 결과가 누구의 잘잘못을 따지거나 책임을 추궁하는 근거로 사용되는 것은 결코 바람직하지 않다.

진단 결과가 나오면 현재 교회 내에 어떠한 문제점들이 있고 그 원인들은 무엇인지, 그러한 문제점을 개선하는 데 적합한 처방책은 무엇인지를 끌어내야 한다. 교회마다 처한 상황이 다르고 그에 따라 진단 결과도 다르기 때문에, 중요한 것은 교회 내 리더들이 진단 결과와 그에 근거한 문제점의 원인을 공유하는 것이다(이것이 바로 다음 장에서 다루게 될 변화 관리의 시작이라 할 수 있다). 그리고 그것이 장기적으로 해결되지 않으면 궁극적으로 교회에 심각한 위기가 올 수 있다는 인식의 공유가 중요하다. 이런 문제 인식의 공유 없이는 교회를 새롭게 하겠다는 어떠한 노력도 탄력을 받지 못할 것이다.

처방과 관련해서는 「자연적 교회 성장 첫걸음」(*The ABC's of Natural Church Development*)에서 슈바르츠가 제안한 바와 같이 "최소성의 원칙"을 적용해 볼 수 있다. 이 원리는 점수가 가장 낮아서 문제가 가장 심각하다고 생각되는 것부터 먼저 처방을 내리는 것이다. 교회의 문제는 가장 약한 부분을 통해 표출되고 악화되기 때문에 그러한 부분부터 보완하는 것이 필요하다.

토론 질문

1. 교회 건강성 진단은 현실적으로 필요한가? 그렇다면 진단을 실행할 때 장애 요인은 무엇인가?

2. 부록에서 제시하는 "교회 건강성 평가 설문지"(CHEQ)를 검토해 보라. 내용상 얼마나 적절하며 현실적으로 적용 가능성은 얼마나 되는가? 어떤 항목에서 개선할 필요가 있는가?

3. 교회 건강성 진단의 결과에 근거하여 필요한 처방을 하고자 할 때 어떠한 절차를 밟는 것이 가장 효과적이라고 생각하는가?

13장
변화 관리

목적 성취: 사역을 건강하게 수행하고 조직을 효과적으로 관리할 때
얻게 되는 결과물

우리는 그 동안 조직론적 관점에서 가시적 교회 공동체를 이해할 수 있는 분석틀과, 비전을 세우고 그것을 효과적으로 달성하기 위해 사역모형과 조직모형을 설계하는 바람직한 방법을 살펴보았다. 그러나 이러한 구상이 교회에서 구체화되려면 기존 상태에서 새로운 상태로 옮겨 가는 변화 과정을 겪기 마련인데, 변화의 필요성은 알지만 어디에서 누가 어떻게 그 변화를 시작하고 진행해야 할지를 알기란 쉽지 않다. 변화는 현상을 파악하고 바람직한 모습에 비추어 그 문제점을 진단하고 평가하는 것에서 시작되기에, 우리는 앞 장에서 변화의 첫 걸음이 되는 교회 조직 진단 과정을 다루었다. 그리고 이 장에서는 그 걸음을 옮기는 법 즉 효과적으로 변화 과정을 관리하는 법에 대해 알아보고자 한다.

변화 관리의 두 가지 측면

특정한 교회 공동체가 현재의 상태에서 미래의 변화된 모습을 꿈꾸며 대대적인 변화를 추구할 때 변화 과정의 두 가지 측면에 유의할 필요가 있다. 바로 제도적 측면의 변화 과정과 정서적 측면의 변화 과정이다.

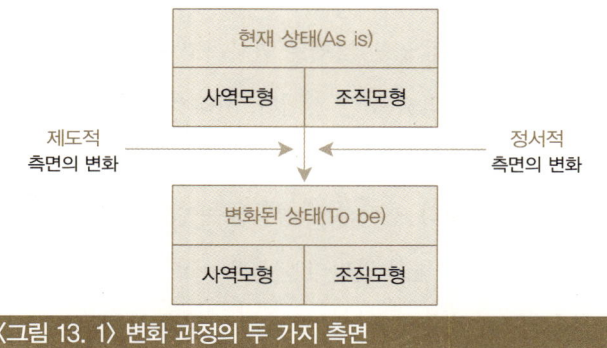

〈그림 13. 1〉 변화 과정의 두 가지 측면

제도적 측면은 현재의 조직모형이나 사역모형이 미래에 어떠한 모습으로 바뀌는 것이 바람직한지를 논리적이고 체계적인 방식으로 구상하고 설계하는 측면을 가리킨다. 조직의 특성과 비전, 환경의 변화 등을 감안하여 새로운 조직 구조와 운영 시스템, 사역 내용과 구조 등에 대한 합리적인 밑그림을 그리고 설계하는 것이다. 이러한 제도적 측면은 그 내용을 채우기가 상대적으로 수월하다. 위원회 또는 부서 조직을 바꾸고 정보 시스템을 재구축하고 예산 제도를 고치거나 새롭게 만들면 되기 때문이다.

이에 반해 정서적 측면은 조직 구성원들의 신념 체계, 사고방식, 태도, 행동 양식, 사역 수행 방식 등을 조직이 지향하는 방향에 맞춰 바꾸어 나가는 것을 가리키는데, 이는 제도적 측면의 변화 과정에 비해 훨씬 어려운 과정이고 그만큼 변화 관리의 핵심 쟁점이 된다. 아무리 좋은 조직 구조와 운영 시스템을 설계했다 해도 구성원들이 호응하지 않고 그에 저항하거나 무관심하다면 변화 노력은 열매를 맺지 못하고 실패할 것이다.

예를 들면, 기존의 목회자 혹은 당회 중심의 교회 운영 체제를 평신도 중심의 교회 운영 체제로 바꾸기 위해 그에 맞는 제도와 시스템을 설계했다고 가정해 보자. 그러나 일상적인 교회 운영 과정에서 여전히 목회자와 당회원들은 평신도들에게 의사 결정 권한을 위임하려 하지 않고, 평신도들 또한 교회 운영에 주도적이고 책임 있는 자세로 임하려고 하지 않을 때 새로운 교회 운영 체제는 결코 뿌리내리지 못할 것이다. 따라서 변화 과정은 구성원들이 새로운 비전과 운영 원리, 사고방식과 사역 수행 방식 등을 자신의 것으로 받아들이고 그러한 틀을 따라 생각하고 행동하는 단계에 이를 때에야 비로소 완성된다고 볼 수 있으며, 변화 관리의 핵심은 바로 정서적 측면의 변화 과정을 어떻게 효과적으로 이루어 내느냐에 달려 있다고 볼 수 있다.

변화 관리의 7단계

변화 관리가 효과적으로 이루어지기 위해서는, 교회의 미래 모습에 대한 내용 설계가 끝난 시점부터 변화 관리를 시작하기보다는 진단과 설계 이전 단계부터 시작하는 것이 바람직하다. 변화 추진의 필요성을 인식하고 교회 차원에서 변화를 추진하고자 할 때 밟게 되는 과정은 아래와 같다.

〈그림 13. 2〉 변화 관리의 7단계

단계1: 변화추진 팀 구성

변화를 준비하는 단계에서 우선적으로 해야 할 일은 변화추진 팀을 구성하는 것이다. 변화추진 팀은 변화 관리의 전 과정을 주관하는 중심축의 역할을 수행해야 한다. 공동체 구성원들 사이에 변화에 대한 필요성과 새로운 비전 및 목표에 대한 공감대가 형성되도록 돕고, 비전 및 목표 달성을 위한 전략과 변화 프로젝트를 기획하며, 조직의 구조와 운영 시스템, 업무 프로세스 등을 기획·설계함은 물론 그것들이 잘 뿌리내리고 정착되도록 필요한 제반 조치들을 취해야 한다.

변화추진 팀의 자격 요건: 팀원들은 무엇보다 구원의 확신이 있고, 하나님과의 관계가 올바로 정립되어 있으며 교회 공동체의 본질을 제대로 이해해야 한다. 교회는 세상의 조직과는 다르다. 교회는 예수 그리스도가 주인이시며, 성령이 움직이는 곳이며, 성도들의 모임이다. 따라서 팀원들은 개인적으로 그리고 공동체적으로 하나님의 뜻에 순종하는 믿음을 지닌 사람이어야 한다. 또한 세상 조직이 추구하는 합리성과 효율성, 체계적인 접근에만 의존하지 않고 근본적으로 기도하는 일과 영혼의 가치를 소중하게 여길 줄 알아야 한다.

변화 관리 과정 전반에 대한 전문 지식과 체계적 방법론을 아는 것도 도움이 된다. 이런 점에서 회사에서 비전 작업이나 기획의 경험을 가진 성도들을 적극 활용하거나 외부 전문가를 초청하여 변화 관리 프로세스를 배우거나 이와 관련된 참고 서적들을 구입하여 함께 공유하는 것도 좋은 방법이다. 또한 변화추진 팀의 팀원들은 그 교회의 역사적 배경, 구성원의 특성, 교회 내에 형성되어 있는 문화와 의식 구조에 대한 이해가 있어야 한다.

변화추진 팀의 팀원들은 변화와 개혁을 두려워하지 않아야 한다. 온전하지 못한 사람들이 모이는 공동체인 교회는 예수님의 명령에 비추어 보면 고쳐야 할 것이 너무 많다. 어떤 경우는 지금까지의 모습을 전면 부정해야 하는 경우도 있다. 이런 점에서 변화와 개혁에는 저항이 따르기 마련이다. 따라서 팀원들은 변화와 개혁에 따른 이런 저항과 어려움을 기도와 사명감을 가지고 극복할 줄 알아야 한다.

또한 팀워크를 만들어 낼 수 있는 사람이어야 한다. 팀원 모두를 문제 없는 사람으로 구성할 수는 없지만, 그럼에도 불구하고 팀워크에 너무 방해가 되지 않는 사람으로 구성하도록 노력해야 한다. 우선 자기 의견을 잘 전달하고 다른 사람의 의견을 잘 듣고 전체적 방향을 잘 파악해서 대화할 줄 아는 사람이어야 한다. 또한 자기의 역할을 분명히 알고 맡은 일에 성실과 책임을 다하며 타인을 존중하고 배려할 줄 아는 사람이어야 한다.

변화추진 팀의 구성과 역할: 변화추진 팀의 구성은 변화 관리 전체를 총괄하고 의사를 결정하는 비전위원회, 구체적인 실무 작업을 하는 실무 태스크포스 팀(TFT)으로 구성된다. 당회, 제직회, 공동의회 등도 의견을 제시할 수 있으며 최종적인 의사 결정 과정에 참여해야 한다.

비전위원회는 운영의 효율성을 위해 10~15명 내외가 적절하며, 담임 목사 및 당회원 일부, 교회의 각 계층 대표(교역자, 안수집사, 권사, 교사, 청년회 등)로 구성한다. 당회원 중 한 명이 위원장을 맡게 되며 간사가 연락과 회의록 작성 등을 한다. 변화 관리 과정을 총괄하고 지원하며, 비전과 사역, 제도와 시스템의 핵심 내용을 교회 앞에 제시하기 전에 미리 검토하고 의사 결정을 하고, 태스크포스 팀의 인선을 맡는다.

실무 태스크포스 팀은 신앙, 전문성, 교회에 대한 이해, 팀워크 등 자격 요건을 고려하여 적절한 사람으로 구성하는데, 굳이 연령과 부서, 직분 등 다양한 계층을 전제할 필요는 없으며, 교역자를 포함시키는 것도 좋다. 해야 할 일의 범위와 양에 따라 다르겠지만 일반적으로 10 명 내외가 적절하다. 변화 관리의 모든 실무를 담당하고 자료 분석, 인터뷰 및 설문 조사, 현황 분석, 개선안 제시 등 다양한 과제를 수행한다. 이 과정에서 과업들을 나누어 진행하고자 한다면 '비전', '사역', '조직' 등 몇 개의 부분으로 나누어 조직할 수도 있다.

비전위원회와 태스크포스 팀이 구성되면 역할을 미리 명확하게 해야 하며 이것을 간략하게 요약하여 역할 분담표를 작성하는 것이 바람직하다.

구분	구성 멤버	주요 업무
비전위원회	· 위원장: 김다윗 · 간사: 이요셉 · 위원: 박모세, 이한나, 유갈렙, 최요한, …	· 프로젝트의 총괄, 일정 및 진행 관리 · 주요 개선안의 검토 및 의사 결정 · 태스크포스 팀의 후원 · 저항 및 변화 관리
실무 태스크포스 팀	· 팀장: 박다니엘 · 팀원: 김바울, 이누가, 이마가, 최마태, 박빌립, …	· 실무 수행 · 존재이유, 핵심가치, 목표, 전략 방향의 설계 · 사역 및 조직의 설계 · 현황 분석, 사례 연구, 인터뷰 및 설문 조사 · 교회 의견 수렴

〈표 13.1〉 변화추진 팀의 역할 분담표

변화추진 팀의 관리 포인트: 변화 관리를 진행하는 데 가장 어려운 점은 시간 관리다. 평신도로 구성되는 팀원 대부분이 일주일 중 엿새는 직장에서 보내야 하고 교회의 비전 작업을 과외의 일로 할 수밖에 없기에, 일정과 시간 관리에 지혜를 모아야 한다. 모임은 자주 갖는 것이 가장 바람직하지만 그것이 여의치 않을 때는 각자가 업무를 잘 분담하여 수행하다가 일정한 주기에 핵심적인 사항에 집중하여 시간을 내는 것도 한 방법이다. 모일 때 회의를 효과적이고 효율적으로 하는 것에도 주의를 기울여야 한다.

팀이 일을 진행할 때 오해와 의견 충돌로 마음에 상처를 입을 수도 있다는 사실에도 주의를 기울여야 한다. 기업이나 이익 단체는 이런 경우 무시하고 달성할 목표만을 위해 달려갈 수 있지만 교회는 그렇게 해서는 안 된다. 좀 더디 가더라도 이런 문제들이 생기면 충분히 대화하고 기도해야 한다. 모든 의사 결정 과정에서 만장일치가 필요하지는 않지만 적어도 함께하는 과정 속에 성령의 인도를 경험할 필요가 있다. 이런 과정을 통해 단지 일의 성취뿐 아니라 영적 성장이라는 열매도 얻을 수 있어야 하는 것이다.

무엇보다 일을 진행하면서 성경적 원리를 따르고 있는지에 대한 점검이 반드시 필요하다. 혹시 신학적 문제가 있을 수도 있으므로 담임 목사의 조언에 귀를 기울여야 한다. 거듭 강조하지만 성령께서 합당한 길로 인도하시도록 끊임없이 기도하고 겸손한 마음을 가져야 한다.

마지막으로 중요한 것은, 팀원들에 대한 격려가 필요하다. 일을 진행하는 과정에서 무관심과 저항의 벽에 부딪칠 수 있고, 당회원이나 담임 목사도 개선안에 대해 부담을 느낄 수 있다. 이런 경우 팀원들은 대개 주저앉게 되기 때문에, 격려와 지원이 절대적으로 필요하다. 이를 위해 장로들이 팀원과 함께 식사를 하면서 힘든 점에 대해 듣고 격려의 말을 전하거나, 담임 목사가 비전의 필요성을 상기시키고 목회 철학을 비전에 담고자 하는 강한 의지를 표현하는 것도 한 방법이다.

단계2: 변화 추진 계획 수립

워크 플랜의 수립: 워크 플랜(work plan)은 수행할 과제에 대해 일정, 담당자, 기대하는 결과 등을 일목요연하게 정리한 계획서다. 물론 변화 관리 작업을 계획대로 수행하기 어려울 수 있으나 워크 플랜은 필요한 과제 목록, 일정 관리, 담당자들의 역할뿐 아니라 무엇을 얻고자 하는지를 명확히 함으로써 일을 효과적으로 할 수 있다는 측면에서 필요한 것이다.

과제	세부 내용	일정	방법	담당자	결과
1. 준비 작업	· 비전 필요성 전파 · 비전위원회, 태스크 포스 팀 구성 · 사전 지식 공유	2주차	담임 목사 설교, 준비위원 사전 미팅	당회 담임 목사 준비 위원	비전 팀 구성
2. 현황 분석	· 교회 현황 분석 -교회 역사 이해 -목표, 사역, 조직의 강/약점, 인적 구성, 기타 내용 분석	4주차	내/외부 자료 분석 교인 면담, 설문 조사, 워크숍	TFT	교회 현황 분석 자료
	· 외부 환경 분석 -지역, 사회문화 등 기회/위협 요인, 타 교회 사례 분석	4주차	내/외부 자료 분석	TFT	외부 환경 분석 자료
3. 개선 방향 설정	· 개선 과제 도출 · 개선 방향 도출	6주차	TFT 워크숍	TFT	개선 과제/방향
4. 현황/개선 방향 공유	· 비전위원회 워크숍 · 성도 대상 현황 설명회 · 개선 과제/방향 확정	7주차	비전위원회/ TFT 공동 워크숍, 성도 대상 설명회	비전위원회 TFT	개선 과제/방향 확정

5. 과제별 역할 분담	· 과제별 담당자 결정 및 역할 분담	8주차		TFT	역할분담표
6. 비전 설정	· 존재이유 · 핵심가치 · 목표 · 전략 방향	16주차	비전위원회/TFT 공동 워크숍, 부서장 이상 토론회	TFT	비전 확정
7. 사역 안 제시	· 교회 5대 사역의 개 선/실행안 제시	24주차	비전위원회와 공동 워크숍, 부 서장 이상 토론 회, 당회 확정	TFT	사역 안
8. 조직운영 방안 제시	· 리더십, 구조, 문화, 시스템에 대한 개선/ 실행안 제시	24주차	TFT작성, 비전 위원회와 공동 워크숍, 부서장 이상 토론회, 당회 확정	TFT	조직 운영 방안

〈표 13.2〉 워크 플랜 예시

　일정 잡기: 교회가 비전을 수립하고 사역과 시스템을 혁신하는 데 어느 정도의 기간이 필요한가? 이 질문에 대해 적절한 답변을 하기는 쉽지 않다. 대부분 직장 생활을 하는 성도들이 진행하는 이 작업은 상당히 긴 기간이 걸린다. 따라서 기간을 넉넉하게 잡는 것이 좋다. 이 책에서 소개된 샘물교회, 서울중앙교회, 거룩한 빛 광성교회의 경우 총 6개월 이상이 소요되었다. 그러나 1년을 넘지는 않도록 해야 하며, 적어도 1개월에 한 번 정도는 집중적으로 점검하거나 논의할 수 있는 시간을 마련해야 한다. 그렇지 않으면 논의의 과정이 너무 길게 늘어나 집중도와 중요도, 관심도가 약화되기도 하고 기억이 희미해지거나 방향성을 잃어버릴 수 있기 때문이다.

단계3: 변화의 필요성 공유

변화와 개혁은 담임 목사나 일부 열심 있는 성도들에 국한되기보다 구성원 모두가 함께 만들어 가는 과정이다. 변화와 개혁은 수많은 자원이 필요할 뿐 아니라, 구성원 모두의 변화가 요구되는 작업이기 때문이다. 따라서 변화 추진 팀이 우선적으로 해야 할 과업은 공동체 구성원들과 변화의 필요성 및 시급성에 대해 공감대를 형성하는 것이다. 그렇지 않을 경우, 구성원들이 여러 가지 번거로움이 따르는 변화의 과정에 동참하지 않을 것이며, 아무리 좋은 변화 목표를 세웠다 해도 그 목표를 향해 나아가기 어려울 것이다.

변화의 필요성을 제대로 공감하기 위해서는 먼저 이루고자 하는 바람직한 모습이 무엇인지에 대해 함께 나누어야 한다. 구체성이 떨어져도 좋다. 어렴풋하더라도 함께 꿈꿀 수 있는 것이면 된다. 그리고 현재의 모습에 대한 고민이 있어야 한다. 바람직한 모습과 현재의 상황 사이에 어떤 격차가 있는지, 그대로 두면 어떻게 될 것인지에 대한 문제 제기가 필요하다. 바라는 모습과 현재의 차이를 크게 느낄수록 사람들은 위기 의식을 가지게 된다. 결국 필요성을 느끼게 한다는 것은 위기 의식을 조성하는 것과 크게 다르지 않으며, 지도자는 건강한 위기 의식을 불러일으킬 줄 알아야 한다. 이를 위해서는 다양한 자료를 제시하고 설문 조사나 인터뷰, 모범적인 교회 소개 등을 활용하여 필요성의 근거를 제시할 수 있다.

특별히 유념해야 할 점은 현재의 문제점을 드러냄으로써 변화의 필요성과 시급성을 공유하는 과정은 양날의 칼이 될 수 있다는 점이다. 그 과정을 도약의 발판으로 삼아 미래로 나아갈 수 있는 긍정적 에너지가 공동체에 축적되어 있다면 변화 노력에 탄력을 받을 수 있지만, 그와 반대로 교회 내에 갈등과 원심력이 작동하고 있고 문제점을 표면으로 끌어내어 건설적 대안

모색으로 전환시킬 내부 역량이 갖춰져 있지 않을 때에는 오히려 수면 아래에 있는 문제점들을 확산시키는 결과를 가져올 가능성이 높다는 점이다. 따라서 설문을 통해 구성원들의 의견을 수렴하는 과정에서 이를 판단하고 개별 상황에 맞는 설문 내용을 구성할 필요가 있다.

변화의 필요성을 함께 공유하는 데는 지도자의 의지 표명이 중요하다. 어떤 문제든지 해결하려는 노력이 있는 반면 저항도 있다. 현재에 안주하려는 성향이 누구에게나 있기 때문이다. 이런 경우를 대비해 최고 의사 결정권자이며 지도자가 되는 사람은 단호한 의지와 함께 모든 것에 책임을 지겠다는 자세를 보여야 한다. 지도자가 필요성을 강조하고 솔선수범하여 참여하는 자세를 보이는 것은 어떤 것보다 호소력이 있다.

단계4: 변화의 구체적 내용 설계

이 단계는 변화의 구체적 내용을 기획하고 설계하는 단계다. 앞에서 설정한 교회 공동체의 비전과 목표를 효과적으로 실현하기 위해 변화되어야 할 것이 무엇인지 파악하고, 그것들이 어떠한 방향과 어떠한 내용으로 변화되어야 할지 구체화하는 과정이다. 여기서 중요하게 요구되는 역량은 교회에 대한 깊은 이해와 조직에 대한 전문성이다. 교회의 본질과 교회 조직의 특수성을 전제로 하여, 비전과 목표를 효과적으로 달성하기 위해 조직 구조와 운용 시스템은 어떻게 변화되어야 하는지, 그리고 리더십과 조직 문화, 의사 결정 프로세스, 사역모형 등은 또한 어떠한 방향으로 변화되어야 하는지 구체적으로 그 내용을 설계해야 하기 때문이다.

특히 변화의 구체적인 내용을 설계하는 과정에는 많은 의견 수렴이 필요하다. 의견 수렴은 태스크포스 팀이 작성한 현황 분석과 개선안 등이 제대로 되었는지, 수용 가능한 내용인지를 따져 보는 의미 이외에도 비전을 만들어 가는 과정에서 참여를 불러일으키고 공유하는 의미가 크다. 이 경우 많이 사용하는 방법 중 하나가 워크숍이다. 태스크포스 팀의 워크숍은 물론이고, 비전위원회와 당회 또는 부서장 이상의 성도들이 함께 모여 진행하는 워크숍이 있다. 이들 각각은 진행하는 방법이나 모임 횟수 등이 다르다.

태스크포스 팀의 워크숍은 비전 작업 과정에서 자주 갖는 토의 및 문제 해결 방안 중 하나다. 일반적으로 태스크포스 팀은 일주일에 한 번씩 모여 각자의 작업 결과를 토론하고 공통의 작업을 수행한다. 토요일 오후나 주일 오후 등 주1회는 모여야 한다. 충분한 시간이 필요한 경우 1박 2일 정도의 워크숍을 가져야 하며 일반적으로 월 1회 정도는 이런 시간이 필요하다.

비전위원회는 직접 작업을 하지는 않으므로 자주 모일 필요는 없으나 중요한 의사 결정 사항이 생긴 경우는 반드시 함께 모여 검토하고 의견을 정리해야 한다. 현황 분석과 개선 과제/방향 설정, 비전, 사역, 조직 등에 대한 개선안이 나올 경우 태스크포스 팀과 함께 워크숍을 진행하는 것이 필요하다. 이 경우 충분한 토의를 위해 1일 또는 1박 2일의 시간을 가져야 할 필요가 있다.

평신도 리더와 함께하는 설명회, 토론회도 중요한 과정 중 하나다. 설명회를 통해 현황 분석과 개선 과제/방향을 설명하고 의견을 청취하는 시간을 충분히 가질 필요가 있다. 부서장 이상 평신도 리더를 대상으로 하되 참석을 원하는 성도는 누구에게나 개방할 수 있다. 설명회 이후 10명 내외의 소그룹을 여러 개로 나누어 4~5개의 현황 주제에 대해 2~3시간의 토론을 진행한다. 의견을 간단하게 발표하게 하고 태스크포스 팀은 이들의 의견을 참고로 하여 비전 작업을 계속 진행할 수 있다. 존재이유, 핵심가치, 목표 등은 태스크포스 팀, 비전위원회의 의견을 거친 후, 교인을 대상으로 한 설명회를 갖고 의견 수렴 내지 토론을 할 수 있다.

단계5: 변화 추진 내용에 대한 지지 확보

때로 구성원들 사이에는, 변화의 필요성과 새로운 비전 및 목표 설정에 대해서는 찬성한다 하더라도 4단계에서 다룬 구체적 내용 설계에 대해서는 의견 차가 있을 수 있다. 그 설계 내용에 따라 관련 부서의 위상과 역할이 새롭게 규정되기 때문이다. 타 조직에서 보편적으로 나타나는 현상과 같이 교회 공동체 내에서도 기존의 권한 관계나 영향력 판도에서 변화가 초래될 때 구성원들의 찬성 및 반대 의견이 표면으로 드러날 수 있는 것이다. 특히 변화 추진과정에서 소외감을 느낀 구성원들이 각론에서 반대의 명분을 찾을 경우 반대 여론을 형성할 가능성이 높다.

따라서 구성원들로 하여금 교회 공동체에서의 신급이나 직분이 권한 관계나 영향력 차원이 아닌 섬김 차원의 이슈임을 재인식하게 하고, 비본질적이고 자기 중심적인 관심사에서 벗어나 교회의 본질적 사명과 공동체의 비전 및 목표에 초점을 맞추도록 도울 필요가 있다. 아울러 주요 직분을 맡고 있는 공동체의 리더들이 자신들의 의견을 적극적으로 개진하면서 변화 과정에 동참할 수 있는 기회를 제공하고, 더 나아가 그들의 건설적인 의견을 최대한 수용할 수 있는 채널을 열어 놓는 것이다. 그들이 변화 추진의 대상이 아니라 주체가 될 때, 추진 내용에 대한 지지자가 될 뿐 아니라 실행 단계에서도 주인 의식을 갖고 주도적인 역할을 수행할 수 있을 것이다.

단계6: 변화 추진 내용 실행

구성원들 사이에 변화에 대한 공감대가 형성되고, 효과적 달성을 위한 새로운 조직모형이나 사역모형이 설계되고, 그에 대한 지지가 확보되면, 이를 실행하는 단계에 들어서게 된다. 이 단계에서 우선 중요한 것은 구성원들의 참여와 행동 방식을 안내해 줄 수 있는 구체적인 지침을 제공하는 것이다. 새롭게 설계된 시스템의 주요 특성은 물론 새로운 업무 프로세스와 업무 수행 방식은 어떠한지, 새로운 시스템 하에서는 어떠한 의사 결정 프로세스를 따라야 하며 부서들 간에는 어떠한 방식으로 의사 소통하고 협력해야 하는지 등, 새롭게 변화된 내용과 그에 따른 행동 지침을 구성원들이 보고 쉽게 이해할 수 있도록 작성하여 단위 조직 리더들과 구성원들에게 제공할 필요가 있다.

아울러 이 단계에서는 '새로운 방식으로' 역할을 수행하는 것과 '익숙한 방식으로' 역할을 수행하는 것 간에 상당한 갈등이 발생할 수 있음을 유념해야 한다. 기존의 방식과 관행을 따라 일을 처리하는 것이 아직 익숙하지 않은 새로운 방식을 따라 일을 처리하는 것에 비해 당장은 더 나은 효율성을 줄 수 있을지 모르나, 그러다 보면 변화는 거추장스러운 것이 되고 결과적으로 변화의 노력에 찬물을 끼얹게 된다. 따라서 변화를 이끌어 가야 할 담임 목회자와 공동체의 리더들은 스스로 이 덫에 걸리지 않도록 노력할 뿐 아니라, 교회 내에서 이러한 현상이 둥지를 틀지 못하도록 지속적인 관심을 가져야 한다. 새로운 시스템이 원활하게 작동되기까지 전환기에 겪는 불편함과 일시적 비효율성을 기꺼이 감내하려는 의지와 노력이 절실하게 필요하다.

이 단계에서 또 하나 중요한 것이 단기간에 특정 부문에서라도 변화 노력의 작은 열매를 맺어 구성원들이 함께 그 열매를 맛보고 기념할 수 있도록 하는 것이다. 변화에 대한 저항을 크게 하는 하나의 요인은, 변화에 따른 비용은 즉각적으로 피부에 와 닿는데 비해, 변화로부터 오는 효과와 열매는 상당한 시차를 두고 얻는 것이며 그마저 보장된 것이 아니라는 점이다. 따라서 변화 노력이 탄력을 받으려면 지속적으로 가시적인 단기 효과를 내면서 진행할 필요가 있다. 효과를 간접적으로 혹은 부분적으로나마 경험하게 될 때 구성원들이 변화 결과에 대한 기대감을 키우고 현재의 비용을 기꺼이 감당하겠다는 의지를 가질 것이기 때문이다.

> **성남 성안교회의 가정교회 전환 이야기**
>
> 성안교회는 35년이 넘는 전통을 깨고 가정교회로 전환하는 데 성공했지만, 그 과정에서 진통이 없었던 것은 아니다. 성가대나 선교회를 없애면서 일부의 성도들은 상처를 입었고, 모든 사역이 목장 중심으로 이루어지면서 부담을 느낀 성도들이 교회를 떠나기도 했다. 더구나 비그리스도인을 전도하는 것이 가장 중요한 목적 중 하나이고 더 이상 기존 신자를 받지 않았기 때문에 성도 수가 감소되는 아픔을 겪기도 하였다. 그러나 가정교회가 정착되기 시작하면서 놀라운 변화들이 일어나기 시작했다. 자발적인 헌신자들로 구성된 목장에서 깊은 나눔의 교제와 섬김을 통해 개인과 가정이 회복되는 은혜를 경험하게 되는 사례가 하나둘씩 늘어나게 되었고 이런 소식들이 교회 안에 나누어지면서 출석 교인의 대부분이 목장에 참여하게 되었다.

단계7: 지속적 평가 및 개선

변화가 실행되는 과정 중에는 지속적으로 기대한 바의 열매를 맺어 가고 있는지 평가하고, 단계별 목표에 미치지 못했을 경우 그 원인을 찾아내고 그것들을 극복하기 위해 필요한 만큼 계획을 수정하는 과정을 밟아야 한다. 이런 점에서 변화 관리는 1회성 행사가 아니라 지속적인 프로세스다. 각 부서에서 효과적으로 실행되는 성공 사례나 최선의 실행 방안들을 발굴하여 타 부서와 공유할 수 있는 장을 마련함으로써 상호 학습이 활발하게 일어나도록 하고, 실패 사례나 문제점들도 공유함으로써 집단적으로 개선 방안을 마련하도록 격려하는 것도 지속적인 개선을 가능하게 하는 좋은 방안이다.

와싱톤한인교회 장기 계획의 특징 중 하나는 실행 후 체계적 평가가 뒤따랐다는 점이다. 통상 계획을 실행한 후 그 결과는 되돌아보지 않고 마감하는 경우가 많은데, 와싱톤한인교회는 장기 계획이 끝나고 나면 그 비전과 목표가 어떻게 구현되었는지 평가하고, 그 평가를 바탕으로 더 효과적인 방안을 모색해 가는 과정을 체계적으로 밟아 왔다. 그리고 2002년에는 교회 설립 50주년을 기념하여 비전 컨퍼런스를 열고 그 동안 추진해 온 장기 계획들을 통해 하나님이 어떻게 일하셨는지 되돌아보고, 새 시대를 맞이하는 교회들의 사명과 비전이 무엇인지 다른 교회들과 나누는 과정을 갖기도 하였다.

변화 관리 과정에서 유의할 점

흔히 비전을 만들고 새로운 제도나 시스템을 제시하면 성도들의 동기가 부여되고 열심을 내고 무엇보다 영적 성장의 계기가 만들어질 것을 기대한다. 이런 생각은 부분적으로 사실이지만, 대부분은 비전이 영적 부흥을 이끄는 계기가 되는 것이 아니라, 영적 계기가 있는 곳에서 비전이 일어나고 하나님의 역사가 일어난다는 사실을 기억해야 한다. 따라서 지도자는 무엇보다 각 성도들이 그리스도와의 개인적 교제를 통해 영적 각성이 일어나고 헌신을 고백하는 일들이 먼저 일어날 수 있도록 도와야 한다. 비전이란 하나님이 원하시는 것에 가치를 부여하며 그것이 이루어지기를 간절히 소망하는 것이기 때문에, 성령의 감동하심이 있을 때 비전도 존재할 수 있다.

또한 한 조직의 구조와 문화를 새롭게 변화시켜 뿌리내리게 하는 것은 결코 단기간에 이루어질 수 없기에, 구성원들이 새로운 사고방식과 행동 양식, 업무 수행 방식 등을 몸에 익힘으로써 새로운 조직 문화가 정착되기까지는 상당한 시간과 일관성 있는 노력이 필요하다. 적어도 5~6년의 시간 계획을 갖고 계획적으로 노력하지 않으면 중도하차 할 위험성이 항상 존재한다. 특히 종전의 조직모형이 새로운 조직모형으로 전환되는 과정에서 대부분의 조직들이 일시적으로 조직의 효율성 저하를 경험하게 되는데 그 때 옛날로 회귀하려는 움직임이 언제든지 고개를 들 수 있다. 따라서 변화를 추진하는 리더는 조급증을 극복하고 일관성 있고 지속적인 노력을 견지해 나가야 한다.

또 한 가지 유의할 것은, 새로운 제도나 시스템이 어느 정도 효과를 내기 시작할 때 집중도가 점차 느슨해지고 투입된 에너지와 자원을 철수하는 현상이다. 그러다 어느 시점이 되면 과거의 관성이 강하게 잡아당김에 따라 새로운 제도와 시스템이 추진력을 잃고 멈추어 선다. 강한 힘과 에너지를 투입하여 일어난 일시적 변화가, 그 힘과 에너지가 철회되면 곧바로 과거로 회귀하는 경향이 강하기 때문이다. 따라서 일관성과 지속성을 갖고 긍정적 효과를 계속적으로 확인시킴으로써, 새로운 제도가 조직 문화로 승화되어 뿌리내릴 때까지 관심을 소홀히 해서는 안 된다.

변화의 마지막 관문은 은혜와 기도로 모든 과정을 이끌어 가는 것이다. 변화와 개혁에 대한 저항을 풀어 가는 방식에서 교회 공동체는 세상 조직과 다르다. 바로 은혜가 필요한 것이다. 부족한 점을 내어 놓고 하나님 앞에서 점검하는 시간을 가지고, 다른 성도나 교회의 문제들을 비판할 것이 아니라 하나님 앞에서 아파하고 애통할 줄 알아야 한다. 우리는 변화를 위해 하나님의 도우심을 구하는 겸손함이 필요하다.

토론 질문

1. 변화 과정은 제도적 측면의 변화, 정서적 측면의 변화로 나눌 수 있으며, 제도적 측면 보다는 정서적 측면의 변화가 더 어렵다고 할 수 있다. 그 이유는 무엇인가?

2. 교회의 변화 관리에 참여하는 변화추진 팀은 세상 조직과는 다른 자격 요건을 필요로 한다. 어떤 점이 동일하고, 어떤 점이 차이가 있는가?

3. 변화 추진 시 전체적 목표와 비전은 찬성하되 구체적 실행 계획은 반대하는 구성원들이 있을 때 이를 극복할 수 있는 방안은 무엇인가?

4. 소속된 교회에서 변화 관리를 시도한다면, 변화 관리 7단계 중 특히 어떤 단계를 가장 유의할 것인지 진단해 보고, 그 이유와 해결 방안을 생각해 보라.

샘물교회의 변화 관리 사례

1. 비전 작업 시작하기

샘물교회 비전 작업은 담임 박은조 목사의 요청으로 시작되었다. 박은조 목사는 사역 1기를 끝내고 안식년 이후 사역 2기를 준비하던 중 남은 임기의 교회 사역을 고민하다가 샘물교회 비전을 재정립할 필요성을 느끼게 되었다. 처음부터 비전 팀을 구성하지는 못했고, 2004년 7월 중순 경에 전문적인 경험을 가진 성도(이하 비전 담당자)에게 작업을 부탁했다. 비전 담당자는 먼저 담임 목사로부터 목회에 대한 여러 견해와 교회의 현안 및 문제점을 청취한 후 모든 교역자들과 워크숍을 가질 것을 제안했고, 8월 중순 교역자 하계 수련회에서 비전 문제를 다루기로 했다. 그리고 사전에 여러 성도들로부터 다양한 의견을 제안받았다. 비전 작업의 틀은 이 장에서 제시한 것처럼, 존재이유, 핵심가치, 목표, 환경 분석, 전략 방향 설정, 사역모형 및 조직모형 설계 등을 그대로 활용하였다.

2. 교역자 워크숍에서 초안 마련하기

교역자들과 비전 담당자들은 하계 수련회에서 하루 동안 집중적으로 다룰 내용에 대한 "비전 워크숍 시간 계획"을 짰지만(표12.3) 실제 진행해 보니 비전 나누기와 샘물교회 사역의 일부를 토의하는 데 시간을 다 사용하였고 그나마 심도 깊은 내용을 도출하지 못했다. 결국은 매주 토요일 오전에 모여 함께 논의하기로 하였다. 10여 명의 교역자들이 5대 사역에 따라 5개 팀을 구성하여 주중에 내용을 준비하고 매주 토요일 오전에 서너 시간씩 토의하는 방식으로 진행하였고 이것은 10월 초까지 약 2개월 동안 계속되었다. 교역자 하계 워크숍 이후 담임 목사는 전 교인에게 2010년까지의 비전의 필요성을 설명하였고, 이 작업을 연말까지 계속하여 2005년의 사역과 조직에 반영할 계획이라고 역설한 후 관심 있는 성도들의 참여를 부탁하였다.

매주 토요일 모임에서는, 우선 비전(존재이유, 핵심가치, 목표, 전략 방향)에 대해서는 샘물교회의 설립 초기부터 가지고 있었던 것을 평가하고 문제가 무엇인지를 분석하였다. 그리고 그 의미를 검토하여 계승 발전시킬 것, 갱신할 것 등에 대해 논의하였다. 진행은 비전 부문을 담당한 팀이 먼저 초안을 마련

구분	내용	시간		진행방식	
비전 나누기	• 목적, 핵심가치, 목표	08:00~08:30	30'	소개	담임 목사/강사
	• 환경 분석	08:30~09:30	60'	그룹 토의	3개 그룹
	• 전략 방향	09:30~10:10	40'	발표/토의	전체
샘물교회 사역	• 예배, 전도, 훈련, 교제, 섬김	10:10~11:30	80'	그룹 토의	5개 그룹
		11:30~12:30	60'	발표/토의	전체
중식		12:30~14:00	90'		
샘물교회 조직	• 리더십 • 조직 구조 • 시스템 • 공동체 문화	14:00~15:10	70'	그룹 토의	3개 그룹 • 리더십 • 조직 구조 • 시스템/공동체 문화
		15:10~16:10	60'	발표/토의	전체
종합 정리		16:10~16:30	20'		담임 목사

〈표 13.3〉 교역자 비전 워크숍 시간 계획

하면 담임 목사를 비롯한 전체 교역자들이 그것에 대해 토의하는 방식으로 이루어졌다.

비전을 확정한 이후에는 5대 사역의 구체적인 모습에 대해 논의를 시작하였는데, 각 사역별로 먼저 현재의 모습을 목적, 프로그램, 사람, 과정, 성과 등의 5가지 관점에서 평가하고, 향후 사역의 바람직한 모습에 대해 토론하였다. 역시 담당한 팀이 먼저 초안을 마련한 후 전체 교역자들이 검토하고 결론을 내리는 식으로 진행되었다. 교역자가 주로 담당했지만 주제에 따라서는 교회에서 각 사역에 봉사하고 있는 평신도 부서원들과의 협의를 거쳐 새로운 대안들이 마련되는 경우가 많았다.

3. 성도들이 참여한 워크숍에서 초안 검토하기

존재이유, 핵심가치, 목표, 전략 방향, 5대 사역에 대해 개략적인 초안이 마련된 이후 성도들과 함께 수정 보완하는 작업을 진행하였다. 지금까지는 교역자들과 일부 성도들의 제한적인 참여로 수행하였는데 샘물교회의 비전이 진정한 비전이 되기 위해서는 비록 모두는 아니더라도 최소한 평신도 리더의 의견을 수렴하고 또한 공유하는 것이 중요하다는 생각으로 평신도 리더 워크숍과 홍보 활동을 진행하였다. 먼저 비전 초안을 교회 홈페이지에 카페를 만들어 공개하고 의견을 수렴하였는데, 성도들이 많은 관심을 보이는 듯 했으나 실제 의견을 제시한 경우는 거의 없었다.

좀더 구체적인 공유와 검토를 위해 토요일 오후 두 차례에 걸쳐 교역자, 평신도 리더를 포함한 100여 명의 성도들이 모여 비전 초안에 대한 워크숍을 진행하였다. 존재이유, 핵심가치, 목표, 전략 방향 등은 초안을 먼저 제시하고 이들에 대한 검토와 수정 의견을 받았고, 5대 사역에 대해서는 먼저 각 사역별로 나누어 현황에 대한 문제점과 향후 바람직한 방향을 토론하게 한 후 의견을 수렴하였다. 5대 사역의 경우 1차 모임에서는 초안을 제시하지 않고 어떤 의견이든지 함께 토론하는 시간을 가졌고, 2차 모임에서는 이미 마련된 초안에 1차 모임의 의견을 반영하여 수정된 초안을 제시한 후 토론하는 시간을 마련하였다.

성도들의 워크숍은 매우 진지하게 진행되었고 구체적인 검토 의견과 대안들이 많이 제시되었지만, 5대 사역에 비해 목적, 핵심가치, 목표, 전략 방향 등에 대해서는 기대보다 새로운 의견들이 나오지는 않았다. 그 이유는 우선 초안의 내용들이 다 좋아 보인다는 것이고, 더구나 지난 2개월 동안 교회에서 많은 검토와 고민들의 결과로 나온 것이니 다시금 논의해도 더 좋은 대안을 마련하기가 쉽지 않을 것이라는 의견도 있었다. 결론적으로 성도들의 워크숍은 의견 수렴과 공유의 장이었다는 점에서는 성공적인 것으로 평가할 수도 있지만, 한편으로는 목적, 핵심가치 등의 의미를 지속적으로 설명하고 공유하는 일이 향후의 과제로 확인되는 과정이기도 하였다.

4. 당회에서 최종 의사 결정, 전교인 선포하기

성도들의 워크숍을 통해 의견 수렴을 거친 후 마련된 2010 비전을 확정하기 위해 담임 목사와 교역자, 당회가 1박 2일 워크숍을 11월 초에 개최하였다. 존재 이유, 핵심가치, 목표, 전략 방향 등에 대해서는 전체가 함께 토론하였고, 5대 사역에 대해서는 각 사역별로 팀을 나누어 토론한 후 전체가 모여 다시 토론하고 정리하는 순서로 진행하였다. 1박 2일의 워크숍 과정에서 샘물교회 2010 비전이 확정되었고, 여기에서 확정된 사역 방향에 따라 2005년 조직을 개편하기로 의결하였다. 또한 최종 확정된 2010 비전을 홈페이지에 공개하고 주일 예배에서 담임 목사가 그 필요성과 의미를 다시 한 번 설명하였다.

5. 비전 수립 그 이후

샘물교회는 비전과 전략 방향 및 사역을 설계한 이후 2005년에 비전 2010의 내용을 실행할 수 있도록 5대 사역을 중심으로 조직, 운영 시스템을 전면적으로 개편하였다. 2005년 첫 해의 시행은 여러 시행 착오를 거쳤다. 교역자 팀과 당회, 팀장과 부서장 간의 역할에 혼선이 있었다. 어떤 경우는 오랫동안 익숙해 있던 것을 포기할 것을 요구하고 어떤 경우는 더 많은 책임과 헌신이 필요했기 때문인데 이것이 쉽지는 않았다. 평신도 사역을 강조하고 자율성을 부여하다 보니 여기저기서 사역 간 충돌이 일어나고 예산의 체계적인 운영도 미흡했다. 이 밖에도 여러 보완할 점들이 발생했는데 이는 앞으로 샘물교회가 변화 관리에 관심을 가지고 더욱 지속해야 할 이유가 되기도 한다.

나오는 글
한국 교회의 회복을 꿈꾸며

서점에 가면 각양 설교집이 즐비하고 이 시간에도 신앙을 바로 세우고 교회를 바로 세우고자 하는 설교들이 무수히 쏟아져 나오고 있지만, 그 내용들을 이해하고 실천하기는 쉽지 않다. 우리가 안다고 표현하는 지식은 두 가지로, 하나는 명시적 지식(explicit knowledge)이고 다른 하나는 암묵적 지식(tacit knowledge)이다. 이 책의 내용은 문자로 표현되어 명시적 지식이 되었지만, 같은 내용이라도 교회 리더와 성도들의 내재된 가치에 기반을 두고 체화된 암묵적 지식에 따라 움직이는 건강한 교회가 얼마든지 있을 수 있다. 개개인이 비슷한 수준의 훈련을 받아 공유하는 부분이 많다면 더욱 그렇다. 그러나 대부분의 교회가 이와 같지 않은 것은 어떤 교회가 건강한 교회인지 알지 못하기 때문이다. 신앙의 열매는 아는 것에서 출발하여 실천으로 맺는 법이다.

앎과 삶의 괴리는 한국 교회만의 문제가 아닌 것 같다. 미국의 기업들도 비슷한 현상을 보이고 있는데, 하버드 경영대학에서 출판된 「앎과 행함의 차이」(*The knowing-doing gap*)에 나오는 다음의 예가 이를 잘 보여 준다.[1]

중요한 경영의 원리가 제시된다고 해도 전체 기업 중에서 약 1/8만이 온전히 실천하는데, 이를 '1/8 법칙' 이라고 한다. 우선 1/2 정도는 제시된 내용이 조직의 비전 실현에 중요하다고 믿고 나머지 반은 이것을 믿지 않는다. 믿는 사람들 중에 1/2 정도는 한두 가지를 실행에 옮겨 보지만 곧 그만두고 만다. 믿지만 어떻게 해야 할지를 온전히 알지 못해서, 아니면 아는데도 자원이 부족해서, 혹은 완강한 저항 때문이다. 그러나 부분적인 실천으로는 원하는 효과를 보기 어렵다. 나머지 절반만 한층 포괄적이고 체계적인 접근을 통해 변화를 꾀한다. 마지막으로 이런 포괄적 변화를 시도한 기업들 중 절반은 중도에 포기하고, 나머지 절반, 곧 전체의 약 1/8 정도만 오랜 인내 끝에 조직의 변화를 통해 실질적인 효과를 맛보게 된다.

이와 같이 우리는 포괄적인 내용을 두고 지속적인 노력을 기울여야 한다. 핵심 원리들을 동시적으로 적용하고 실현하지 않으면 특정 원리가 지나치게 강조되어 왜곡된 결과를 초래할 가능성도 있다. 마찬가지로 조직으로서의 교회가 하나님의 온전한 통치가 이루어지는 진정한 하나님 나라의 공동체가 되려면, 성경에서 말하는 규범 원리들이 동시에 실현되어야 한다. 이 때 비로소 조화, 기쁨, 정의, 사랑, 평화의 나라인 샬롬의 하나님 나라를 맛볼 수 있을 것이다.

러시아의 대문호 톨스토이의 소설 「안나 카레니나」의 첫 문장과 관련이 있는 경영학 용어 '안나 카레니나 경영 법칙'(the Anna Karenina principle of management)이 있다.[2] "행복한 가정들은 모두 비슷하고, 모든 불행한 가정은 그 나름의 독특한 이유가 있다." 행복한 가정들은 행복에 필요한 조건들을 고루 갖추고 있어서 비슷해 보이지만, 이들 조건 중에서 하나라도 부족한 것이 드러나면 행복이 깨어질 가능성이 있다는 것이다.

이 내용과 상통하는 것이 '최소치의 원리' 다.[3] 높이가 각각 다른 널빤지를 엮어 물통을 만들고 여기에 물을 채워 넣는다면, 높은 널빤지 조각들이 아무리 많다 하더라도 물은 가장 낮은 널빤지의 높이만큼만 채워지고 나머지는 밖으로 새어 나갈 것이다. 따라서 물을 더 많이 담으려면 가장 짧은 널빤지를 높여 주는 수밖에 없다.

이처럼 교회는 성경에 기반을 둔 핵심 원리들이 동시에 실현될 때 비로소 건강성을 유지할 수 있다. 만약 교회의 건강성에 문제가 발견되면 그것을 회복시키는 일에 집중해야 한다. 우리가 진단과 처방에서 제시한 내용과 변화관리에서 설명한 과정들이 교회의 변화, 즉 믿는 것과 아는 것과 행하는 것의 일치를 가져오는 노력에 좋은 출발점이 될 것이다.

이 책을 쓴 우리는 경영학을 공부한 평신도일 뿐 목회자도 아니고 신학을 전공한 사람들도 아니다. 그저 하나님의 교회가, 특히 한국 교회가 하나님의 말씀 가운데 온전히 회복되기를 누구보다도 간절히 고대하는 사람들일 뿐이다. 감사하게도 집안 사람들 가운데 목사와 장로들이 제법 많이 있는 나름대로 좋은 환경에서 성장하였고, 하나님의 교회를 섬길 수 있는 기회도 많이 얻었기에 누구보다도 복음에 빚진 사람들이다.

그러나 교회를 가까이서 섬기면 섬길수록 교회의 아픔과 상처들을 많이 목격하게 되는 법이다. 우리는 교회의 문제를 파헤치고 부르짖는 것만이 우리의 역할은 아니라고 여기며 실제적인 교회의 변화를 위해 이런저런 시도들을 많이 해 보았다. 우리가 가진 달란트가 교회의 회복에 조금이라도 도움을 줄 수 있다면 하나님 앞에서 가지는 마음의 짐을 조금이라도 덜 수 있을 것 같았다. 오직 그 마음으로 이 책을 준비하였다. 우리의 간절한 소망은 한국 교회의 회복이다. 한국 교회가 말씀으로 속히 회복되기를 간절히 바라면서 지난 몇 년의 달음질에 쉼표 하나를 찍는다.

부록

교회 건강성 평가 설문지 '체크'
(CHEQ: Church Health Evaluation Questionnaire)

다음 질문들은 교회의 건강성을 평가하기 위한 것입니다. 10점 만점으로 하여 각 문항에 대해 점수를 부여해 주시기 바랍니다(1: 전혀 아니다, 10: 매우 그러하다).

1. 핵심 원리에 관한 진단 평가표

설문 문항		평점 (1~10)
1.1	우리 교회는 의사 결정 과정에서 하나님의 뜻을 진지하게 묻고 그 뜻에 순종하기 위해 힘쓴다.	
1.2	우리 교회는 전반적으로 성령님의 인도하심에 민감하게 반응한다.	
1.3	우리 교회의 모든 활동 프로그램은 교회의 핵심 목적을 성취하는 데 그 초점이 맞춰져 있다.	
1.4	우리 교회는 양적 성장보다 교회의 본질적 사명을 실현하는 데 더 큰 비중을 두고 있다.	
1.5	우리 교회에서는 중요한 의사 결정 과정에서 평신도들의 의견이 반영될 수 있는 실질적인 채널이 존재하며 그들의 의견이 비중 있게 반영된다.	
1.6	우리 교회는 담임 목회자의 뜻과 계획을 중심으로 일방적으로 운영되기보다는 전 성도들 사이의 공감대가 형성된 바탕 위에서 운영된다.	

1.7	우리 교회에서는 구성원들 사이에 서로 섬기고 세워 주는 분위기가 잘 형성되어 있다.	
1.8	우리 교회 구성원들은 서로 존중하며 한 몸의 지체임을 인식하여 필요하다면 기꺼이 희생하여 공동체를 세우도록 힘쓴다.	
1.9	우리 교회에서는 교회 전체의 목적을 위해 부서 간 협력이 원활하게 이루어진다.	
1.10	우리 교회의 개별 사역들과 제반 기능들은 상호 보완적으로 연계되어 있다.	
1.11	우리 교회는 '개별 교회 중심주의' 경향보다는 다른 교회들과 함께 성장하겠다는 정신과 의지를 가지고 이를 위해 구체적으로 실천하고 있다.	
1.12	우리 교회는 하나님 나라의 확장을 위해 다른 교회들과 적극적으로 협력한다.	
1.13	우리 교회는 성도들의 영적 성장에 높은 가치를 두고 있다.	
1.14	우리 교회는 교회 자체의 운영보다는 세상에서 소금과 빛의 역할을 하는데 더 큰 역점을 둔다.	
1.15	종합적으로 판단할 때 우리 교회는 성경에서 제시하는 원리에 따라 건강한 교회를 지향하고 있다.	

2. 비전에 관한 진단용 평가표

	설문 문항	평점 (1~10)
2.1	우리 교회의 비전은 성경에 기반한 건강한 교회의 핵심 원리와 일치하며 하나님의 뜻에 잘 부합하고 있다.	
2.2	전 교회 차원에서 교회가 지향하는 비전이 명확하게 설정되어 있다.	
2.3	교회의 비전이 성도들 사이에 널리 공유되고 있다.	
2.4	교회의 비전이 하나님이 기뻐하실 방식에 따라 효과적으로 실	

천되고 있다.
2.5 우리 교회의 비전은 지속적으로 성취되어 가고 있다.
2.6 교회의 본질적 사명을 성공적으로 이루기 위해 주어진 여건 하에서 우리 교회가 가진 자원을 잘 활용하여 효과적인 방법을 찾아가고 있다.
2.7 우리 교회의 비전은 제반 사역(예배, 교제, 교육, 선교, 봉사)의 방향성을 정하는 데 중요한 영향을 미치고 있다.
2.8 우리 교회의 비전은 조직모형(리더십, 구조, 운영 시스템 및 문화)의 방향성을 정하는 데 중요한 영향을 미치고 있다.

3. 5대 사역의 효과에 관한 진단용 평가표

설문 문항
3.1 우리 교회의 예배는 교회 비전에 잘 부합한다.
3.2 예배의 목적이 명확하게 확립되어 성도들 사이에 공유되고 있다.
3.3 예배의 목적 달성에 적합한 프로그램들이 갖추어져 있다.
3.4 예배를 위해 필요한 은사/역량을 갖춘 사람들이 사역하고 있다.
3.5 예배의 목적을 달성하기 위해 예배를 기획, 실행하는 과정이 효과적으로 이루어지고 있다.
3.6 예배가 예배의 원래 목적에 부합한 열매를 맺고 있다.
3.7 우리 교회의 교제는 교회 비전에 잘 부합한다.
3.8 교제의 목적이 명확하게 확립되어 성도들 사이에 공유되고 있다.
3.9 교제의 목적 달성에 적합한 프로그램들이 갖추어져 있다.
3.10 교제를 위해 필요한 은사/역량을 갖춘 사람들이 사역하고 있다.
3.11 교제의 목적을 달성하기 위해 프로그램을 기획, 실행하는 과정이 효과적으로 이루어지고 있다.
3.12 교제를 위한 프로그램이 원래 목적에 부합한 열매를 맺고 있다.
3.13 우리 교회의 교육은 교회 비전에 잘 부합한다.

3.14	교육의 목적이 명확하게 확립되어 성도들 사이에 공유되고 있다.
3.15	교육의 목적 달성에 적합한 프로그램들이 갖춰져 있다.
3.16	교육을 위해 필요한 은사/역량을 갖춘 사람들이 사역하고 있다.
3.17	교육의 목적을 달성하기 위해 프로그램을 기획, 실행하는 과정이 효과적으로 이루어지고 있다.
3.18	교육 활동이 교육의 원래 목적에 부합한 열매를 맺고 있다.
3.19	우리 교회의 선교는 교회 비전에 잘 부합한다.
3.20	선교의 목적이 명확하게 확립되어 성도들 사이에 공유되고 있다.
3.21	선교의 목적 달성에 적합한 프로그램들이 갖춰져 있다.
3.22	선교를 위해 필요한 은사/역량을 갖춘 사람들이 사역하고 있다.
3.23	선교의 목적을 달성하기 위해 프로그램을 기획, 실행하는 과정이 효과적으로 이루어지고 있다.
3.24	선교 활동이 선교의 원래 목적에 부합한 열매를 맺고 있다.
3.25	우리 교회의 봉사는 교회 비전에 잘 부합한다.
3.26	봉사의 목적이 명확하게 확립되어 성도들 사이에 공유되고 있다.
3.27	봉사의 목적 달성에 적합한 프로그램들이 갖추어져 있다.
3.28	봉사를 위해 필요한 은사/역량을 갖춘 사람들이 사역하고 있다.
3.29	봉사의 목적을 달성하기 위해 프로그램을 기획, 실행하는 과정이 효과적으로 이루어지고 있다.
3.30	봉사 활동이 봉사의 원래 목적에 부합한 열매를 맺고 있다.
3.31	예배-교제-교육-선교-봉사가 상호간에 잘 연계되어 교회 사역 전체가 효과적으로 이루어진다.
3.32	우리 교회의 사역모형(예배, 교제, 교육, 선교, 봉사)에는 건강한 교회의 핵심 원리가 잘 반영되어 있다.

4. 조직 구조, 리더십, 운영 시스템, 교회 문화에 관한 진단용 평가표

설문 문항	
4.1	교회 리더들은 신앙과 인격이 잘 갖춰져 있는 분들이다.
4.2	교회 리더들은 사람들을 잘 섬기며 세우는 분들이다.
4.3	교회 리더들은 올바른 비전과 목표를 잘 제시하는 분들이다.
4.4	교회 리더들은 조직을 잘 이해하고 관리할 수 있는 분들이다.
4.5	우리 교회는 성경에서 요구하는 자격을 갖춘 성도를 합리적 과정을 통해 리더로 세운다.
4.6	업무의 특성과 연계성을 감안하여 부서가 잘 나누어져 있다.
4.7	부서간 조정과 통합이 원활하게 이루어질 수 있는 장치들이 마련되어 작동되고 있다.
4.8	우리 교회는 의사 결정을 할 때 리더의 권위가 존중되면서도 성도들의 의견 제시와 참여를 적극적으로 장려한다.
4.9	우리 교회의 조직모형은 핵심 사역을 효과적으로 수행하도록 제대로 기능하고 있다.
4.10	우리 교회의 조직 모형은 건강한 교회의 핵심 원리를 잘 반영하고 있다.
4.11	우리 교회는 부서별 업무 내용과 담당자의 자격 요건을 정리하여 활용하고 있다.
4.12	우리 교회는 부서별 업무 수행 방식과 절차가 잘 정리되어 있다.
4.13	우리 교회는 성도들을 위한 은사 및 역량의 발견과 개발이 효과적으로 이루어지고 있다.
4.14	우리 교회는 성도들의 은사 및 역량을 고려하여 사역을 위한 적재적소 배치가 체계적으로 잘 이루어지고 있다.
4.15	우리 교회는 사역자들에 대한 평가가 주기적으로 이루어져 사역자들의 자질 향상에 크게 기여하고 있다.
4.16	우리 교회는 사역자들에 대한 급여(사례비) 관리가 성경적 원리

	에 따라 체계적으로 잘 이루어지고 있다.	
4.17	우리 교회는 재정 사용에 있어서 교회 운영과 관리보다는 핵심 사역에 더 큰 비중을 둔다.	
4.18	우리 교회에서는 예산의 편성, 집행, 결산 및 감사의 과정이 투명하게 이루어진다.	
4.19	우리 교회는 필요한 자료를 수집, 보관, 유지, 활용하는 관리 체계를 가지고 있다.	
4.20	우리 교회는 정보 기술(컴퓨터, 홈페이지 등)을 교회의 핵심 사역을 수행하는 데 효과적으로 활용하고 있다.	
4.21	우리 교회의 문화 속에는 건강한 교회의 핵심 원리가 살아 숨쉬고 있다.	
4.22	우리 교회의 문화는 성도들 사이에 잘 공유되어 있다.	
4.23	우리 교회의 문화는 성도들의 신앙 생활과 사역 활동에 긍정적으로 강하게 영향을 미치고 있다.	
4.24	우리 교회에서는 다양성이 존중되면서도 교회 전체적으로 조화가 잘 이루어지고 있다.	
4.25	리더십-구조-운영 시스템-문화가 상호간에 잘 연계되어 있어서 비전을 이루어 가는 데 긍정적인 효과를 창출하고 있다.	
4.26	우리 교회의 조직모형(리더십, 구조, 운영시스템, 문화)에는 건강한 교회의 핵심 원리가 잘 반영되어 있다.	

5. 핵심 목적 성취도에 관한 진단용 평가표

	설문 문항	
5.1	하나님 나라 확장이라는 교회의 본질적 목적이 효과적으로 달성되고 있다.	
5.2	복음 전도를 통하여 교회의 양적 성장이 건강하게 이루어지고 있다.	

5.3	우리 교회는 건강한 교회의 핵심 원리가 잘 반영되어 교회의 사역과 조직운영 면에서 질적으로 성숙이 이루어지고 있다.
5.4	교회 구성원들은 영적으로 성숙해 가고 있다.
5.5	우리 교회는 하나님의 거룩한 공동체로 세워지고 있다.
5.6	교회 내에서 성도 개개인들이 교회 공동체의 구성원이 됨을 즐거워하고 있다.
5.7	우리 교회 성도들은 다른 사람들에게 우리 교회가 좋은 교회라고 기꺼이 소개한다.

'체크(CHEQ)' 시행을 위한 매뉴얼

설문의 구성

1. 핵심 원리

건강한 교회를 위한 핵심 원리 7개에 각각 두 문항이 있고, 마지막 문제는 종합 문제다.

진단 내용	해당 문항
성령 하나님에 대한 민감함	1.1-1.2
핵심 목적의 성취	1.3-1.4
권위와 자율의 균형	1.5-1.6
상호 섬김과 공동체성	1.7-1.8
유기적 연계성과 공유	1.9-1.10
보편적 교회	1.11-1.12
영적 성장과 "세상 속의 그리스도인"	1.13-1.14
종합적 평가	1.15

2. 비전

진단 내용	해당 문항
비전의 적정성	2.1
비전의 명확성	2.2
비전의 공유 정도	2.3
비전의 실천 정도	2.4
비전의 달성 정도	2.5
전략적 방향성	2.6
비전과 사역모형 정합성	2.7
비전과 조직모형 정합성	2.8

3. 사역에 대한 질문

사역의 각 내용마다 비전과의 정합성과 5P 즉 목적(purpose), 프로그램(program), 담당자(people), 실행 과정(process) 및 결과(product)에 따라 질문하고 있다.

진단 내용	비전과의 정합성	목적	프로그램	담당자	과정	결과
예배	3.1	3.2	3.3	3.4	3.5	3.6
교제	3.7	3.8	3.9	3.10	3.11	3.12
교육	3.13	3.14	3.15	3.16	3.17	3.18
선교	3.19	3.20	3.21	3.22	3.23	3.24
봉사	3.25	3.26	3.27	3.28	3.29	3.30
종합	사역 간의 정합성: 3.31 사역과 핵심 원리와의 정합성: 3.32					

4. 조직에 대한 질문

진단 내용	해당 질문
리더십	4.1 - 4.5
조직 구조	4.6 - 4.10
직무 관리 시스템	4.11 - 4.12
은사/역량 관리 시스템	4.13 - 4.14
평가/급여 관리 시스템	4.15 - 4.16
재정/회계 관리 시스템	4.17 - 4.18
정보 관리 시스템	4.19 - 4.20
교회 문화	4.21 - 4.24
조직모형 정합성	4.25
조직과 핵심 원리의 정합성	4.26

5. 목적 성취에 대한 질문

교회가 건강성을 유지하고 사역 및 조직모형이 잘 갖추어졌을 때 나타나는 목적 성취에 대한 질문들이 제시되어 있다.

진단 내용	해당 질문
하나님 나라	5.1
양적 성장	5.2
질적 성숙	5.3
성도의 영적 성장	5.4
거룩한 공동체	5.5
행복한 성도	5.6
소속에 대한 자부심	5.7

'체크(CHEQ)' 활용 방법

1. 설문 대상
교회의 규모에 따라 차이가 있겠으나 중견 규모 이상의 교회라면 핵심 리더 30여 명 정도가 적당하다. 규모가 작은 교회일 경우 교회의 사정을 잘 아는 리더 중심으로 숫자를 제한하여 사용할 수 있을 것이다. 목적에 따라 달라질 수 있는데, 예를 들면 교회의 부서 간 차이를 보고자 할 때는 각 부서의 리더가 고르게 평가될 수 있도록 표본을 구성할 수 있을 것이다.

2. 설문의 분석
목적에 따라서 다르겠지만 일반적으로 다음과 같은 활용이 가능할 것이다.

1) 내용에 따른 분석
   - 모든 개별 항목의 점수를 점검
   - 큰 영역별(핵심 원리, 비전, 사역, 조직, 목적 성취)로 합해서 점검
   - 전체 총 점수를 활용
2) 대상에 따른 분석
   - 부서별, 목회자와 평신도 간, 혹은 교회별 차이를 점검하는 방식
3) 영역별 관계를 보는 방식
   - 핵심원리, 비전, 사역, 조직, 목적성취 등의 상관관계를 분석
4) 점수의 활용
   - 현재 개별 항목의 점수가 10점으로 되어 있으므로 항목별 점수를 더해서 문항 수를 나누면 10점 만점이 된다. 이를 100점으로 환산해서 사용해도 좋고 10점 만점 그대로 활용해도 될 것이다.
   - 구성 요소의 평균 점수가 6점 이하이면 그 영역에 집중하여 변화 관리를 해주어야 할 것이다.
   - 이 점수는 어디까지나 절대적 의미를 가지고 있다기보다는 토론을 위한 출발점으로 삼아야 할 것이다.

주

1부 건강한 교회의 기본

2. 건강한 교회를 만드는 조직
1) 이의용, 「세상에는 이런 교회도 있다」(시대의 창).
2) 윌리엄 딜, 「월요일을 기다리는 사람들」(IVP).

3. 핵심 원리
1) 이승구, 「기독교 세계관으로 바라보는 21세기 한국 사회와 교회」(SFC).
2) 같은 책.
3) 폴 스티븐스, 「21세기를 위한 평신도 신학」(IVP).
4) 같은 책, p. 13.
5) 같은 책, p. 49.
6) 하워드 스나이더, 「참으로 해방된 교회」(IVP).
7) 강동교회는, 신학교가 교육을 위한 기관으로서는 존재 의미가 있지만 신학을 했다고 해서 자동적으로 목사직을 주고 그 자격을 받은 목회자가 더 권위를 가지고 교회에서 지도자 역할을 하는 것은 아니라는 입장을 가지고 있다. 전임사역자를 인정하지만 사례를 주는 것은 반대하고, 개인적 후원은 괜찮다고 생각한다. 저자들은 강동교회의 입장에 대해, 평신도를 강조하는 원리는 동의하지만 구체적인 교회 모델에 대한 입장은 차이가 있음을 밝힌다.
8) F. G. Kirkpatrick, *Community: A trinity of Models*(Washington D. C.:

Georgetown University Press, 1986).
9) P. Selznick, *The moral commonwealth: Social theory and the promise of Community*(Berkeley, CA, Los Angeles, and London: University of California Press, 1992).
10) 폴 스티븐스, 앞의 책, p. 69.
11) 에드먼드 클라우니, 「교회」(IVP). 시공간과 숫자의 보편성을 거부한다는 것은, 교회의 본질에서 벗어나면서 세계적으로 퍼져 있다고 해서 보편성이 있다고 보기 힘들다는 뜻이다.
12) 같은 책.
13) 윌리엄 딜, 앞의 책.
14) 이의용, 앞의 책.
15) 윌리엄 딜, 앞의 책.
16) 이 용어는 IVP에서 출간된 올리버 바클리의 책 이름을 그대로 활용한 것이다. 또한 송인규의 「예배당 중심의 기독교를 탈피하라」(IVP)의 내용을 반영한 원리다.
17) 송인규, 같은 책.
18) 유성준, 「세이비어 교회」(평단문화사).

2부 비전과 전략, 사역모형

4. 비전
1) 릭 워렌, 「새들백 교회 이야기」(디모데).
2) J. C. Collins & J. I. Porras., "Organization Vision and Visionary Organizations", *California Management Review*, fall(1991), pp. 30-52.
3) 린 하이벨스 & 빌 하이벨스, 「윌로우크릭 커뮤니티 교회」(두란노).

5. 전략
1) 짐 콜린스, 「위대한 기업을 위한 경영 전략」(위즈덤하우스), p. 151. 여기서 짐 콜린스는 그리스도인의 관점이 아닌 일반적인 기업 경영의 관점에서 이런 말을 하였다.

6. 사역모형

1) 릭 워렌, 앞의 책, p. 120.
2) 온누리교회 홈페이지(http://www.onnuri.or.kr).
3) 유성준, 앞의 책.
4) 크리스티안 A. 슈바르츠, 「자연적 교회 성장」(NCD). 슈바르츠는 교회 성장의 유일한 열쇠는 사역자를 세우는 지도력, 은사 중심적 사역, 열정적 영성, 기능적 조직, 영감 있는 예배, 전인적 소그룹, 필요 중심적 전도, 사랑의 관계 등 여덟 가지 요소들의 질적 특성을 골고루 갖추고 이들이 조화로운 상호 작용을 하는 것이라고 주장한다(p. 38).
5) 새들백 교회 릭 워렌 목사는 주일 예배에 정기적으로 참석하는 데 그치는 사람을 군중이라고 부른다. 이들 중에는 다른 사람들이 예배드리는 것을 보고 있는 비그리스도인도 상당수 포함된다.
6) 유성준, 앞의 책.

3부 조직모형

7. 리더십

1) C. Manz & H. P. Sims, *Superleadership: Leading others to lead themselves* (Englewood Cliffs, NJ: Prentice-Hall, 1989).
2) 윤방섭, "리더십과 동기 부여에 관한 성경적 관점", 기독경영연구, 제1권 제1호, pp. 133-156.
3) B. M. Bass, "From transactional to transformational leadership: Learning to share the vision", *Organizational Dynamics*, 18(3), pp. 19-31.
4) 크리스티안 슈바르츠, 앞의 책.
5) J. C. Collins & J. I. Porras, *Built to last: Successful habits of visionary companies* (New York: Curtis Brown, 1994).
6) 홈페이지 www.unduk.or.kr
7) 배종석, 「인적자원론」(홍문사).

8) 빌 하이벨스 외, 「네트워크 은사 배치 사역」(프리셉트)과 릭 워렌, 「목적이 이끄는 삶」(디모데) 참조.

9) G.W. Allport, *Personality: A psychological interpretation* (New York: Holt, Rinehart & Winston, 1937), p. 48.

10) 이 성격 유형을 결정하는 것은 네 가지 차원인데, 그것은 (1) 에너지 원천의 차원이 외향성(extroverts: E)인지 내향성(introverts: I)인지의 차원, (2) 정보 수집 선호도가 감각(sensing: S)인지 직관성(intuitives: N)인지의 차원, (3) 의사 결정 방식이 사고 중시형(thinking: T)인지 감정 중시형(feeling: F)인지의 차원, 그리고 (4) 삶의 스타일이 판단적(judging: J)인지 인식적(perceiving: P)인지의 차원 등이다. 이 네 가지 차원에서 각각 하나씩 선택하여 네 가지씩 조합을 하게 되면 총 16가지 성격 유형이 나오게 된다.

11) J. C. Hunter, *The World's Most Powerful Leadership Principle: How to Become A Servant Leader*(New York: Crown Business, 2004).

12) 릭 워렌, 앞의 책.

13) J. Collins, *Good to great*(New York: HarperCollins, 2001).

14) R. K. Greenleaf, *Servant Leadership: A Journey into the Nature of Legitimate Power & Greatness*(Mahwah, NJ: Paulist Press; 2002), 「서번트 리더십 원전」(참솔); J. C. Hunter, *The Servant: A Simple Story about the True Essence of Leadership*(New York: Crown Business, 1998). 「서번트 리더십」(시대의창).

15) 빌 하이벨스 외, 앞의 책.

8. 조직 구조
1) 이성희, 「교회행정학」(한국장로교출판사).
2) 같은 책, pp. 53-54.
3) 김인수, 「거시조직이론」(무역경영사).
4) 같은 책.
5) 이는 샘물교회의 구조 그림으로서, 일반적인 조직과는 달리 거꾸로 뒤집어져 있다. 샘물교회는 당회와 리더 그룹이 성도를 섬기고 사역팀이나 목장이 우선되어야 한다

는 점에서 고객 중심의 조직 개념으로 이런 모형을 만들었다.
6) 최영기, 「가정교회로 세워지는 평신도 목회」(두란노).

9. 운영 시스템 1

1) 한 부서 차원에서는 최선의 결과가 이루어지는 듯 보이지만, 교회 전체 차원에서 보면 최선의 결과가 나오지 않은 상태.
2) 이의용, 앞의 책.
3) J. Mellado, Willow Creek Community Church(A), *Harvard Business School Case* (Boston, MA : Harvard Business School Press, 1999).
4) 관련 내용은 뉴스앤조이의 기사 내용을 주로 참고하였다.
5) M. Deutsch, "Equity, equality, and need : What determines which value will be used as the basis of distributive justice?", in *Journal of Social Issues*, 31(3), pp. 137-149.

10. 운영 시스템 2

1) 한국 교회의 통일된 회계 기준이 없는 상황에서 기독경영연구원은 "비영리 조직의 회계 기준"을 연구하고 제시하였다.
2) 최현돌, 황호찬, "우리나라 교회 회계 제도의 현황과 개선 방안", 기독교 사상, 1998년 6월호.
3) 최현돌, 황호찬, "한국 교회의 재정 관리 현황 및 개선을 위한 연구", 기독교 사상, 1998년 7월호.
4) 유성준, 앞의 책.
5) 최현돌, 기독경영연구원 편저, 「회계 정보의 투명성에 관한 성경적 관점」(예영커뮤니케이션).
6) 유관희는 「회계 원리」(홍문사), p. 89에서 "하나의 거래가 기록될 때 차변과 대변에 똑같은 금액이 기록되고, 두 개 또는 그 이상의 계정들에 영향을 미친다는 사실을 회계에서는 복식부기제도(double entry system)"라고 말한다. 이렇게 복식부기를 하게 되면 자산, 현금 등의 흐름을 정확히 추정하고 파악할 수 있어서 문제를 줄이고 투

명성을 높이는 효과를 가져올 수 있다. 또한 현재 보유하고 있는 자산의 상태와 조직의 활동에 대한 자금의 원천과 사용처를 명확히 이해하도록 돕는다.
7) 최현돌, 앞의 책.
8) 최근 대다수의 큰 조직에서는 정보 시스템이라는 체계보다는 포탈 시스템(portal system)을 구축하여 사용자들에게 필요한 정보나 서비스를 제공하도록 하고 있다. 따라서 교회 정보 시스템이라는 용어보다는 교회 포탈 시스템이라는 용어가 현실적으로 더 어울릴 수 있겠다. 교회 포탈 시스템을 통하여 교회 내의 모든 다른 시스템과 모든 지회의 홈페이지에도 접근 가능하게 하고 그 홈페이지에서 다시 지회의 정보 및 서비스에도 접근할 수 있도록 하는 것이 바람직해 보인다. 그러나 현실적으로 교회의 규모 면에서나 전문성 측면에서의 제약으로 보안 등의 문제점이 있어 교회 정보 시스템으로 사용하기로 한다.

11. 교회 문화
1) 이러한 문화의 분류는 E. H. Schein, *Organizatioinal culture and leadership: A dynamic view* (2nd ed., New York: Jossey-Bass, 1985)의 내용에 따른 것이다. Schein은 잠재적 수준, 인지적 수준, 가시적 수준 등으로 나누었지만, 여기서는 좀더 간단히 설명하기 위해 두 가지 수준으로 줄여 제시하였다.
2) T.M. Begley & D.P., Boyd, "Articulating corporate values through human resource policies", in *Business Horizons*, July-August, pp. 8-12.
3) 같은 논문.
4) M.L. Tushman & C.A. O'Reilly III, *Winning through innovation: A practical guide to leading organizational change and renewal* (Boston, MA: Harvard Business School Press, 1997).
5) Elizabeth O'Connor, *Call to commitment*와 *Journey Inward, Journey Outward* 등(IVP 역간 예정).
6) 유성준, 앞의 책.
7) 괄호 안의 점수들은 5점 척도로 물었을 때 나온 점수인데, 높을수록 안 좋은 점수여서 역으로 바꾸어 보면 2점, 2.2점, 그리고 2.65점 등이 된다. 이 점수는 성도 230명이

응답한 것의 평균이다.
8) J. C. Collins & J. I. Porras, *Built to last: Successful habits of visionary companies* (New York: Curtis Brown, 1994)에서 발췌.

나오는 글

1) J. Pfeffer & R. I. Sutton, *The knowing-doing gap: How smart companies turn knowledge into action*(Boston, MA: Harvard Business School Press, 2000).
2) C. A. O'Reilly & J. Pfeffer, *Hidden value: How great companies achieve extraordinary results with ordinary people*(Boston, MA: Harvard Business School Press, 2000).
3) 크리스티안 슈바르츠, 앞의 책.

기독경영연구원

사단법인 기독경영연구원은 하나님의 뜻 안에서 기업을 경영하고 선교의 사명을 감당하고자 하는 경영학자, 기업인, 전문인 및 직장인들이 연구하고 교육하며 봉사하며 선교하는 모임으로 "기업 경영에 하나님의 뜻이 이루어져 하나님의 이름을 영화롭게 하고 기업 세계 위에 하나님의 나라가 임하게 하옵소서"라는 비전을 가지고 96년 3월 출범한 비영리 단체다.

    기독경영연구원은 성경적 세계관에 입각하여 기업 경영을 조망하며, 성경적 경영 원리를 연구 개발하고, 이를 교육 활동 및 자문 활동을 통하여 기업 경영 및 조직 운영에 적용하도록 함으로써 경영의 탁월성과 윤리성을 갖춘 기업과 조직이 발전되도록 하는 데 기여하고자 한다. 이를 위하여 기업 및 비영리 조직 경영 개선 방안을 연구하고, 관련 도서를 출판, 번역하고, 크리스천 최고경영자 과정, 심포지엄, 워크숍, 기독인 창업대학, 청소년 경영 캠프 등을 운영하며, 국제 교류 및 선교 지원, 비영리 조직 컨설팅 등의 사업을 하고 있다. 또한 매월 1회 기독경영 포럼, 매년 2회 대학생/직장 초년생을 위한 기독경영아카데미를 운영하고 있다.

* 서울시 마포구 도화2동 신원빌딩 1층
  (02-718-3256, www.kocam.org, kocam@paran.com)

건강한 교회, 이렇게 세운다

초판 발행_ 2008년 4월 10일
초판 7쇄_ 2020년 3월 10일

지은이_ 배종석, 양혁승, 류지성
펴낸이_ 신현기

펴낸곳_ 한국기독학생회출판부
등록번호_ 제313-2001-198호(1978.6.1)
주소_ 04031 서울시 마포구 동교로 156-10
대표 전화_ (02)337-2257 팩스_ (02)337-2258
영업 전화_ (02)338-2282 팩스_ 080-915-1515
홈페이지_ http://www.ivp.co.kr 이메일_ ivp@ivp.co.kr
ISBN 978-89-328-3021-6

ⓒ 배종석, 양혁승, 류지성 2008

책값은 뒤표지에 있습니다.
무단 전재와 복제를 금합니다.